永远在路上

全面从严治党的理论与实践

YONGYUAN ZAI LUSHANG
QUANMIAN CONGYAN ZHIDANG DE LILUN YU SHIJIAN

崔建周 赵建英 著

山西出版传媒集团 山西人民出版社

图书在版编目（CIP）数据

永远在路上：全面从严治党的理论与实践 / 崔建周，赵建英著. —太原：山西人民出版社，2022.7
ISBN 978-7-203-12160-2

Ⅰ.①永… Ⅱ.①崔… ②赵… Ⅲ.①中国共产党—党的建设—研究 Ⅳ.①D26

中国版本图书馆CIP数据核字（2022）第027664号

永远在路上：全面从严治党的理论与实践

著　　者：崔建周　赵建英
责任编辑：高　雷
复　　审：吕绘元
终　　审：武　静
装帧设计：谢　成

出 版 者：山西出版传媒集团·山西人民出版社
地　　址：太原市建设南路21号
邮　　编：030012
发行营销：0351—4922220　4955996　4956039　4922127（传真）
天猫官网：https://sxrmcbs.tmall.com　电话：0351—4922159
E-mail：sxskcb@163.com　发行部
sxskcb@126.com　总编室
网　　址：www.sxskcb.com

经 销 者：山西出版传媒集团·山西人民出版社
承 印 厂：山西出版传媒集团·山西新华印业有限公司

开　　本：720mm × 1020mm　1/16
印　　张：24
字　　数：320千字
版　　次：2022年7月　第1版
印　　次：2022年7月　第1次印刷
书　　号：ISBN 978-7-203-12160-2
定　　价：69.00元

前　言

党的十九大报告指出："经过长期努力，中国特色社会主义进入了新时代，这是我国发展新的历史方位。"[1]这一重大、科学的政治判断既指明了我国发展新的历史方位，也指明了中国共产党所处的新的历史方位。

习近平总书记强调："中国特色社会主义进入新时代，我们党一定要有新气象新作为。打铁必须自身硬。党要团结带领人民进行伟大斗争、推进伟大事业、实现伟大梦想，必须毫不动摇坚持和完善党的领导，毫不动摇把党建设得更加坚强有力。"[2]

中国共产党是中国的执政党，持续不断推进社会革命是中国共产党肩负的历史使命，为中国人民谋幸福、为中华民族谋复兴是中国共产党的神圣职责。但是，党的执政地位不是与生俱来的，更不是一劳永逸

---

[1][2]　习近平：《决胜全面建成小康社会　夺取新时代中国特色社会主义伟大胜利——在中国共产党第十九次全国代表大会上的报告》，《人民日报》2017年10月28日。

的。办好中国的事情，确保党长期执政，必须始终坚持党要管党、从严治党。无论是在革命战争年代，还是在和平建设时期，党要管党、从严治党都是中国共产党搞好自身建设的一贯方针和根本途径。党的十八大以来，以习近平同志为核心的党中央以顽强的斗争精神、补天填海的无畏气概坚持全面从严治党，深入推进党的建设新的伟大工程。

党的十八大以来，全面从严治党成效卓著。“党在革命性锻造中更加坚强，焕发出新的强大生机活力，为党和国家事业发展提供了坚强政治保证”。[1]

党的十八大以来，以习近平同志为核心的党中央针对管党治党宽松软的状况，勇于直面党内存在的现实问题，客观分析，科学研判，采取积极有效的措施全面加强党的领导和党的建设，使党的面貌为之一新。正如习近平总书记在党的十九大报告中指出的那样，五年来全面从严治党成效卓著。推动全党尊崇党章，增强政治意识、大局意识、核心意识、看齐意识，坚决维护党中央权威和集中统一领导，严明党的政治纪律和政治规矩，层层落实管党治党政治责任。坚持照镜子、正衣冠、洗洗澡、治治病的要求，开展党的群众路线教育实践活动和“三严三实”专题教育，推进“两学一做”学习教育常态化制度化，全党理想信念更加坚定、党性更加坚强。贯彻新时期好干部标准，选人用人状况和风气明显好转。党的建设制度改革深入推进，党内法规制度体系不断完善。

[1] 习近平：《决胜全面建成小康社会 夺取新时代中国特色社会主义伟大胜利——在中国共产党第十九次全国代表大会上的报告》，《人民日报》2017年10月28日。

把纪律挺在前面，着力解决人民群众反映最强烈、对党的执政基础威胁最大的突出问题。出台中央八项规定，严厉整治形式主义、官僚主义、享乐主义和奢靡之风，坚决反对特权。巡视利剑作用彰显，实现中央和省级党委巡视全覆盖。坚持反腐败无禁区、全覆盖、零容忍，坚定不移“打虎”“拍蝇”“猎狐”，不敢腐的目标初步实现，不能腐的笼子越扎越牢，不想腐的堤坝正在构筑，反腐败斗争压倒性态势已经形成并巩固发展。

全面从严治党是党的十八大以来中共中央抓党的建设新的伟大工程的鲜明主题。党的十八大以来，以习近平同志为核心的党中央从新时代中国共产党的使命出发，深刻洞察党内存在的突出问题，以鲜明的政治立场、坚强的战略定力、科学的理论思维深化理论创新、加强顶层设计，自信从容地推出了一系列衔接紧密、相互配套、定位精准、有效管用的管党治党举措。全党上下都深刻地感受到，这些管党治党的科学思路和系统举措，不仅有效解决了当前党内存在的突出问题，而且为在更长时间内搞好党的建设新的伟大工程提供了根本遵循和行动指南。正如王岐山同志所论：“全面从严治党是一场自我革命，推动破解了许多长期想解决而没有解决的难题，办成了许多过去想办而没有办成的大事，解决了党和国家事业发展带有全局性、根本性、方向性的问题，使党焕发出新的生机活力，确保承载着13亿多中国人民实现伟大梦想的航船行稳致远。”[1]

2017年9月，我们到山西省忻州市忻府区兰村乡北村调研精准脱贫。在调研过程中偶然遇到一位刚劳作回来的老人。通过攀谈我们了解到，这

[1] 王岐山：《开启新时代 踏上新征程》，《人民日报》2017年11月7日。

位老人时年83岁，是一位退休了的小学教师，生活比较窘迫，一只眼睛几近失明，一条腿不够灵便。因为两个儿子卧病，所以虽然有在当地来说不算少的退休金，但是他还得下地劳动。我当时问了他一个问题：“您怎么评价中国共产党？”他回答说：“有哪个党能这么下力气反腐败、下力气扶贫、能对老百姓这么好？我虽然不是贫困户，但我能体会到党中央和习近平总书记对老百姓的感情。”但是他也讲到，现在一些基层干部把好事办坏了，还得进一步管住管好基层干部。

这位老人朴素的语言既表明了党的十八大以来全面从严治党所取得的巨大成效，也反映出了全面从严治党的长期性、艰巨性和复杂性。

全面回顾中国共产党历史上管党治党的探索与成绩，深入学习习近平总书记关于全面从严治党的重要论述，深入总结党的十八大以来全面从严治党的思路举措，深入宣传中国共产党全面从严治党的理论和实践，是党建理论工作者的基本职责。“位卑不敢忘忧国”，在党自当捍卫党，这是我们这些山西省委党校中青年党史党建理论工作者编著此书的核心动机。毫无疑问，对于我们的理论修养和认识水平而言，这是一个巨大的工程，是一个富有挑战性的尝试，当然也是一个求教于学界前辈同人的机会。我们觉得，能够目睹中国共产党协同推进社会革命与自我革命，能够共同致力于党的建设这样一个新时代的“显学”，能够有志一同地为新时代全面从严治党提供绵薄之力，是这个时代党建理论工作者的幸运。我们自当不辜负这个伟大的时代，自当主动在时代的大潮中努力，“虽不能至，心向往之”。

我们坚信：

以中国共产党为政治核心的中国特色社会主义事业必定阔步前行，中华民族伟大复兴的中国梦一定能够实现！

全面从严治党只有进行时，中国共产党的全面从严治党永远在路上！

推进党的建设新的伟大工程没有休止符，自我革命没有暂停键，中国共产党无愧为一个伟大光荣正确的党！

实践创新没有止境，理论创新未有穷期！新时代党的建设新的伟大工程为党的建设理论创新提供了丰厚的土壤！

以习近平同志为核心的党中央，一定会把我们的党建设好、建设强，一定会带领全党、全国人民走好新时代的长征路！

崔建周

CONTENTS

目　录

第一章　一直在路上的全面从严治党

办好中国的事情，关键在党，关键在党要管党、从严治党。这是历史的结论。党的十九大报告明确指出，全面从严治党永远在路上。一个政党，一个政权，其前途命运取决于人心向背。人民群众反对什么、痛恨什么，我们就要坚决防范和纠正什么。全党要清醒认识到，我们党面临的执政环境是复杂的，影响党的先进性、弱化党的纯洁性的因素也是复杂的，党内存在的思想不纯、组织不纯、作风不纯等突出问题尚未得到根本解决。要深刻认识党面临的执政考验、改革开放考验、市场经济考验、外部环境考验的长期性和复杂性，深刻认识党面临的精神懈怠危险、能力不足危险、脱离群众危险、消极腐败危险的尖锐性和严峻性，坚持问题导向，保持战略定力，推动全面从严治党向纵深发展。

中国共产党成立100年来，在领导革命、建设、改革的伟大历史进程中，始终如一地注重加强自身建设，不断推进党的建设新的伟大工程，经历了由从严治党到全面从严治党的历史过程，积累了丰富的管党治党经验。100年历史，就是一部一脉相承而又与时俱进的从严治党的历史。

一、全面从严思想历史溯源

党要管党，才能管好党；从严治党，才能治好党。对我们这样一个在拥有9500多万党员、14亿多人口的大国长期执政的党，管党治党一刻不能松懈。综观中国共产党的历史，从严管党治党是一贯主张和基本做法，也是我们党始终坚持的一大优良传统和政治优势，从以毛泽东同志为核心的党的第一代领导集体，到党的十八大以来以习近平同志为核心的党中央，都将这一思想贯穿于党的建设理念当中。党的十三大、十四大、十五大、十六大、十七大、十八大报告中，都强调了加强党的建设必须坚持从严治党的要求。因此，全面从严治党有着深厚的历史渊源，与党的诞生、发展、进步始终相伴而随。

（一）新民主主义革命时期：从严治党思想的初步探索

马克思主义政党是极其重视组织纪律性的政党。“治国必先治党、治党务必从严”是中国共产党的本质特征与优良传统。中国共产党历来重视党的自身建设，一直以“从严”作为管党治党的基本方针。早在酝酿建党的过程中，中国早期马克思主义者就已经萌发了建设有严格纪律的政党、防止腐败侵蚀的思想。1920年蔡和森在和毛泽东的通信中谈到布尔什维克的建党经验，就指出：“党的组织为极集权的组织，党的纪律为铁的纪律，必如此才能养成少数极觉悟极有组织的分子，适应战争时代及担负偌大的改造事业。”[1]1921年7月，党的第一次全国代表大会召开时，最早的马克思主义活动家、中国共产党的早期创立者陈独秀在给会议代表写的信中提出几点意见，希望会议郑重讨论：“一曰培植党员，二曰民主主义之指导，三曰纪律，四曰慎重进行发动群众。政权问题，因本党尚未成立，应俟诸将来，而先尽力于政治上之工作。”陈独秀在1922年5月发表的文章《共产党在目前劳动运动中应取的态度》中明确指出：“共产党党员自身若有利用劳动运动而做官而发财的行为，或当劳动运动危急时畏缩不前，共产党便应该立刻驱逐这种的败类的党员出党而毫不顾恤。必如此才算是真的共产党，不然便是假共产党。”[2]这些关于从严治党的重要言论和思想，对于成立初期的中国共产党，无疑是有着直接的影响，并逐步反映到党的建设实践中来。

党的一大通过的《中国共产党第一个纲领》就明确制定了“在加入我们的队伍以前，必须与那些与我党纲领背道而驰的党派和集团断绝一切联系”等极为严格的纪律。党的二大完成了《中国共产党章程》的订立，制定了我党历史上的第一部党章，在这部党章中专设了《党的纪律》一章，并在第二十五条明确规定：“凡党员有犯左列各项之一者，该地方执行委员会必须开除之：（一）言论行动有违背本党宣言章程及大会各执行委员会之议决案；（二）无故联续二次不到会；（三）欠缴党费三个月；（四）无故联续四个星期不为本党服务；（五）经中央执

[1]　《建党以来重要文献选编（一九二一——一九四九）（第一册）》，中央文献出版社，2011，第458页。

[2]　《陈独秀文集（第二卷）》，人民出版社，2013，第252页。

行委员会命令其停止出席留党察看期满而不改悟；（六）泄漏本党秘密。”党的二大通过的《关于共产党的组织章程决议案》中更为清晰地表露出了从严治党的出发点和主要举措：

我们共产党，不是“知识者所组织的马克思学会”，也不是“少数共产主义者离开群众之空想的革命团体”，“应当是无产阶级中最有革命精神的大群众组织起来为无产阶级之利益而奋斗的政党，为无产阶级做革命运动的急先锋”；我们既然不是讲学的知识者，也不是空想的革命家，我们便不必到大学校、到研究会、到图书馆去，我们既然是为无产群众奋斗的政党，我们便要“到群众中去”，要组成一个大的“群众党”；我们既然要组成一个做革命运动的并且一个大的群众党，我们就不能忘了两个重大的律：

（一）党的一切运动都必须深入到广大的群众里面去。

（二）党的内部必须有适应于革命的组织与训练。

……

所以第二次全国大会决议，要说我们中国共产党成功一个党，不是学会，成功一个能够实行无产阶级革命大的群众党，不是少数人空想的革命团体，我们的组织与训练必须是很严密的、集权的、有纪律的，我们的活动必须是不离开群众的。[1]

随着党的革命实践的逐步深入，随着党与社会的关系更加紧密，我们党严以管党治党的立场更加坚定。1926年8月4日，中共中央向全党

[1] 上述关于党章的内容可参见《建党以来重要文献选编（一九二一——一九四九）（第一册）》，中央文献出版社，2011，第162、164页。

颁布了《中共中央扩大会议通告》，开宗明义地指出：“在这革命潮流仍在高涨的时候，许多投机腐败的坏分子，均会跑在革命的队伍中来，一个革命的党若是容留这些分子在内，必定会使他的党陷于腐化，不特不能执行革命的工作，且将为群众所厌弃，所以应该很坚决的清洗这些不良分子和这些不良倾向奋斗，才能坚固我们的营垒，才能树立党在群众中的威望。”[1]党的历史上第一个惩治贪污腐化分子的专门文件就此出台。党的五大第一次成立了党的监察委员会，明确规定“为巩固党的一致及权威起见，在全国代表大会及省代表大会选举中央及省监察委员会”；第一次提出了“政治纪律”的概念，指出“中央应该强毅地实行集体的领导，从中央、省委以至支部。党内纪律非常重要，但宜重视政治纪律，不应将党的纪律在日常生活中机械的应用”，并在党章中规定“严格党的纪律是全体党员及全体党部最初的最重要的义务，党部机关之决议，应当敏捷的与正确的执行之，但对于党内一切争论问题，在未解决以前，完全自由讨论之”。在这一时期，党还开展了一系列严肃党纪、从严治党的具体实践，这些规定和具体实践充分反映了尚处于创建时期的中国共产党在从严治党上的鲜明态度。

在土地革命开展过程中，毛泽东为中国工农红军制定了“三大纪律八项注意”，以通俗的语言为党和人民军队提出了明确的纪律和规范。在井冈山时期，毛泽东主持制定了《井冈山反腐败训令》。1928年8月下旬，在回师井冈山途中，当得知红军战士因为饥饿，把农民一块地里

[1]　《建党以来重要文献选编（一九二一—一九四九）（第三册）》，中央文献出版社，2011，第348页。

的苞米吃光了，毛泽东就通知部队休息，对指战员进行群众纪律教育，并亲在一块竹牌子上写道：因为我军肚子饿了，把你的苞米吃光了，违犯了纪律。现在把两元钱（光洋）埋在土里，请收下。[1]在井冈山时期，对于发生的各种腐败现象，苏区党和红军都会严加惩处，绝不姑息。例如1928年5月中旬，红四军第二十八团司务长古某，在宁冈县葛田乡向农民买猪，谎称没有带钱，就把猪赶回来。这件事被反映到红四军士兵委员会主任陈毅那里，陈毅立时向军党代表毛泽东和军长朱德作了报告。事情被查实以后，红四军军委专门召开会议讨论，认为古某严重违反纪律，应当受到严厉惩罚。处决古某的消息传开后，在红四军官兵和葛田一带的民众中引起强烈震动。湘赣边界工农兵政府还在宁冈县查处了两桩贪污腐化案件，一是坝上乡苏维埃政府李某伙同秘书各贪污公款20块银洋；二是长溪乡苏维埃政府军事委员、乡赤卫队队长谢某染指被关押的土豪女眷。案件查实后，工农兵政府立即撤销了这两个腐败分子的职务，并向群众公布了他们的丑行，使根据地军民进一步看到了党和红军反腐倡廉的决心。[2]

1933年12月15日，毛泽东签署了《关于惩治贪污浪费行为》的训令，这是中国共产党历史上的第一个反腐法令。训令对贪污腐败行为规定了具体的惩处标准，如贪污公款在500元以上者，处以死刑；贪污

[1] 中共中央文献研究室编：《毛泽东年谱（上卷）》，中央文献出版社，1993，第250页。

[2] 肖居孝：《谈谈井冈山时期的廉政文化建设》，《中国纪检监察报》2010年12月6日。

公款300元以上500元以下者，处以二年以上五年以下监禁等。训令的颁布，对腐败分子产生了极大的威慑作用，也使苏区的反腐败斗争有法可依。在江西瑞金时期，从严治党的典型案例有很多。比如，1932年5月9日，中央苏区瑞金县叶坪村苏维埃政府主席谢步升因贪污被枪毙，成为中华苏维埃共和国成立后枪毙的第一个贪官。时任瑞金县委书记的邓小平在案件查办遇到阻力时说："我们苏维埃政权建立才几个月，有的干部就腐化堕落，贪赃枉法，这叫人民怎么相信我们的党，相信我们的政府？"毛泽东指示说："腐败不清除，苏维埃旗帜就打不下去，共产党就会失去威望和民心！与贪污腐化作斗争，是我们共产党人的天职，谁也阻挡不了！"还比如，1934年1月4日及7日的《红色中华》分别报道了瑞金县财政部会计科科长唐仁达侵吞公款一案和会昌县内务部部长贪污一案。2月13日，中华苏维埃共和国最高法院判处中央苏区苏维埃大会工程所主任左祥云死刑立即执行，并追回所有贪污受贿之财物。3月25日，中华苏维埃共和国最高法院判处原于都苏维埃政府主席熊仙壁监禁一年，剥夺政治权利一年。3月29日，中华苏维埃共和国中央执行委员会副主席项英发表《于都检举的情形和经过》。此次"于都事件"中，于都全县共查处贪污案件23起。[1]

朱德曾经说："长征时我们就是靠纪律吃饭的。"[2]长征期间，虽然党和红军面临着严峻的形势，但是从严治党、从严治军却一刻也没有放松，并且对日常的行军、作战、征粮都有明确的规定。在长征中，广

---

[1]　《土地革命时期党的纪律建设大事记》，《辽宁日报》2016年7月1日。

[2]　《朱德军事文选》，解放军出版社，1997，第595页。

大红军指战员传唱着一首《红军纪律歌》："红军纪律最严明，出发宿营样样要记清：上门板，捆卧草，房屋扫干净，借物要送还，损坏要赔偿，解溲找茅坑，不搜俘虏身。三大纪律，八项注意，个个要实行。"长征伊始，红军总政治部就发布了《关于准备长途行军与战斗的政治指令》，进入贵州后红军总政治部发布了《关于我军沿途注意与苗民关系加强纪律检查的指示》，进入川西地区红军总政治部发布了《关于收割番民麦子的通令》，进入陕甘回族聚居区红军又颁布了《回民区域政治工作》等等。[1]这些从严治党治军的举措为长征的胜利奠定了组织保障，赢得了人民群众的拥护。

抗日战争时期是中国共产党全面发展壮大的时期。1937年5月3日，毛泽东在苏区党代表会议上就如何实现党的政治领导时就明确指出："在为抗日民族统一战线和民主共和国的一切任务而奋斗时，共产党员应该作到最富有远见，最富有牺牲精神，最坚定，而又最能虚心体会情况，依靠群众的多数，得到群众的拥护。""共产党队伍的发展，思想的统一性，纪律的严格性。"[2]1938年10月，毛泽东在中国共产党第六届中央委员会扩大的第六次全体会议上作了《论新阶段》的报告。在这一报告中，毛泽东明确要求共产党员应在民族战争中发挥模范作用，指出"纪律是执行路线的保证，没有纪律，党就无法率领群众与军队进

[1] 马立强：《红军在长征期间的纪律建设》，《中国纪检监察报》2016年10月24日。

[2] 《建党以来重要文献选编（一九二一——一九四九）（第十四册）》，中央文献出版社，2011，第188页。

行胜利的斗争”，并且明确提出了“四个服从”的民主集中制根本原则。[1]抗日战争进入相持阶段后，各抗日根据地遇到了前所未有的巨大困难。一些党员、干部经不起国民党对共产党干部所施行的升官发财酒色逸乐的引诱，出现了贪污腐败现象。毛泽东在马克思列宁主义建党思想基础之上，结合中国国情和党情，把党的建设问题作为中国革命中的三个基本问题之一，丰富了马克思主义党的建设学说。1939年10月，毛泽东同志在《〈共产党人〉发刊词》中提出“建设一个全国范围的、广大群众性的、思想上政治上组织上完全巩固的布尔什维克化的中国共产党”的重大任务，准确回答了党的建设的任务和要求，并将其称为“伟大的工程”。[2]在此之前的10年土地革命战争中，毛泽东同志在井冈山提出的从思想上建党的原则、红军要坚决执行“三大纪律六项注意”的要求、古田会议作出的“党对红军实行绝对领导”的决定、长征途中反对张国焘分裂主义的斗争以及抗日战争初期对黄克功一案的处理等，都为党的建设“伟大的工程”的提出提供了重要条件。

随后，全党集中开展了延安整风运动，在党的七大上把毛泽东思想作为党的指导思想写入了党章。在解放战争时期，中国人民解放军总部发出重新颁布“三大纪律八项注意”的训令，要求建立党内报告制度，全面塑造了党的优良作风，克服了教条主义和主观主义的危害，使全党在思想上、政治上、组织上最终“用延安作风打败西安作风”。而在

---

[1]　《建党以来重要文献选编（一九二一—一九四九）（第十五册）》，中央文献出版社，2011，第645页。

[2]　《毛泽东选集（第二卷）》，人民出版社，1991，第602页。

“伟大的工程”提出之后的抗日战争战略反攻阶段和解放战争时期，包括三大作风在党的七大的提出、《甲申三百年祭》的问世以及印发全党、以“三查三整”为主要内容的整党运动的开展等，都有效遏制了贪污腐败现象的滋长，为党的建设“伟大的工程”的深入开展起到了重要的推动作用。

（二）社会主义革命和建设时期：从严治党思想的发展

社会主义革命和建设时期，如何在执政条件下保持党的优良作风、如何始终保持党的先进性和纯洁性成为摆在中国共产党面前的一个新课题。早在全国解放前夕，毛泽东就警醒全党同志“不要当李自成”。党的七届二中全会的召开，“两个务必”的提出，使“从严治党”体现了执政条件下的全新内涵。毛泽东同志深刻指出：“我们很快就要在全国胜利了。”“因为胜利，党内的骄傲情绪，以功臣自居的情绪，停顿起来不求进步的情绪，贪图享乐不愿再过艰苦生活的情绪，可能生长。因为胜利，人民感谢我们，资产阶级也会出来捧场。”“务必使同志们继续地保持谦虚、谨慎、不骄、不躁的作风，务必使同志们继续地保持艰苦奋斗的作风。”[1]这一振聋发聩的重大论断，为即将执掌全国政权的中国共产党及时敲响了警钟，为此后的执政党建设郑重指明了方向，是中国共产党人应当永远牢记的宝贵思想。中华人民共和国成立以后，党十分重视执政条件下的从严治党问题。1950年，针对在全国革命胜利的形势下党内一部分人中滋长的以功臣自居的骄傲自满和官僚主义、命令

[1] 《毛泽东选集（第四卷）》，人民出版社，1991，第1438页。

主义作风，党中央发出一系列关于党的建设的指示，在全党进行了着重整顿党的干部的整风学习。1951年春天，中共中央召开第一次全国组织工作会议，决定对全党的基层组织进行一次普遍的整顿，在全体党员中进行一次关于共产党员必须具备的八项条件的教育，特别是关于社会主义、共产主义前途的教育。在教育的基础上，对每一个党员进行认真的审查和登记，对犯有严重错误的和不够党员条件的党员进行组织处理。1951年11月，东北局给中央的报告中揭露出一些干部严重贪污、浪费的事实，引起中央高度重视。党中央随后作出《中共中央关于实行精兵简政、增产节约、反对贪污、反对浪费和反对官僚主义的决定》。“这次运动教育了干部的大多数，挽救了犯错误的同志，清除了党和国家干部队伍中的腐化分子，有力地抵制了旧社会恶习和资产阶级的腐蚀，对于形成健康的社会风气有很大的作用。”[1]1952年1月，中共中央又发出开展“五反”斗争的指示。无论是中华人民共和国成立伊始的整风运动和1951年整党运动的开展，还是“三反”“五反”运动和“新三反”、新的反贪污运动的推进；无论是刘青山、张子善的被判处死刑，还是一些基层干部因贪腐而被判刑的案例，都充分体现了中国共产党从严治党的鲜明态度。1956年召开的党的八大是中国共产党执政后召开的第一次代表大会。毛泽东在开幕词中豪迈地指出：“在七次大会以来的11年中，我们在一个地广人多、情况复杂的大国内，彻底地完成了资产阶级民主革命，又取得了社会主义革命的决定性的胜利。在两个革命的实践

[1]　中共中央党史研究室著、胡绳主编：《中国共产党的七十年》，中共党史出版社，1991，第253页。

中，证明了从七次大会到现在，党中央委员会的路线是正确的，我们的党是一个政治上成熟的伟大的马克思列宁主义的政党。我们的党现在比过去任何时期都更加团结，更加巩固了。我们的党已经成了团结全国人民进行社会主义建设的核心力量。”[1]刘少奇在党的八大上所作的政治报告着重分析了党的领导的问题，并对党今后继续保持正确的、健全的领导进行了认真的分析，从提高我们党的马克思列宁主义的水平、领导机关都应当大大加强对于实际情况的调查研究工作、在党的各级组织中无例外地贯彻党的集体领导原则和扩大党内民主、对于犯错误的同志采取正确的态度等多个方面对党的建设提出了明确要求。[2]邓小平在《关于修改党的章程的报告》中全面分析了执政党的地位所导致的党面临着新的考验，并强调对于党的组织和党员实行严格的监督。[3]党的八大通过的《中国共产党章程》强调了民主集中制与纪律建设的关系，明确规定了党的纪律处分的五种类型，从加强党员队伍的思想建设、党员的权利义务、健全党内各项制度、明确党的监察机关职责等方面提出党要管党、从严治党的要求。1956年，中共中央决定整顿党的作风，以克服官僚主义、宗派主义和主观主义带来的危害，但随后的整风却变成了“反右”。虽然在此之后，从严管党治党并没有放松，比如“四清”“五反”等，但却在管党治党的理念和方式上逐渐出现了偏差，特别是抛开

[1] 中共中央文献研究室编：《毛泽东文集（第七卷）》，人民出版社，1999，第114—115页。

[2][3] 中共中央文献研究室编：《建国以来中央文献选编（第九册）》，中央文献出版社，2011，第90—97页、103页。

社会主义法制、违反党内原则和规矩的批判和斗争最终演变成了“文化大革命”，给党的事业造成了挫折。但是总体而言，中华人民共和国成立以后的从严治党实践为我们党探索执政条件下的从严治党建设及今后党的建设积累了宝贵经验，提供了丰富借鉴。

（三）改革开放新时期：从严治党到全面从严治党思想的发展

党的十一届三中全会以后，我国进入改革开放和社会主义现代化建设的新时期，伴随着党的中心工作的转移，从严治党在总结经验教训和应对改革开放的挑战中也开启了新的探索与实践，逐步走向科学化、制度化、规范化、常态化，这是新时期加强党的自身建设的主要发展方向和根本特点。

1980年2月，党的十一届五中全会通过的《关于党内政治生活的若干准则》是第一部规范党内政治生活的党内法规，共十二条。该准则总结了历史上党的建设的经验，明确提出要进一步发扬党的优良传统和作风，健全党的民主生活，维护党的集中统一，增强党的团结，巩固党的组织和纪律，提高党的战斗力。该准则的颁布，为我们党在改革开放新形势下推进从严治党指明了方向，为规范和严肃党内政治生活提供了规矩。党的十二大通过的《中国共产党章程》为改革开放新时期党的建设和党章内容的与时俱进打下了良好的基础。邓小平重视制度建设的管党治党思路也为改革开放条件下如何更好地管党治党提供了基本遵循，特别是四项基本原则的提出为改革开放提供了政治基础和根本保证。在改革开放的历史进程中，历届中央领导集体都十分重视加强党的领导、端正党的作风、反对腐败。邓小平就鲜明指出：

“我们要反对腐败，搞廉洁政治。不是搞一天两天、一月两月，整个改革开放过程中都要反对腐败。”[1]而在具体的实践中，党也的确把端正党风、反对腐败作为一项重要的工作长期抓在手里。自1987年特别是党的十三大以后，中共中央文献中开始大量使用“从严治党”提法。在市场经济体制改革与完善的过程中，江泽民同志提出“党要管党，从严治党”命题，指出“党执政的时间越长，越要抓紧自身建设，越要从严要求党员、干部。坚持党要管党的原则和从严治党的方针，各级党的组织必须对党员、干部严格要求、严格教育、严格管理、严格监督，坚决克服党内存在的腐败现象”[2]。1992年党的十四大首次把“从严治党”正式写入党章，明确规定：“中国共产党要领导全国各族人民实现社会主义现代化的宏伟目标，必须紧密围绕党的基本路线加强党的建设，坚持从严治党，发扬党的优良传统和作风，提高党的战斗力，把党建设成为领导全国人民沿着有中国特色的社会主义道路不断前进的坚强核心。”[3]2002年，党的十六大首次明确提出“党要管党、从严治党”。胡锦涛同志强调：“必须把党的执政能力建设和先进性建设作为主线，坚持党要管党、从严治党，贯彻为民、务实、清廉的要求。”[4]改革开放新时期中国共产党在从严治党的实践和探索过程中，经过邓小平提出

---

[1] 《邓小平文选（第三卷）》，人民出版社，1993，第327页。

[2] 《江泽民论加强和改进执政党建设》，中央文献出版社，2004，第562页。

[3] 《中国共产党章程》（中国共产党第十四次全国代表大会部分修改，1992年10月18日通过），共产党员网2014年12月24日。

[4] 《十七大报告辅导读本》，人民出版社，2007，第62页。

“关键是共产党内部要搞好”、江泽民强调“治国必先治党，治党务必从严”、胡锦涛明确“坚持党要管党、从严治党”，党的三代领导集体不断丰富和发展着从严治党思想的理论与实践。习近平总书记指出：“改革开放30多年来，以邓小平同志为核心的党的第二代中央领导集体、以江泽民同志为核心的党的第三代中央领导集体、以胡锦涛同志为总书记的党中央始终把党风廉政建设和反腐败斗争作为重要任务来抓，旗帜是鲜明的，措施是有力的，成效是明显的，为保持和发展党的先进性和纯洁性发挥了重大作用，为我们党领导改革开放和社会主义现代化建设提供了有力保证。”[1]习近平总书记的评价全面回顾总结了改革开放历史进程中中国共产党管党治党的光辉历史，全面展示了中国共产党自我净化、自我完善、自我革新、自我提高的高度历史自觉，也深刻揭示了改革开放以来党的自身建设的重要历史。

党的十八大之后，中国进入了新时代，从严治党也进入了全面从严治党的新阶段，中国共产党党的建设“新的伟大工程”掀开了崭新的历史篇章。党的十八大以来，以习近平同志为核心的党中央，针对新形势下党所面临的“四大考验”和“四大危险”的严峻挑战，清醒认识到必须下大气力解决党内存在的许多突出问题，不断增强党的自我净化、自我完善、自我革新、自我提高能力，才能确保党始终成为中国特色社会主义事业的坚强领导核心。以习近平同志为核心的党中央以强烈的担当精神、无畏的斗争勇气更加重视从严管党治党，强调“打铁还需

[1]　《习近平关于党风廉政建设和反腐败斗争论述摘编》，中央文献出版社、中国方正出版社，2015，第4页。

自身硬”，相继出台“八项规定”，修改和颁布《中国共产党廉洁自律准则》《中国共产党纪律处分条例》以及《中国共产党问责条例》等一批党纪党规。通过几年来的铁腕反腐，查处了大量的贪腐分子，使不敢腐的压倒性态势逐步形成。2014年12月，习近平总书记在江苏考察时，将“从严治党”首次提升到了“全面从严”的高度，继而将全面从严治党与全面建成小康社会、全面深化改革、全面依法治国共同纳入“四个全面”的战略布局，成为我党治国理政的重要内容，从“从严治党”到“全面从严治党”的变化，表明我们党关于从严治党的思想理论建设及其实践完全走上了制度化的轨道，开启了全面从严治党的新常态。2017年召开的党的十九大既深刻总结了党的十八大以来全面从严治党的宝贵经验和伟大成就，又深刻指出了党面临风险挑战的长期性和复杂性，旗帜鲜明地指出要推动全面从严治党向纵深发展，进一步发出了全面从严治党的号令！

二、全面从严治党是中国共产党管党治党的一贯态度

党要管党、从严治党是马克思主义政党的优良传统。中国共产党已经走过100年的辉煌历程。回顾党的历史，顺应世情、国情、党情的变化，围绕党所从事的伟大事业，始终坚持党要管党、从严治党的方针，既是我们党的优良传统和一贯做法，也是我们党从小到大、由弱到强，不断从挫折中奋起、在苦难中铸就辉煌的一大法宝。回顾我党的光辉历程，坚持全面从严治党是我们管党治党的一贯态度和做法，并且我们也在坚持从严治党，搞好党的建设方面积累了许多值得借鉴和继承的宝贵

经验。但是管党治党未有穷尽、不可松懈。正是基于对经验教训的总结，习近平总书记强调："如果管党不力、治党不严，人民群众反映的党内突出问题得不到解决，那我们党迟早会失去执政党资格，不可避免被历史淘汰。这决不是危言耸听。"[1]

（一）第一代中央领导集体为从严治党奠基

中国共产党一开始就是严格按照马克思列宁主义的建党原则建立起来的。党的一大就确定了严格的入党条件和组织纪律，党的二大通过的《关于共产党的组织章程决议案》就深刻指出凡一个革命的党，若是缺少严密的、集权的、有纪律的组织与训练，那就只有革命的愿望，便不能够有力量去做革命的运动。二大的这一认识非常深刻，抓住了中国共产党作为革命党走向成功的一个最为基本的要素和条件。在百年的奋斗中，无论面临多么复杂的环境和严峻的挑战，中国共产党都绝不姑息养奸，绝不纵容有损党的形象、违背党的原则的人和事。1926年8月，党中央发出了坚决清除贪污腐化分子的通告。这是中国共产党最早发出的反对腐化的专门文件。土地革命战争时期，毛泽东为党领导的人民军队制定了三大纪律八项注意，奠定了中国共产党领导下的人民军队的纪律基础。毛泽东主持制定的古田会议决议，提出了思想上建党的根本原则，同时强调必须进行组织建设，解决了在农村环境下、无产阶级人数较少的国情下如何建立无产阶级政党的问题。1933年12月15日，中华苏维埃共和国中央执行委员会发布《关于惩治贪污浪费行为的第二十六号

[1]　《学习习近平总书记系列讲话精神干部读本》，浙江人民出版社，2014，第213页。

训令》，规定苏维埃机关、国营企业及公共团体的工作人员，贪污公款达500元以上者处以死刑，300元以上500元以下者处以2年以上5年以下监禁，100元以上300元以下者处以半年以上2年以下监禁。根据这个规定，各级苏维埃政府严肃查处腐败案件。1934年初召开的中华苏维埃第二次全国代表大会指出在财政政策上应该使一切苏维埃人员明白，贪污浪费是极大的犯罪。向着贪污浪费作坚决的斗争，过去虽有了些成绩，以后还应加倍的用力。“苏区干部好作风，自带干粮去办公。日穿草鞋干革命，夜走山路访贫农。”一首当时广为传唱的民歌，真实地反映了当时党员队伍艰苦奋斗、廉洁自律、密切联系群众的好作风。[1]

“重庆有官皆墨吏，延安无土不黄金。”抗日战争时期，面临日军和国民党右派的双重进攻，有些党员、干部不愿意过艰苦的生活，利用职权，营私舞弊，致使抗日根据地内出现了局部的腐化现象，所以各根据地领导机关相继颁发了惩治贪污条例。这些规定对贪污罪处刑极为严厉。比如，1938年陕甘宁边区参议会制定的《陕甘宁边区惩治贪污暂行条例》，试行一段时间后，于1939年正式颁布。1943年正式制定颁布《惩治贪污条例》，条例规定边区所属之机关部队及公营企业之人员、群众组织及社会公益事务团体之人员，有下列行为之一者即以贪污论罪：（1）克扣或截留应当发给或缴纳财物者；（2）买卖公用物品从中舞弊者；（3）盗窃侵吞公有财物者；（4）强占强征或强募财物者；（5）意在图利贩运违禁或漏税物品者；（6）擅移公款作为私人营利

[1] 中共中央党史研究室：《中国共产党的九十年》，中共党史出版社、党建读物出版社，2016，第139—140页。

者；（7）违法收募捐税者；（8）伪造或虚报收支账目者；（9）勒索敲诈，收受贿赂者；（10）为私人利益而浪费公有财物者。该文件还规定了具体惩处标准：（1）贪污数目在1000元以上者，处死刑；（2）贪污数目在500元以上者，处5年以上之有期徒刑或死刑；（3）贪污数目在300元以上500元以下者，处3年以上5年以下之有期徒刑；（4）贪污数目在100元以上300元以下者，处1年以上3年以下之有期徒刑；（5）贪污数目在100元以下者，处1年以下之有期徒刑或苦役，并追缴其贪污所得财物。[1]纯洁党的组织是从严治党的重要内容。比如，从1940年4月中旬开始，晋冀豫区普遍开展了第一次整党，从审查各级干部入手，整顿党的基层组织，使基层支部的领导权掌握在经过考验的忠实可靠的共产党员手中。

解放战争时期，为了加强从严治党工作，中国共产党先后出台了一系列党规党法。1947年7月，中共中央在全国土地工作会议上作出结合土地改革开展整党运动的重大决定。整党运动的主要内容是“三查”和“三整”，“三查”即查阶级、查思想、查作风，“三整”即整顿组织、整顿思想、整顿作风。整党运动的主要方法是思想打通、组织整顿、纪律制裁。其中，纪律制裁是整党运动的重要方式与手段，其直接目的就是通过加强纪律建设纯洁党的组织，强化党的领导。1947年10月10日，由毛泽东起草的《中国人民解放军宣言》公布。《宣言》指出必须提高纪律性，坚决执行命令，执行政策，执行三大纪律八项注意，军

[1] 余华清：《中国廉政制度史论》，人民出版社，2007，第593页。

民一致、军政一致、官兵一致、全军一致，不允许任何破坏纪律的现象存在。《宣言》强调了军队纪律与战争胜利的必然关系，提高了广大指战员的思想认识与政治觉悟。同日，毛泽东还根据形势的发展发布《中国人民解放军总部关于重行颁布三大纪律八项注意的训令》，指出本军三大纪律八项注意，实行多年，其内容各地各军略有出入。现在统一规定，重行颁布，望即以此为准，深入教育，严格执行。1948年1月，毛泽东起草了《关于建立报告制度》的指示。这个指示要求全党立即建立和执行请示报告制度，并对中央和地方两级决策权限作了明确划分。同年3月，毛泽东又起草下发《关于建立报告制度的补充指示》，对党的报告制度作了进一步补充和深化。这两个指示顺应了新的形势对党提出的迫切要求，使我们党得以迅速克服存在于党内的无纪律无政府状态，为党积极应对新问题新挑战奠定了制度基础。为了严格统一党的宣传，消灭宣传部门中存在着的无政府或无纪律状态，1948年6月发出《中共中央关于宣传工作中请示与报告制度的规定》。针对部分解放区出现的地方主义和分散主义，1948年9月，毛泽东起草了《关于健全党委制》的决定，提出完善党委会议制度的许多具体要求。

党的七届二中全会针对党面临即将在全国执政的新形势，强调应加强党的思想建设、作风建设。正如毛泽东指出："我们很快就要在全国胜利了。这个胜利将冲破帝国主义的东方战线，具有伟大的国际意义。夺取这个胜利，已经是不要很久的时间和不要花费很大的气力了；巩固这个胜利，则是需要很久的时间和要花费很大的气力的事情。"为此，毛泽东预估到党内各种负面情绪可能滋长，一些共产党人在糖衣炮弹面前可能要打败仗，向全党发出了“两个务必”的伟大号召，制定了在党内不做寿、不送礼、少敬酒、少拍掌、不以领导人的名字做地名、不把中国领导同志同马恩列斯平列的六条规定。

1949年3月23日，毛泽东和周恩来乘坐汽车离开西柏坡前往北平。出发时，毛泽东对周恩来说：今天是进京的日子，进京赶考去。周恩来笑着回答说：我们应当能考试及格，不要退回来。毛泽东说：退回来就失败了，我们决不当李自成，我们都希望考个好成绩。这一段对话表明了即将成为全国执政党的中国共产党为捍卫自己的纯洁性及实现远大目标的决心和信心。但是在新生的政权中还是出现了部分党员、干部以权谋私、贪污腐化的问题。如北京市向华北局和中央的报告中就指出：“据不完全的统计，自解放以来，北京市属各机关和企业部门工作人员中，已发现贪污分子650人，贪污总额约15亿元（旧币），其中，1949年166人，1950年289人，1951年195人。但已发现的，仅仅是贪污现象的一部分。”[1]针对这些问题，1951年底前后，中央连续下达了4个指示，批转了37个报告，如《中共中央批转华北局关于刘青山、张子善大贪污案调查处理情况的报告》《中共中央关于实行精兵简政、增产节约、反对贪污、反对浪费和反对官僚主义的决定》等，并在全国掀起了以反贪污、反浪费、反腐败为内容的“三反”运动。在很多人为刘青山、张子善讲情的情况下，毛泽东不为所动，坚决主张按律严惩。他语重心长地

[1]　中共中央文献研究室编：《建国以来中央文献选编（第二册）》，中央文献出版社，2011，第438页。

说，只有处决他们，才能挽救20个、200个、2000个、20000个犯有各种不同程度错误的干部。刘青山、张子善的被严肃查处向全党全民宣告了中国共产党反腐败的决心，警醒挽救了大批的党员干部，使党和国家保持了几十年的良好风气。

（二）改革开放以来从严治党在坚持中深化

十一届三中全会以后，我们党深刻总结中华人民共和国成立以来正反两方面的经验教训，在实现全党工作重心转移的同时也深化了从严治党的方式方法，把从严治党贯穿于党的建设各项工作之中。1981年11月，陈云指出执政党的党风问题是有关党的生死存亡的问题，因此，党风问题必须抓紧搞、永远搞。1984年4月，邓小平指出我们实行对外开放和对内搞活经济两个方面的政策以来，不过一两年时间，就有相当多的干部被腐蚀。……这股风来得很猛。如果我们党不严重注意，不坚决刹住这股风，那么，我们的党和国家确实要发生会不会“改变面貌”的问题。1986年，他又指出经济建设这一手我们搞得相当有成绩，形势喜人，这是我们国家的成功，但风气如果坏下去，经济搞成功又有什么意义？会在另一方面变质，反过来影响整个经济变质，发展下去会形成贪污、盗窃、贿赂横行的世界。1989年5月31日，邓小平指出：“腐败的事情，一抓就能抓到重要的案件，就是我们往往下不了手。这就会丧失人心，使人们以为我们在包庇腐败，这个关我们必须过，要兑现。是一就是一，是二就是二，该怎么处理就怎么处理，一定要取信于民。”1989年6月，邓小平同志又强调：“常委会的同志要聚精会神地抓党的建设，这个党该抓了，不抓不行了。”[1]1992年，邓小平在南方谈话中仍强调从严治党，他特别告诫在整个改革开放过程中都要反对腐败。

邓小平总结历史上发生错误的原因，深刻指出：“我们过去发生的各种错误，固然与某些领导人的思想、作风有关，但是组织制度、工作制度方面的问题更重要。这些方面的制度好可以使坏人无法任意横行，制度不好可以使好人无法充分做好事，甚至会走向反面。”[2]也正是基于这一认识，第二代中央领导集体从严治党首先是从健全党规法纪入手，如制定高级干部生活待遇的规定，制定《关于党内政治生活的若干准则》，规定领导干部住房坐车标准等。1984年中共中央、国务院发出严禁党政机关和党政干部经商、办企业的决定；1985年中共中央、国务院发出禁止领导干部的子女、配偶经商的决定；1988年中纪委发出党员领导干部犯严重官僚主义失职错误党纪处分暂行规定、党员在涉外活动中违犯纪律党纪处分的暂行规定等。在建章立制的同时，党中央领导了专项治理、抓大案要案的查处，如打击走私活动，打击经济领域严重犯罪，查处党员领导干部以权谋私、索贿受贿，查处领导干部在住房、坐车方面超标问题，取得了很大成绩。特别值得注意的是，这一段时期党还特别强调全党要增强党纪国法意识。党的十二大党章增添了“在党的纪律面前人人平等”“党必须在宪法和法律的范围内活动”“党禁止任何形式的个人崇拜”等重要内容，坚定了人们的信心，把从严治党提高到一个新水平。

[1]　《邓小平文选（第三卷）》，人民出版社，1993，第297页、314页。
[2]　《邓小平文选（第二卷）》，人民出版社，1994，第333页。

在十三届四中全会上，江泽民强调："全国各族人民的眼睛盯着我们，看我们能不能拿出惩治腐败的实际行动来。必须在近期办几件使党心民心为之振奋的事情。再经过一定时间的努力，制定防止和惩治腐败的制度，使党风有根本好转，恢复和加强党同群众的密切联系。"[1]江泽民在十三届五中全会的讲话中指出要依靠群众加强廉政建设，和群众一起同党内和社会上的各种不正之风、腐败现象进行坚决斗争。他还强调："在治理整顿期间，要特别强调加强党的组织性、纪律性，下决心改变在维护党纪国法方面的软弱涣散状态，坚决同那种违反民主集中制原则、危害党的集中统一的现象进行斗争，切实做到有令必行、有禁必止。为了维护党的纪律，必须加强党内监督、群众监督、舆论监督。"[2]1989年8月28日，中共中央发出《关于加强党的建设的通知》，要求认真考察领导干部、切实搞好思想整顿、发扬党的优良作风等。1990年3月12日，党的十三届六中全会通过《中共中央关于加强党同人民群众联系的决定》，指出："这些年来在一些党员干部中也滋长了官僚主义、主观主义、形式主义、个人主义的不良倾向和以权谋私等腐败现象，有的发展到相当严重的地步。我们必须坚决克服各种脱离群众的弊病，大力加强党风建设，进一步密切党同群众的联系，增强党的凝聚力和战斗力，团结一切可以团结的力量共同奋斗，这对于实现党所肩负的历史任务，具有重大而深远的意义。"同年12月，江泽民在党建理论

---

[1] 《江泽民文选（第一卷）》，人民出版社，2006，第63页。

[2] 中共中央文献研究室：《新时期党的建设文献选编》，人民出版社，1991，第490页。

研究班上发表《为把党建设成更加坚强的工人阶级先锋队而斗争》的讲话，从8个方面阐述了党的建设的一些根本性问题。党的十四届四中全会作出的《中共中央关于加强党的建设几个重大问题的决定》提出了党的建设新的伟大工程，更加明确地提出党的思想建设、组织建设和作风建设是相辅相成的整体。党的十五大决定在全党县以上领导干部中开展以“三讲”为主要内容的党性党风教育，提出反对腐败是关系党和国家生死存亡的严重政治斗争，并对反腐败的方针、组织和措施作了具体的规定，强调从严治党是保持党的先进性和纯洁性，增强党的凝聚力和战斗力的保证。2000年，江泽民提出要按照“三个代表”的要求不断加强党的建设。他指出，始终代表中国先进生产力的发展要求、中国先进文化的前进方向、中国最广大人民的根本利益，是我们党的立党之本、执政之基、力量之源。同年，在中纪委第四次全体会议上，他还特别提出了“治国必先治党，治党务必从严”的重大论断。与此同时，在治党的法规建设方面更加完备。1989年至1990年，中纪委连续制定了《关于共产党员违反社会主义道德党纪处分的若干规定》《党员在经济方面违法违纪党纪处分的若干规定（试行）》《关于对妨碍违纪案件查处的党组织和党员党纪处分的规定（试行）》。1993年10月，中央提出领导干部廉洁自律的五条规定。1995年，党中央制定《党政领导干部选拔任用工作暂行条例》，干部选拔任用工作的制度化迈出了重要的步伐。在此期间，全国人大和人大常委会、国务院也制定发布了许多法律和行政法规。日趋完善的廉政法律制度和体系，为我们争取反腐败斗争的胜利提供了法制武器。我们党不仅把从严治党写在决议上，制定在条例上，而且认真地落实在行动中，在加强领导干部廉洁自律、纠正行业不正之风和维护党的政治纪律方面，做了大量工作。

党的十六大之后，全党更加深刻地认识到党所面临的风险和挑战。胡锦涛同志指出，在世情、国情、党情发生深刻变化的新情况下，提高党的执政水平和领导水平，提高拒腐防变和抵御风险的能力，加强党的能力建设和先进性建设，面临许多前所未有的新问题、新挑战，执政考验、改革开放考验、市场经济考验、外部环境考验是长期的、复杂的、严峻的。精神懈怠的危险更加尖锐地摆在全党面前，落实党要管党、从严治党的任务比任何时候都更为繁重、更为紧迫。在党的十六大之后的10年里，全党从新的实际出发，坚持以科学理论指导党的建设，以改革创新精神研究和解决党的建设所面临的重大理论和实际问题，着眼于全面建设小康社会，加快推进社会主义现代化、全面认识和自觉运用马克思主义执政党规律，全面推进党的建设新的伟大工程，不断推进党的建设科学化水平。党中央坚持把党风廉政建设和反腐败斗争纳入党和国家工作大局来谋划和部署，不断深化对反腐倡廉建设规律的认识，坚持标本兼治、综合治理、惩防并举、注重预防的方针，扎实推进惩治和预防腐败体系建设，在坚决惩治腐败的同时，更加注重治本，更加注重预防，更加注重制度建设，拓展从源头上防治腐败的工作领域。先后于2005年和2008年颁布了《建立健全教育、制度、监督并重的惩治和预防腐败体系实施纲要》和《建立健全惩治和预防腐败体系2008—2012年工作规划》，颁布实施了新修订的《中国共产党党员领导干部廉洁从政若干准则》等法规制度。2007年9月13日，国家预防腐败局成立。此后，各省（区、市）预防腐败部门陆续成立。据统计，从2007年11月至2012年6月，全国纪检监察机关共立案64.3万余件，结案63.9万余件，给予党纪政纪处分66.8万余人，涉嫌犯罪被移送司法机关处理2.4万余人。通过查办案件，有力震慑了腐败分子，彰显了我们党反对腐败的鲜明态度和坚强决心，增强了人民群众对反腐败斗争的信心。从2008年起，中央纪委组织有关部门开展了制止公款出国（境）旅游专项工作，加强因公出国（境）管理，全国党政干部因公出国（境）团组、人次和经费数大幅下降；开展工程建设领域突出问题专项治理，排查工程建设项目42.51万个，查办违纪违法案件2.38万件；开展“小金库”专项治理，清理出“小金库”60722个，涉及金额315.86亿元。[1]

（三）党的十八大以来开启了全面从严治党的新境界

党的十八大以来，以习近平同志为核心的党中央以巨大的理论勇气、敢为人先的担当精神、强烈的问题意识，形成了马克思主义中国化的最新成果：习近平新时代中国特色社会主义思想。

党的十八大以来，以习近平同志为核心的党中央从坚持和发展中国特色社会主义全局出发，提出并形成了全面建成小康社会、全面深化改革、全面依法治国、全面从严治党的战略布局。把全面从严治党纳入“四个全面”战略布局之中，使当前和今后一个时期，党的治国理政方略更加科学、更加系统。在“四个全面”中，全面建成小康社会是战略目标，全面深化改革是强大动力，全面依法治国是法治保障，全面从严

[1]　《激浊扬清更坚定——党的十六大以来反腐倡廉建设成就综述》，《人民日报》2012年11月5日。

治党是根本政治保证。习近平总书记针对党内存在的突出问题，围绕管党治党提出了一系列新思想新论断新举措，强调全面从严治党，核心是加强党的领导、基础在全面、关键在严、要害在治。全面从严治党是马克思主义党建理论与实践在当代中国的最新发展，是新时代党的建设必须遵循的根本指南。

习近平总书记提出全面从严治党要把思想建党和制度治党紧密结合起来，坚持以思想建党为根本，以从严治吏为重点，以改进作风为突破口，以反腐肃贪为重要任务，以严明纪律和制度治党为保障，全面提高党的领导水平和执政能力，确保党始终成为中国特色社会主义事业的坚强领导核心。全面从严治党思想体现了党中央对党的建设的顶层设计，有效避免了党的建设出现“短板”、留下“死角”的情况，形成了新时代全面从严治党的新思路。

全面从严治党特别强调“全面”，要求覆盖党的建设各个方面，覆盖全体党员和党的各级组织，必须全面推进党的政治建设、思想建设、组织建设、作风建设、纪律建设，把制度建设贯穿其中，深入推进反腐败斗争。全面从严治党要求上无禁区、下无空白，党纪国法面前人人平等，制度面前没有例外，执行制度不打折扣，反映的是无产阶级政党铁的纪律性。从党的十八大以来全面从严治党的实践就可以看出这种全面性的要求：既强调抓好思想教育这个根本，坚定党员、干部的理想信念，又强调严明党的纪律，切实做到纪律面前人人平等、遵守纪律没有特权、执行纪律没有例外；既严整干部作风又严惩干部腐败；既重视治标又重视治本。

全面从严治党特别强调“严”，也就是对待党的建设、对待党内存在的各种问题，必须用严的精神去抓、去管，不放过、不松劲、不懈怠。同时，“严”强调的常管长严、敢管敢严，要求管党治党必须在抓“长”抓“常”上下功夫，要求必须从党内政治生活严起，要求必须抓住关键少数。

全面从严治党特别强调“治”。治就是落实责任，就是明确管党治党责任、落实管党治党责任、追究不管党不治党的责任。习近平总书记反复强调各级领导干部要把抓好党建作为最大的政绩，强调一分部署、九分落实，强调各级党组织要切实担负起管党治党的责任，各级纪律检查机关要切实担负起监督执纪问责职责，强调我们党要以“踏石留印”“抓铁有痕”的劲头抓从严治党，各级领导干部必须要坚决做到守土有责、履职尽责。

三、始终坚持全面从严治党是党长期执政的根本保障

内因是依据，外因是条件，内因决定着事物的性质和方向。这条唯物辩证法的基本原理对于政党而言同样适用。自世界上产生政党以来，就有一条基本的规律：政党的兴衰起伏总是与其自身建设息息相关。没有哪一个政党的发展壮大不是通过自身建设而实现的，也没有哪一个缺乏自我管理的政党能逃脱走向衰败的历史命运。

（一）政党自身的建设水平是决定党的力量的核心因素

政党是现代民主政治的重要构成部分。政党是政治组织，政治组织存在的目的就是要影响国家权力。所以，从一定意义上说，长期执政是

世界任何一个执政党实现其政治目标的唯一途径，也应该是所有政党都为之追求、为之奋斗的重要目标。然而，在经济全球化、政治多极化、文化多样化、社会信息化的背景下，政党所处的环境日新月异、政党需要解决的问题日益纷繁，面对复杂多变的国际形势和一系列严峻的全球性问题，世界上任何一个执政党都面临能否长期执政的空前挑战。而世界政局风云变幻、你方唱罢我登场的现象也表明，一个政党想长期执政是何其艰难。这种艰难，来自外部环境变迁带来的执政党能否提出符合国情民意的政策措施，这些政策措施能否相对普遍地满足人民群众的诉求，能否跟得上时代前进的步伐；这种艰难，更来自政党内部难以避免地产生的作风问题、腐败问题以及党员队伍政治信仰和政治信念的继承与淡化问题。

也正是基于这样的认识，曾经有一段时间“执政周期率”成为大家所关注的焦点。内因是决定力量，要想妥善应对政党面临的各种问题，确保长期执政，毫无疑问首先就是要搞好政党的自身建设。而如果党的自身建设流于形式、没有效果、跟不上时代，则不仅不能树立执政党的威信，还可能丧失既有的执政地位。历史的结论清晰可见，只有不断加强党的自身建设，才能切实赢得政党的健康发展，才能确保政党不为时代所淘汰、为民众所抛弃。

（二）搞好自身建设是中国共产党长期执政的根本途径

办好中国的事情关键在党，中国要出问题还是出在共产党身上。中国共产党作为使命型政党，只有稳定长期执政才能实现自身的政治目标。中国共产党作为中国特色社会主义事业的领导核心，只有稳定长期执政才能推动实现人民富裕、民族复兴。我们党现在是一个有9500多万党员、在一个14亿多人口的大国长期执政的党，党的形象和威望、党的创造力凝聚力战斗力不仅直接关系党的命运，而且直接关系国家的命运、人民的命运、民族的命运。但是当前党面临的执政环境更加复杂，担负的历史使命更加艰巨。随着经济全球化、世界多极化、思想文化多元化的发展趋势越来越明显，极端主义、恐怖主义、分裂主义为核心的各种不稳定因素空前增多，国内改革进程中积累的深层次矛盾和问题也越来越突出，社会利益和矛盾冲突亦越来越多，制度和体制中不适应、不协调的因素逐步凸显。这种不断发展变化的时代背景和社会实践，使党面临许多前所未有的新课题新考验。与此同时，部分党员、干部身上存在的腐败问题、作风问题非常突出，这些党员、干部没有组织纪律性、无视党的政治纪律和政治规矩的问题也开始凸显。形势逼人，不进则退。为应对当前复杂的执政环境、担负未来艰巨的历史使命，必须下大力气解决好自身存在的问题，这就更要求中国共产党必须不断加强自身建设、坚持全面从严治党。

历史告诉我们，抓好党的建设重点是要坚持党要管党、从严治党。新的历史条件下，全面从严治党刻不容缓，比以往任何时候都更为紧迫、更为重要。在以习近平同志为核心的党中央坚强领导下，坚持全面从严治党不动摇，开创新的历史条件下治国理政的新篇章，这既是时代赋予我们的光荣而艰巨的历史重任，也是党长期执政的必然要求。党的十八大以来，以习近平同志为核心的党中央围绕新时代“为什么要全面从严治党、怎么样全面从严治党”这一主题，将全面从严治党与全面建成小康社会、全面深化改革、全面依法治国协同推进，形成了党的建设与国家事业、法治建设、深化改革相辅相成的新局面，并着力探索新时代下全面从严治党的科学路径，推动党的十八大以来党风政风发生了显著而深刻的变化，使中国共产党在革命性锻造中更加坚强。

（三）党的十八大以来全面从严治党的实践经验总结

全面从严治党永远在路上，只有进行时，没有完成时。党的十八大以来，以习近平同志为核心的党中央创造了全面从严治党的新鲜经验，值得深入总结、永远传承。

一是把教育与惩戒相统一，把“道之以德”与“齐之以刑”紧密结合，既强调思想建党，针对全体党员、干部进行长期的观念塑造和价值引领，又以猛药去疴的霹雳手段严厉惩戒敢于触碰党纪国法的党员、干部。习近平总书记指出从严治党靠教育也靠制度，二者一柔一刚，要同向发力、同时发力。为了在纷繁复杂的社会思潮下进一步坚定党员、干部的理想信念，在全党深入学习党的十八大精神之后，党内相继开展了党的群众路线教育实践活动、“三严三实”专题教育活动和“学党章党规、学系列讲话，做合格党员”学习教育。习近平总书记还对中国共产党所特有的、干部经常性教育的重要机构——党校教育工作高度重视，要求党校要始终坚持党校姓党，努力完善课程体系设置，突出理论教育和党性锻炼这门主课。党的十八大以来，党中央以对党和国家事业高度负责的精神严肃惩戒党员队伍中的害群之马，既以驰而不息的坚韧不拔定力狠抓党员干部作风建设，又以刮骨疗毒的无私无畏勇气坚决惩治腐败分子，形成了正风肃纪和反腐倡廉没有空白、没有死角、没有禁区的高压态势。

二是把党内与党外相统一，党内监督与党外监督紧密结合，既不断完善党内监督机制又强化党内监督力度，更突出要求“让人民支持和帮助我们”。健全而有力的监督是防止政治腐败、权力滥用的有力武器。党的十八大以来，以习近平同志为核心的党中央着力完善监督体系的顶层设计，全面健全党内监督机制，鼓励支持党外监督，使党内外的各种监督机制更加规范、有力有效。具体来说：一是全力扭住监督责任落实这个牛鼻子，压实各级党委的管党治党主体责任，要求各级纪委全面履行职责、聚焦监督执纪问责，加大了对履职不力、尽责不够的党委、纪委负责人的问责力度；二是深化完善党的纪律检查体制改革，明确纪检工作实行双重领导体制，推动实现派驻机构全覆盖，有效解决了“平级监督太软”问题，切实消除党内监督盲点；三是充分发挥巡视监督的利器作用，进一步完善党内巡视监督机制，不断创新巡视监督方式，特别是把常规巡视和专项巡视结合起来，高度重视巡视反馈与后续整改，中央第九轮巡视对已经巡视过的省份开展首次“回头看”，更进一步强化了巡视的震慑作用和监督效果；四是深入解决“一把手”监督难题，把贯彻落实民主集中制、完善党委会议事决策规则作为基础，要求深入开展批评与自我批评，强调要形成红脸出汗、咬耳扯袖的日常监督氛围；五是着力整合社会监督力量，发动全体人民和各种社会力量帮助和支持管党治党。支持和保障群众监督既是人民当家做主的重要体现，也是社会监督不可或缺而又无所不在的基本力量。高度重视舆论监督作用，要求发挥舆论监督的正能量，鼓励新闻媒体要在正确的政治立场上针砭时弊、激浊扬清。

三是把国法与党规相统一，依法治国和依规治党紧密结合，既强调全党都要在宪法和法律范围内活动，又突出靠完善的制度约束全党、要求把纪律挺在前面。依法依规管党治党主要有两个方面的含义：一是国家法律层面，即要求所有党员和党的各级组织必须在宪法和法律范围内活动，管党治党必须充分运用法治思维和法治方式；二是党内法规层面，要求必须以健全完善的党内法规制度来管党治党，切实使党内的纪律和规矩成为不可触碰的底线。在依法治党方面，党中央提出全面依法治国的战略部署，把依法严厉惩戒作为管党治党的抓手，把具备法律素养、遵法守法作为对干部的基本要求。在依规治党方面，《中国共产党党内法规制定条例》《中国共产党党内法规和规范性文件备案规定》两部法规的出台为党内法规制度的废改立提供了党内的法理依据，以“八项规定”精神开篇，围绕党员的政治活动、组织活动、日常生活制定详细要求，在办公用房、公车使用、公务接待、举办会议、教育培训乃至公款购买贺卡节礼、干部出入会所等方面形成了一系列制度规范，针对各级党组织的工作出台了包括领导干部选拔、党政机关反对浪费、巡视监督、党组和地方党委工作条例等一系列党内法规。这些党内法规既针对党员个人又针对党的各级组织，既有正面倡导又有负面清单，既有程序性又有实体性，既注重制度的制定又注重制度的执行，以系统科学、严谨规范、执行有力的党内法规体系提高了管党治党的制度化水平。

四是把重点与一般相统一，抓住关键群体与面向一般党员紧密结合，既强调要管好干部、从严治吏，又突出要求把从严治党落实到对全体党员队伍的管理教育中。从对象上讲，党要管党就是要管住党员、管住干部。以习近平同志为核心的党中央把管好干部、从严治吏作为从严管党治党的关键，以建设一支具备“四铁”品质的高素质干部队伍为出发点，坚持严管与厚爱、信任与监督相结合，进一步明确了新时期合格干部的五条标准，全面深化干部选拔任用机制改革，坚决惩治买官卖官、拉票贿选、团团伙伙等干部选用中的不正之风，要求干部队伍加强修养、固本培元，在尊崇党章、遵守法律、坚守正道、修身律己、干事创业等方面发挥表率作用。党的先进性最终要通过党员的先锋模范作用得以体现，维护党的纯洁性必须保证党员队伍的纯洁性，必须加强对全体党员的教育管理。党的十八大以来的党中央高度重视党员队伍建设管理工作，对党员的发展和管理提出了控制总量、优化结构、提高质量、发挥作用的基本原则，对发展党员的标准、程序、纪律以及处置不合格党员等问题提出了明确的要求，并且要求党员要坚定理想信念、强化宗旨意识、增强担当精神，要在严格的党内生活中增强党性修养，并通过微观机制的健全完善不断强化党的基层组织对党员的教育、管理、监督职责，全面开展党员信息的集中排查，等等。

五是把治标与治本相统一，立足当前与着眼长远紧密结合，既坚持步步为营、稳扎稳打解决好现实存在的突出问题，又围绕事关长远的根本性问题加强顶层设计。作为肩负远大历史使命的政党，从严管党治党是一个只有起点没有终点的永久性要求。党的十八大以来的管党治党实践坚持把长远目标和当前问题统一起来，实事求是地提出要通过着力治标为长远治本赢得时间的重大论断，在注重治标的同时又不断形成治本性举措。从治标方面来看，党中央清醒认识、准确把握党内存在的突出现实问题，针对性开展集中整治。从治本方面来看，党中央深入总结政党活动规律、执政规律，把思想建设和制度建设作为治本之策、长远之举，全面推进依法治国战略部署，不断完善党内制度建设，突出强调“扎紧制度笼子”，坚持用制度来管权管事管人，等等。实践表明，标与本是辩证统一的，所有的治标之举本身也就是未来治本的重要步骤，只有在以锲而不舍的精神抓好治标的基础上不断总结经验、完善机制才能一步一步地无限靠近治本。

黄克功案件及其现实警示[1]

1937年10月发生在延安的“黄克功案件”是当时的一件惊天大案，也是我党历史上从严治党、治军的一个经典案例，更是当前和今后全面从严治党的镜鉴。

黄克功时年26岁，少年时加入中国工农红军，参加过井冈山斗争和二万五千里长征，身经百战立过功，并担任过旅长等职务，时任抗日军政大学第六队队长。被害女子刘茜，时年16岁，早年在国民党统治的太原市求学，1937年“七七事变”以后奔赴延安投身革命，先后在抗大和陕北公学学习，与黄克功相识相恋。不久，刘茜发现自己与黄克功在经历、性格、情趣等方面的差异都太大，就表示中断恋爱关系。然而，黄克功却纠缠不休，并于1937年10月5日傍晚在延河岸边用勃朗宁手枪威逼刘茜公开宣布结婚，遭到拒绝以后竟对刘茜开枪。刘茜右肋受伤倒地后哭喊“救命”，黄克功又对她头部开了第二枪，造成刘茜当场毙命。此案震惊了当时的陕甘宁边区，影响波及全中国。国民党报纸借题发挥，诬蔑攻击共产党和红军。当时，共产党和红军在延安尚处于“立足未稳”的态势，对于黄克功究竟怎样处理呢？敌、我、友各方人士和老百姓都在拭目以待。

案发以后，黄克功即被开除党籍。但是，要不要对他判处死刑，在

---

[1] 孟昭庚：《黄克功案件始末》，《党史纵横》2015年第8期。

延安的党内军内发生了争论：一部分人认为，杀人偿命，天经地义，共产党人也不能例外；另一部分人认为，抗日战争正是用人之际，这时枪决一位革命功臣未免太可惜了，可以让他戴罪抗日、将功赎罪。黄克功本人对罪行供认不讳，但是希望自己能够死在抗日杀敌的战场上，不要死在延安的法场上。他上书陕甘宁边区高等法院和毛泽东（时任中共中央革命军事委员会主席等职务）：“念我十年艰苦奋斗，一贯忠于党的路线，恕我犯罪一时，留我一条生命，以便将来为党尽最后一点忠。”陕甘宁边区高等法院院长、案件审判长雷经天也写信向毛泽东汇报了有关情况，并提出“严格依法办事，对黄克功处以极刑”的意见。有的领导同志闻讯以后，考虑到黄克功10年来的表现和功绩，就请求毛泽东特赦黄克功的死刑。

毛泽东既百感交集，又清醒冷静。他认为，共产党必须功过分明、赏罚严明，功不抵罪、罪不否功。他于1937年10月10日给雷经天写了复信，情之殷殷、言之切切，爱憎分明、斩钉截铁。毛泽东在信中写道：“你的及黄克功的信均收阅。黄克功过去斗争历史是光荣的，今天处以极刑，我及党中央的同志都是为之惋惜的。但他犯了不容赦免的大罪，以一个共产党员、红军干部而有如此卑鄙的、残忍的、失掉党的立场的、失掉革命立场的、失掉人的立场的行为，如为赦免，便无以教育党，无以教育革命者，并无以教育做一个普通的人。因此中央与军委便不得不根据他的罪恶行为，根据党与红军的纪律，处他以极刑。正因为黄克功不同于一个普通人，正因为他是一个多年的共产党员，是一个多年的红军，所以不得不这样办。共产党与红军，对于自己的党员与红军成员不能不执行比较一般平民更加严格的纪律。当此国家危急革命紧张之时，黄克功卑鄙无耻残忍自私至如此程度，他之处死，是他的自己行为决定的。一切共产党员，一切红军指战员，一切革命分子，都要以黄克功为前车之鉴。请你在公审会上，当着黄克功及到会群众，除宣布法庭判决外，并宣布我这封信。对刘茜同志之家属，应给以安慰与抚恤。”

1937年10月11日，陕甘宁边区高等法院在陕北公学大操场召开公审大会，判处逼婚杀人案凶犯黄克功死刑并立即押往刑场执行枪决。一个实际行动胜过十个文件和纲领，更胜过翻来覆去的宣传和报告。共产党执法如山、取信于民，社会上的流言蜚语不攻自破。抗日战争时期，从四面八方包括从国民党统治区冲破封锁、跋山涉水，奔赴延安和陕甘宁边区投身革命的男女青年和各界人士共有25万多人，他们汇聚成势不可挡的抗日力量。中国共产党成为中华民族的“灯塔”和“舵手”。试想，如果对蜕化变质的“革命功臣”搞什么网开一面、法外开恩，那么，在一个人身上丧失原则，就会在亿万国人心中失去威信。

中华人民共和国成立70多年以来，腐败和反腐败的斗争、“糖衣炮弹”攻击和共产党人反击的斗争从来没有停止。这实质上是一场虽然看不到硝烟、听不见炮声但关系到执政党生死存亡的斗争，而且现在已经成为我们“等不及、输不起、软不得”的严峻斗争。腐败分子实质上就是和平建设时期“不拿枪的敌人”。我们决不能掉以轻心！

在中华人民共和国成立初期处决刘青山、张子善等大贪污犯时，毛泽东和中央领导同志联想到黄克功、肖玉璧等案件，讲了一段振聋发聩、耐人寻味的话。毛泽东说："我们杀了几个有功之臣，'挥泪斩马谡'，这是万不得已的事情。治国就是治吏。礼义廉耻，国之四维，四维不张，国乃灭亡。如果一个个官吏都寡廉鲜耻、贪污无度、胡作非为，而国家还没有办法治理他们，那么，天下一定大乱，老百姓一定当李自成造反！国民党是这样，共产党也是这样。问题若是成了堆，就是积重难返了啊！"

第二章 深刻理解和准确把握新时代党的建设总要求

“中国特色社会主义进入新时代，我们党一定要有新气象新作为。”党的十九大报告从党和国家事业发展全局出发，提出了新时代党的建设总要求，也即坚持和加强党的全面领导，坚持党要管党、全面从严治党，以加强党的长期执政能力建设、先进性和纯洁性建设为主线，以党的政治建设为统领，以坚定理想信念宗旨为根基，以调动全党积极性、主动性、创造性为着力点，全面推进党的政治建设、思想建设、组织建设、作风建设、纪律建设，把制度建设贯穿其中，深入推进反腐败斗争，不断提高党的建设质量，把党建设成为始终走在时代前列、人民衷心拥护、勇于自我革命、经得起各种风浪考验、朝气蓬勃的马克思主义执政党。

党的十九大报告作出的这一总体性要求是对新时代建设一个什么样的党、怎么样建设党这一党的建设的重大问题的科学回应，是指导搞好党的建设新的伟大工程的根本遵循，对推动全面从严治党向纵深发展提出新要求、作出新部署。总要求紧扣中国共产党自身建设实际，明确了党的建设的目标、主线、路径、布局和具体举措，内涵丰富，亮点突出，在理论和实践上实现了党的建设、党的领导与党的事业的有机统一，构成了完整的中国化马克思主义党建理论体系，彰显了新时代党的建设和党的领导的行动纲领。深刻领会和牢牢把握新时代党的建设的新理念、新布局和新战略，对于党团结带领人民进行伟大斗争、推进伟大事业、实现伟大梦想，具有重大的理论价值和现实意义。

一、新时代党的建设总要求

党的十九大报告所明确的党的建设的总要求，内涵丰富，明确了新时代党的建设的根本原则、主题主线、总体布局、基本要求和基本目标，是中国共产党对党的建设问题的总体性、系统性回答。“总要求指明了新时代党的建设的正确方向。总要求开宗明义提出要‘坚持和加强党的全面领导’，指明了新时代党的建设的目的和根本原则，党的领导是战胜一切困难和风险的‘定海神针’，党的领导必须是全面的、整体的，哪个领域、哪个方面、哪个环节缺失了弱化了，都会削弱党的力量，损害党和人民事业；总要求明确了‘坚持党要管党、全面从严治党’这一党的建设指导方针，‘中国要出问题，还是出在共产党内部’，如果管党不力、治党不严，党就不可避免被历史淘汰，党所肩负的历史使命就无法实现；总要求提出‘以加强党的长期执政能力建设、先进性和纯洁性建设为主线’，深刻昭示长期执政条件下提高党的执政能力和领导水平、保持党的先进和纯洁永远在路上，必然伴随我们党执政的全过程、伴随中国特色社会主义的壮阔征程；总要求进一步明确了党的建设总体布局，强调‘全面推进党的政治建设、思想建设、组织建设、作风建设、纪律建设，把制度建设贯穿其中，深入推进反腐败斗争’，抓住了新时代党的建设的关键，突出了政治建设的统领地位和纪律建设这个管党治党的治本之策；总要求确立了新时代党的建设目标，就是‘把党建设成为始终走在时代前列、人民衷心拥护、勇于自我革命、经得起各种风浪考验、朝气蓬勃的马克思主义执政党’，集中体现了党的性质、宗旨、纲领，体现了新时代中国共产党人的价值取向、政治定力、使命担当。”[1]“这个总要求不是空洞的、抽象的、说教的，而是来自加强党的建设、推进全面从严治党的现实需要，来自解决党内存在的突出矛盾和问题的现实需要，来自保持党的先进性和纯洁性、增强党的创造力凝聚力战斗力的现实需要，来自牢记党的性质和宗旨、保持党同人民群众的血肉联系的现实需要，来自坚持党的执政地位、提高党的执政能力、扩大党的执政基础的现实需要。”[2]

（一）新时代党的建设的根本目的

新时代党的建设的根本目的是坚持和加强党的全面领导。党的十九大报告中关于这一根本目的的规定，既是由中国共产党自身的性质和其

[1] 赵乐际：《全面理解和准确把握新时代党的建设总要求》，转引自《党的十九大报告辅导读本》，人民出版社，2017，第67页。

[2] 孙大海：《全面把握新时代党的建设总要求》，《学习时报》2018年1月12日。

在中国特色社会主义事业中的政治关系所决定的，也是由当代中国的国情所决定的。党是中国特色社会主义事业的领导核心，是当代中国最高的政治领导力量。加强党的建设的根本目的就是要坚持党的领导、加强党的领导。对于中国社会而言，党的领导是战胜一切困难和风险的"定海神针"。没有党的领导，当代中国的一切发展进步都无从谈起。所以，新时代党的建设的根本目的，就是要坚持党对新时代中国特色社会主义建设一切工作的领导。只有真正实现党的全方位、贯穿始终的领导，才能充分发挥中国特色社会主义的本质优势，才能推动中国特色社会主义事业健康发展。

（二）新时代党的建设的根本原则

新时代党的建设的根本原则是坚持党要管党、从严治党。治国必先治党，治党务必从严。中国共产党是中国的执政党，如果管不好党、治不好党，不仅党自身会出问题，也会给中国社会和中国人民造成巨大的危害。所以，只有把党管好治好，党才有执政资格，才有为人民服务的资格。而中国共产党自身的建设不能依靠外力。从历史上看，中国共产党具备自我管理、自我革命的能力，总是能依靠自己的力量来修正自己的错误。也正因为如此，习近平总书记指出："党要管党，才能管好党；从严治党，才能治好党。"

（三）新时代党的建设的主线

新时代党的建设的主线是加强党的长期执政能力建设、先进性和纯洁性建设。这一主线的创新在于突出了"长期"两个字，立足于中国共产党执政的长期性，立足于中国共产党自身的本质特征，蕴含着对实现执政使命长期性、艰巨性的深远考量，揭示了马克思主义执政党建设的本质要求。

党的执政是中国社会发展进步的基础，实现中国共产党的使命是长期的历史任务，由此就内在地产生了党长期执政的必然性要求。这种长期性必然对党的执政能力建设提出更高要求，党的执政能力必须与时俱进。先进性和纯洁性是马克思主义政党的本质特征，同时也是中国共产党发展壮大的根本内因。党的十九大报告关于党的建设的主线的深刻阐述，揭示了长期执政条件下提高党的执政能力和领导水平、保持党的先进性和纯洁性永远在路上，必然伴随党执政的全过程，伴随中国特色社会主义事业发展进步的全过程。

（四）新时代党的建设的总体布局

党的十九大报告明确新时代党的建设的总体布局为政治建设、思想建设、组织建设、作风建设、纪律建设，把制度建设贯穿其中，深入推进反腐败斗争。这一规定突出了政治建设的统领地位，抓住了新时代党的建设的关键，抓住了纪律建设这一管党治党的治本之举，强调深入推进反腐败斗争，扭住了长期执政条件下必须时刻盯住的关键性问题。总而言之，这一总体布局既继承了中国共产党成立以来在党的建设上的经验，又反映了新时代对党的建设提出的新要求。

（五）新时代党的建设的着力点

新时代党的建设的着力点是调动全党积极性、主动性、创造性。毛泽东曾经指出："处在伟大斗争面前的中国共产党，要求整个党的领导机关，全党的党员和干部，高度地发挥其积极性，才能取得胜利。所谓发挥积极性，必须具体地表现在领导机关、干部和党员的创造能力、负责精神，工作的活跃，敢于和善于提出问题、发表意见、批评缺点，以及对于领导机关和领导干部从爱护观点出发的监督作用。”[1]党是由一个一个有血有肉的党员组成的，党的力量的强大与党员充分发挥积极性、主动性和创造性正向关联，只有在思想上政治上行动上同党中央保持高度一致的基础上充分发挥党员的积极性、主动性和创造性，才能最终聚合为党的组织的战斗力。这就要求全面提高党建工作质量和效能，顺应时代要求，不断探索新办法、新载体激发党员的积极性、主动性、创造性。

（六）新时代党的建设的基本目标

新时代党的建设的基本目标是把党建设成为始终走在时代前列、人民衷心拥护、勇于自我革命、经得起各种风浪考验、朝气蓬勃的马克思主义执政党。这一目标把中国共产党的政党特性、历史方位、政治品格、精神风貌有机结合在一起。始终走在时代前列体现的是党的先进性，就是要求党必须能够与时俱进，能够代表着中国先进社会生产力的发展要求，代表着中国先进文化的前进方向，代表着中国最广大人民的根本利益。人民衷心拥护体现的是党的群众性，就是要求党必须始终坚守为人民服务的根本政治立场，坚持以人民为中心的发展思想，从而确保党能赢得最广大人民群众的衷心拥护。勇于自我革命体现的是党的革命性，就是要求党要始终具备自我革命的品格，在不断推动社会革命的

[1]《毛泽东选集（第二卷）》，人民出版社，1991，第528—529页。

同时敢于推动党不断自我革命。经得起各种风浪考验、朝气蓬勃的马克思主义执政党是对党的根本性质和历史方位的要求。中国共产党是在一个14亿多人口的大国长期执政的马克思主义政党，经得起各种风浪考验是长期执政的基本条件，朝气蓬勃是对党的精神状态的要求。中国共产党除了中国人民和中华民族的根本利益，没有自身特殊利益，所以才有资格有底气敢于直面问题、勇于自我革命。只有始终保持勇于自我革命、从严管党治党的鲜明品格，才能始终保持先进和纯洁的政治本色，才能把党建设成为经得起各种风浪考验、朝气蓬勃的马克思主义执政党。

“总要求构成了新时代党的建设科学有机的整体。新时代党的建设目的、方针、主线、总体布局、目标，紧密联系、相互作用、相互促进。目的是依据、是根本点，党的建设要紧紧围绕这个目的来展开，时刻不能游离、偏离；方针是原则、是遵循，引领着党的建设沿着正确方向前进；主线是纲和魂，纲举目张，魂在本在；总体布局是重点、是路径，总体布局立起来了，党的建设就有了实体支撑、有力抓手；目标是指向和落脚点，党的建设一切工作都要朝着这个目标来加强、按照这个目标来检验。我们要深刻理解把握总要求的基本内涵及相互关系，坚持协调推进、统筹推进、一体推进，不断提高党的建设质量，做到管党有方、治党有力、建党有效。”[1]只有按照这样的总要求，一以贯之推进党的建设新的伟大工程，才能确保党始终成为时代先锋、民族脊梁。

---

[1]　赵乐际：《全面理解和准确把握新时代党的建设总要求》，转引自《党的十九大报告辅导读本》，人民出版社，2017，第68页。

二、新时代党的建设的主要任务

党的十九大报告不仅提出了新时代党的建设总要求，而且还明确了新时代党的建设八个方面的重点任务，对如何推进党的建设新的伟大工程作出科学的顶层设计、系统的战略部署，进一步丰富和发展了马克思主义党的建设学说，进一步回答了新时代建设什么样的党、怎样建设党这一重大历史性课题，标志着我们党对执政党建设规律的认识达到新的高度。

（一）政治建设是党的根本性建设

政治属性是政党的第一属性，政治建设是党的根本性建设。根据党的十九大的安排部署，党的政治建设主要有如下几个方面：

1.坚决维护以习近平同志为核心的党中央权威，坚决服从党中央集中统一领导

这是党的政治建设的首要任务。党的团结统一是党的生命，维护党中央权威是确保党的团结统一的前提。我们党有9500多万党员、460多万基层党组织，在14亿多人口的大国长期执政，保证党的团结和集中统一至关重要，维护党中央权威至关重要。邓小平同志指出，“党一定要有领袖，有领导核心”，“领袖就是团结的核心，他本身就是力量”。各级党组织和广大党员干部必须切实增强政治意识、大局意识、核心意识、看齐意识，坚定执行党的政治路线，严守政治纪律和政治规矩，在政治立场、政治方向、政治原则、政治道路上，同以习近平同志为核心的党中央保持高度一致。坚决维护中央权威、服从党中央集中统一领导不是一句空洞的口号，

不能只停留在口头表态上，要落实到具体行动上、落实到做的效果上，这就要求在党内决不允许自行其是、各自为政，决不允许有令不行、有禁不止，决不允许搞上有政策、下有对策。

2.尊崇党章，严格执行新形势下党内政治生活若干准则

严肃党内政治生活是党的政治建设的有力抓手，营造良好政治生态是党的政治建设的重要任务。党章是管党治党的总章程。《新形势下党内政治生活若干准则》是我们党在新的历史条件下，严格规范党内政治生活的重要制度安排。各级党组织和广大党员、干部必须严格尊崇党章，严格执行准则，切实增强党内政治生活的政治性、时代性、原则性、战斗性。特别是当前商品交换原则渗透到党内政治生活中来，这就要求必须严肃党内政治生活，拒斥各种错误思想对党内政治生活的侵蚀。

3.必须完善和落实民主集中制各项制度

民主集中制是党的根本组织原则，是党的政治生活的一项根本制度。党员个人服从党的组织，少数服从多数，下级组织服从上级组织，全党各个组织和全体党员服从党的全国代表大会和中央委员会是民主集中制的最基本的原则。党的政治建设必须坚持民主集中制，切实把民主集中制贯彻到位，坚持民主基础上的集中和集中指导下的民主相结合，既充分发扬民主，又善于集中统一。

4.发展积极健康的党内政治文化

加强党内政治文化建设是新形势下坚定推进全面从严治党、推进党的建设新的伟大工程的必然要求。推进全面从严治党，必须高度重视党内政治文化建设，弘扬忠诚老实、公道正派、实事求是、清正廉洁等价

值观，坚决防止和反对个人主义、分散主义、自由主义、本位主义、好人主义，坚决防止和反对宗派主义、圈子文化、码头文化，坚决反对搞两面派、做“两面人”，不断培厚良好政治生态的土壤，以党内政治文化建设强党兴党，实现思想建党、制度治党、文化强党相辅相成、相得益彰。“两面人”是当前党内存在的突出问题，这些人恶化政治生态、损害党心民心。“知恶不黜，则为祸始。”各级党组织要坚持标本兼治、多措并举，严格思想教育，严格管理监督，严格纪律执行，切实把“口言善、身行恶”的“两面人”甄别出来、清除出去。

5.加强党性锻炼，不断提高政治觉悟和政治能力

党性是共产党区别于其他政党的政治属性。加强党性修养，对于每一名共产党员特别是领导干部来说，是一个必须终身解决好的重大问题，也是事关加强党自身建设、巩固党的执政地位的重大问题。增强党性修养重在实践，只有进行经常性的党性锻炼才能增强党性。对党忠诚、为党分忧、为党尽职是每一名共产党员对党组织应尽的义务。共产党是为人民谋幸福、为民族谋复兴的大党，为民造福是共产党的基本职责。

（二）用习近平新时代中国特色社会主义思想武装全党

思想建党是中国共产党的传统。党的十九大报告强调，思想建设是党的基础性建设，要以坚定理想信念宗旨为根基。加强思想建设、坚定理想信念、牢记党的宗旨，必须用习近平新时代中国特色社会主义思想武装全党。

1.把坚定理想信念作为党的思想建设的首要任务

理想信念是人们在一定的认识基础上，对某种思想、理论和事业所

抱的坚定不移的观念并身体力行的心理态度和精神状态，也是人们的世界观、人生观、价值观在奋斗目标上的集中体现。共产党的理想信念就是为共产主义而奋斗。革命理想高于天。共产主义远大理想和中国特色社会主义共同理想，是中国共产党人的精神支柱和政治灵魂，也是保持党的团结统一的思想基础。理想信念动摇是最危险的动摇，理想信念滑坡是最危险的滑坡。一个政党的衰落，往往从理想信念的丧失或缺失开始。我们党是否坚强有力，既要看全党在理想信念上是否坚定不移，更要看每一位党员在理想信念上是否坚定不移。当前部分干部在贪污腐化方面出了问题，首要原因就是理想信念不坚定。所以，抓好党的建设就必须持续抓好对党员、干部理想信念的教育。

2.用党的创新理论武装头脑

没有革命的理论，就不会有革命的运动。理论创新每前进一步，理论武装就要跟进一步。理论是时代的精华。党的十八大以来，习近平总书记以马克思主义政治家、理论家的深刻洞察力、敏锐判断力和战略定力，深化对共产党执政规律、社会主义建设规律、人类社会发展规律的认识，系统回答了新时代坚持和发展什么样的中国特色社会主义、怎样坚持和发展中国特色社会主义这个重大时代课题，形成了习近平新时代中国特色社会主义思想，开辟了马克思主义中国化新境界，这是全党全国人民为实现中华民族伟大复兴而奋斗的行动指南，是党必须长期坚持的指导思想。党员、干部必须全面系统学、及时跟进学、融会贯通学。要深刻把握贯穿习近平新时代中国特色社会主义思想中的马克思主义立场观点方法，深刻把握新时代坚持和发展中国特色社会主义“十四个坚持”的基本方略，大力弘扬马克思主义学风，坚持知行合一、学做结合。要推进“两学一做”学习教育常态化制度化，促使党员、干部解决好世界观、人生观、价值观这个“总开关”问题，用党的创新理论武装头脑，自觉为实现新时代党的历史使命不懈奋斗。

（三）建设高素质专业化干部队伍

“政治路线确定之后，干部就是决定的因素。”党的建设必须适应时代要求把建设高素质专业化干部队伍作为重大任务。党的十九大报告强调，“党的干部是党和国家事业的中坚力量”，“要坚持党管干部原则，坚持德才兼备、以德为先，坚持五湖四海、任人唯贤，坚持事业为上、公道正派，把好干部标准落到实处”。[1]新时代赋予新使命，新使命需要好干部。我们要按照党的十九大部署要求，切实把各方面优秀人才集聚到党和人民的伟大事业中来。

1.要把好干部标准落到实处

按照什么样的标准选人用人是党的组织路线的核心，是建设高素质党员、干部队伍的根本。党的十八大以来，习近平总书记鲜明提出“信念坚定、为民服务、勤政务实、敢于担当、清正廉洁”的新时期好干部标准，为选人用人树起了时代标杆。我们必须坚持正确选人用人导向，突出政治标准，培养选拔牢固树立“四个意识”和“四个自信”、坚决维护党中央权威、全面贯彻执行党的理论和路线方针政策、忠诚干净担

[1] 习近平：《决胜全面建成小康社会 夺取新时代中国特色社会主义伟大胜利》，《人民日报》2017年10月28日。

当的干部，培养选拔具有专业能力专业精神、适应新时代中国特色社会主义发展要求的干部，培养选拔在基层扎实历练、在“吃劲”岗位和艰苦地区经受磨炼、业绩突出的干部，优化干部成长路径，拓宽选人视野，统筹干部资源，把党和人民需要的好干部精心培养起来、及时发现出来、合理使用起来。

2.增强干部队伍适应新时代中国特色社会主义发展要求的能力

在中国特色社会主义高歌猛进40年后，社会主要矛盾发生变化，中国进入了新时代。面对主要矛盾的转化，面对新时代经济社会发展形势，面对到21世纪中期建成社会主义现代化强国的任务，许多干部新办法不会用、老办法不管用，干部队伍的能力短板问题较为突出，“本领恐慌”普遍存在，特别是在驾驭市场经济能力、依法治国能力、社会治理能力、群众工作能力等方面较为欠缺，所以，必须注重加强对干部专业能力、专业精神的培养，增强干部队伍适应新时代中国特色社会主义发展要求的能力。

3.大力发现和储备年轻干部

党员、干部队伍的新老更替是自然规律，保持队伍稳定连续是组织持续发展的必然要求。大力发现和储备年轻干部，培养选拔优秀年轻干部，是党的事业继往开来、薪火相传的需要，是党组织始终保持朝气蓬勃、保持旺盛活力的途径。中国共产党要长期执政关键取决于各级领导班子和领导干部的素质和能力，归根到底取决于一代又一代优秀年轻干部的健康成长。干部成长要遵循规律，组织要加强对干部的培养，要注重在基层和困难艰苦的地方“墩苗”，要源源不断选拔使用经过实践考验的优秀年轻干部，帮助年轻干部成长成才。

4.坚持严管和厚爱结合、激励和约束并重

处理好选与管、严与爱、奖与惩，是做好干部培养选拔任用的基本前提。要按照新发展理念的要求完善干部考核评价机制，引导干部树立正确的政绩观，确立干部干事创业的正确导向。要建立激励机制，鼓励干部大胆干事创业。要建立容错纠错机制，正确区分和对待干部在改革探索中出现的失误和错误的性质，把干部在推进改革中因缺乏经验、先行先试出现的失误和错误，同明知故犯的违纪违法行为区分开来；把上级尚无明确限制的探索性试验中的失误和错误，同上级明令禁止后依然我行我素的违纪违法行为区分开来；把为推动发展的无意过失，同为谋取私利的违纪违法行为区分开来。要旗帜鲜明为那些敢于担当、踏实做事、不谋私利的干部撑腰鼓劲，把广大党员、干部的精气神引导到改革发展上来。

（四）加强基层组织建设

基础不牢，地动山摇。党的基层组织是确保党的路线方针政策和决策部署贯彻落实的基础。党的十九大报告强调，“要以提升组织力为重点，突出政治功能，把企业、农村、机关、学校、科研院所、街道社区、社会组织等基层党组织建设成为宣传党的主张、贯彻党的决定、领导基层治理、团结动员群众、推动改革发展的坚强战斗堡垒”[1]。

---

［1］ 习近平：《决胜全面建成小康社会 夺取新时代中国特色社会主义伟大胜利》，《人民日报》2017年10月28日。

1.提升基层组织组织力，突出政治功能

基层党组织是党执政的根基，组织力是基层党组织第一位的能力，是基层组织生命力的具体体现，反映其引领协调、整合力量的能力，直接关系到党的工作的影响力、凝聚力、战斗力，也体现党员、干部积极性、主动性、创造性的强弱。政治功能是党组织第一位的功能。当前，突出基层党组织政治功能，要强化党对群众的政治引领作用，引导群众坚持正确的政治方向，保证党的路线方针政策在基层落地生根。党支部是党组织开展工作的基本单元，是党的基础组织，担负着直接教育党员、管理党员、监督党员和组织群众、宣传群众、凝聚群众、服务群众的职责，引导广大党员发挥先锋模范作用。

2.着力解决基层党组织弱化、虚化、边缘化问题

“三会一课”是党的组织生活的基本形式，是加强党员日常教育管理的主要途径，是落实全面从严治党要求的重要抓手。基层党组织要落实“三会一课”制度，提高党员教育管理实效。要着力推进党的基层组织设置和活动方式创新，不断扩大基层党组织覆盖面，推动基层党组织设置从“有形覆盖”向“有效覆盖”转变、组织活动从“偏于形式”向“突出作用”转变，更贴近基层经济社会发展、更贴近基层群众需求。要针对不同基层党组织的特点，着力加强基层党组织带头人队伍建设，提高基层党组织负责人的政治素质和工作能力。

3.扩大党内基层民主

党的十九大报告强调，要“扩大党内基层民主，推进党务公开，畅通党员参与党内事务、监督党的组织和干部、向上级党组织提出意见和

建议的渠道”[1]。基层党组织要认真学习、全面贯彻落实《中国共产党党务公开条例（试行）》，牢牢把握党务公开基本原则，把党务公开放到新时代坚持和发展中国特色社会主义、推进党的建设新的伟大工程的实践中谋划和推进，把坚持和完善党的领导要求贯彻到党务公开全过程和各方面。要尊重党员主体地位，保障党员民主权利，完善机制、畅通渠道，扩大党内基层民主。

4.做好发展、教育、管理、监督党员各项工作

党员是党的肌体的细胞和党的活动的主体。发展党员工作是党的建设一项经常性重要工作，是党的建设新的伟大工程的一项基础工程，是党员队伍建设的重要组成部分。发展党员工作要严格遵照“坚持标准、保证质量、改善结构、慎重发展”的十六字方针，坚持政治标准，注重从产业工人、青年农民、高知识群体中和在非公有制经济组织、社会组织中发展党员。加强党内激励关怀帮扶是加强党员队伍建设的一项重要任务，既体现了对党员的严格要求，又体现了对党员的尊重关爱。要创新党内激励关怀帮扶机制。要针对当前党员队伍的工作生活实际，针对当前党员队伍的思想行为特点，增强党员教育管理的针对性和有效性。要畅通党员“出口”，稳妥有序开展不合格党员组织处置工作，不断增强党组织自我净化、自我完善、自我革新、自我提高能力，不断纯洁党员队伍，保证党的肌体健康。

---

［1］ 习近平：《决胜全面建成小康社会 夺取新时代中国特色社会主义伟大胜利》，《人民日报》2017年10月28日。

（五）持之以恒正风肃纪

我们党来自人民、植根人民、服务人民，一旦脱离群众，就会失去生命力。党的十九大报告指出："加强作风建设，必须紧紧围绕保持党同人民群众的血肉联系，增强群众观点和群众感情，不断厚植党执政的群众基础。凡是群众反映强烈的问题都要严肃认真对待，凡是损害群众利益的行为都要坚决纠正。"[1]

1.继续整治"四风"问题

形式主义、官僚主义、享乐主义和奢靡之风等"四风"问题，违背我们党的性质和宗旨，群众深恶痛绝、反映最强烈，是损害党群干群关系的重要根源。整治"四风"必须持之以恒，坚持以上率下，巩固拓展落实中央八项规定精神成果，坚决打赢整治"四风"持久战。共产党员永远是劳动人民的普通一员，除了法律和政策规定范围内的个人利益和工作职权以外，所有共产党员都不得谋求任何私利和特权。整治不正之风必须反对特权思想和特权现象。

2.强化纪律建设

"加强纪律性，革命无不胜"。持之以恒正风肃纪必须把纪律挺在前面。严明党的纪律，首要的就是严明政治纪律。党的纪律是多方面的，但政治纪律是最重要、最根本、最关键的纪律，遵守党的政治纪律是遵守党的全部纪律的重要基础。政治纪律是各级党组织和全体党员在政治方向、政治立场、政治言论、政治行为方面必须遵守的规矩，是维

[1]　习近平：《决胜全面建成小康社会　夺取新时代中国特色社会主义伟大胜利》，《人民日报》2017年10月28日。

护党的团结统一的根本保证。强化纪律建设，重点强化政治纪律和组织纪律，带动廉洁纪律、群众纪律、工作纪律、生活纪律严起来。强化纪律建设，必须加强对党员、干部的纪律教育，强化纪律执行，让党员、干部知敬畏、存戒惧、守底线，习惯在受监督和约束的环境中工作生活。

3.运用监督执纪“四种形态”

抓好作风建设的关键是抓早抓小，必须要在抓“常”和抓“长”上下功夫。监督执纪“四种形态”（让咬耳朵、扯袖子，红红脸、出出汗成为常态，党纪轻处分、组织调整成为违纪处理的大多数，党纪重处分、重大职务调整成为少数，而严重违纪涉嫌违法立案审查的成为极少数）是对党的纪律特点的深层次把握，是党的十八大以来管党治党实践经验的深刻总结，其目的在于惩前毖后、治病救人，在于抓早抓小、防微杜渐。

4.强化监督执纪问责

党的十八大以来，党中央先后制定《中国共产党纪律处分条例》《中国共产党问责条例》《中国共产党党内监督条例》等重要党内法规，保证了监督执纪问责有规可循、有纪可依。持之以恒正风肃纪，必须要加大监督力度、强化党内监督，继续加大执纪力度，提高执纪质量，继续加大问责力度，形成巨大震慑力。

（六）夺取反腐败斗争压倒性胜利

人民群众最痛恨腐败现象，腐败是我们党面临的最大威胁。只有以反腐败永远在路上的坚韧和执着，深化标本兼治，保证干部清正、政府清廉、政治清明，才能跳出历史周期率，确保党和国家长治久安。要强化不敢腐的震慑，扎牢不能腐的笼子，增强不想腐的自觉，通过不懈努力换来海晏河清、郎朗乾坤。

1.巩固压倒性态势、夺取压倒性胜利的决心必须坚如磐石

党的十八大以来，中国共产党勇于面对重大风险考验和党内存在的突出问题，以顽强意志品质正风肃纪、反腐惩恶，坚定不移“打虎”“拍蝇”“猎狐”，不敢腐的目标初步实现，不能腐的笼子越扎越牢，不想腐的堤坝正在构筑。但是，必须清醒看到，当前反腐败斗争形势依然严峻复杂，所以全党巩固压倒性态势、夺取压倒性胜利的决心必须坚如磐石。要坚持无禁区、全覆盖、零容忍，坚持重遏制、强高压、常震慑，坚持受贿行贿一起查，坚决防止党内形成利益集团。

2.在市县党委建立巡察制度

加强政治巡视是党的十八大以来推进全面从严治党的重要举措，是强化组织监督的重要途径。党内监督要纵向到底，压力必须传导下去。市县党委建立巡察制度，能有效传导压力，加大整治群众身边腐败问题的力度，夯实基层基础。十八届党中央把建立市县巡察制度作为全面从严治党向基层延伸的重大创新举措，在党内监督条例和新修改的巡视工作条例以及党的十九大章程修正案中均对市县巡察制度作出明确规定，充分体现了对巡察工作的高度重视和推动全面从严治党向基层延伸的坚定决心。

3.推进反腐败国家立法，建设覆盖纪检监察系统的检举举报平台

2014年10月28日发布的《中共中央关于全面推进依法治国若干重大问题的决定》强调，加快推进反腐败国家立法，完善惩治和预防腐败体

系，形成不敢腐、不能腐、不想腐的有效机制，坚决遏制和预防腐败现象。2018年3月20日通过的《中华人民共和国监察法》是为推进全面依法治国，实现国家监察全面覆盖，深入开展反腐败工作而制定的法律。检举举报是纪检监察问题线索的重要来源，也是开展监督执纪的第一道程序和基础工作。党的十九大报告明确提出，要建设覆盖纪检监察系统的检举举报平台，为新时代推进党风廉政建设和反腐败斗争提出了新的工作要求，为提升纪检监察工作现代化水平指明了工作方向。建设覆盖纪检监察系统的检举举报平台，有利于改善监督工作机制，为实现监督执纪精准化、信访分析准确化等提供重要支撑，能支持人民群众有序参与反腐败，让人民群众的合理诉求能够及时得到回应和处理。

（七）健全党和国家监督体系

一党长期执政，必须首先解决好权力监督问题。增强党自我净化能力，根本靠强化党的自我监督和群众监督。

1.加强对权力运行的制约和监督

“没有监督的权力必然产生腐败”，“阳光是最好的防腐剂”，加强对权力运行的制约和监督是权力正确运行的根本保证。党内不允许有不受制约的权力，也不允许有不受监督的特殊党员。必须充分发扬社会主义民主的优越性，发挥民主监督功能，畅通人民群众监督渠道，让人民监督权力，让权力在阳光下运行。要加强权力运行的制约和监督的制度建设，形成有权必有责、用权必担责、滥权必追责的制度安排，进一步推进权力清单制度、健全不当用权问责机制等，把权力关进制度的笼子里。

2.完善监督体系

要构建党统一指挥、全面覆盖、权威高效的监督体系，把党内监督同国家机关监督、民主监督、司法监督、群众监督、舆论监督贯通起来。强化自上而下的组织监督，改进自下而上的民主监督，发挥同级相互监督作用，加强对党员领导干部的日常管理监督。《中国共产党党内监督条例》坚持信任不能代替监督的理念，明确了党的中央组织、党委（党组）、党的纪律检查委员会、党的基层组织和党员4类监督主体的监督责任，规定了党委办公厅、组织部、宣传部、统战部、政法委等工作部门的监督职责，是完善党内监督体系的重要法规。要充分利用监察体制改革成果，实现对所有行使公权力的公职人员全覆盖。要进一步改革审计管理体制，完善统计体制。

（八）全面增强执政本领

习近平总书记指出：“领导十三亿多人的社会主义大国，我们党既要政治过硬，也要本领高强。”[1]政治过硬是对党第一位的要求，本领高强是党治国理政的最基本的要素。

1.要切实政治过硬

政党是政治组织，马克思主义政党政治过硬是第一位的要求。中国共产党必须要始终坚持马克思主义政党的政治信仰、政治立场、政治宗旨和政治价值追求，必须始终强化对党员干部的政治教育，始终严肃党内政治纪律。党员领导干部要把讲政治作为第一位的要求，坚定政治信

[1]　习近平：《决胜全面建成小康社会　夺取新时代中国特色社会主义伟大胜利》，《人民日报》2017年10月28日。

念，严守政治纪律，保持政治定力，提高政治敏锐性和鉴别力。党员领导干部要坚定执行党的政治路线，严格遵守政治纪律和政治规矩，在政治立场、政治方向、政治原则、政治道路上同以习近平同志为核心的党中央保持高度一致。观察分析形势要把握政治要素，筹划推动工作要落实政治要求，处理解决问题要防范政治风险。

2.要真正本领高强

党的十九大对新时代党全面提高执政本领提出了明确的要求，强调必须增强八个方面的本领，包括学习本领、政治领导本领、改革创新本领、科学发展本领、依法执政本领、群众工作本领、狠抓落实本领、驾驭风险本领。这就要求在全党营造善于学习、勇于实践的浓厚氛围，建设马克思主义学习型政党，推动建设学习大国；坚持战略思维、创新思维、辩证思维、法治思维、底线思维，科学制定和坚决执行党的路线方针政策，把党总揽全局、协调各方落到实处；保持锐意进取的精神风貌，善于结合实际创造性推动工作，善于运用互联网技术和信息化手段开展工作；善于贯彻新发展理念，不断开创发展新局面；加快形成覆盖党的领导和党的建设各方面的党内法规制度体系，加强和改善对国家政权机关的领导；创新群众工作体制机制和方式方法，推动工会、共青团、妇联等群团组织增强政治性、先进性、群众性，发挥联系群众的桥梁纽带作用，组织动员广大人民群众坚定不移跟党走；坚持说实话、谋实事、出实招、求实效，把雷厉风行和久久为功有机结合起来，勇于攻坚克难，以钉钉子精神做实做细做好各项工作；健全各方面风险防控机制，善于处理各种复杂矛盾，勇于战胜前进道路上的各种艰难险阻，牢牢把握工作主动权。

三、全面贯彻落实新时代党的建设总要求和重点任务

党的十九大报告提出的新时代党的建设总要求和重点任务，勾画了新时代党的建设的蓝图和路径，是进一步推进全面从严治党的顶层设计和战略部署。全党同志都要增强历史使命感和政治责任感，认真贯彻落实总要求和重点任务，以实际行动推进党的建设新的伟大工程。

（一）统筹推进新时代党的各方面建设

落实新时代党的建设总要求和重点任务，是一项系统工程，需要坚持系统思维、辩证思维，必须做到着眼全局、统筹兼顾、系统推进。要深入分析、准确把握党的建设各项工作的关联性，要在深刻领会新时代党的建设的目的、原则、主线、目标和党的建设总体布局的基础上深入思考、系统谋划。既要学会“弹钢琴”也要抓住“牛鼻子”，把握好力度与节奏，把雷厉风行和久久为功结合起来，把解决当前问题与实现长远目标结合起来。要增强党的建设新的伟大工程的责任意识，充分发挥各级党委（党组）总揽全局、协调各方的作用，坚持整体推进与重点突破相结合，既善于全面推进各方面、各领域党的建设工作，又善于抓住主要矛盾，突出重点，解决本地区、本单位的关键性、紧迫性问题。要善于将战略部署与战役落实紧密结合起来，既着眼于实现长远的战略目标，又精心组织好当前的每一场战役，一步一个脚印推动落实新时代党的建设任务。要充分把握和科学运用马克思主义执政党建设规律，全面提高党的建设质量，围绕新时代党的建设各项任务科学规划、合理设

计、有序推进，不断改进和创新党的建设方式方法。要善于协调组织各级各部门党组织，调动各方面力量，形成落实党的建设总要求和各方面任务的整体合力。要树立“党的一切工作到支部”的鲜明导向，加强基层基础建设，切实发挥基层党组织教育党员、管理党员、监督党员的职责。

（二）把从严从实精神贯彻到新时代党的建设全过程

勇于自我革命、从严管党治党是我们党最鲜明的品格。中国共产党除了中国人民和中华民族的根本利益，没有自己的特殊利益，所以党才有资格、有底气敢于直面问题、勇于自我革命、善于刮骨疗毒。当前，我们党面临的执政环境是复杂的，影响党的先进性、弱化党的纯洁性的因素也是复杂的，党内存在的思想不纯、组织不纯、作风不纯等突出问题尚未得到根本解决。我们要深刻认识党面临的执政考验、改革开放考验、市场经济考验、外部环境考验的长期性和复杂性，深刻认识党面临的精神懈怠危险、能力不足危险、脱离群众危险、消极腐败危险的尖锐性和严峻性，既坚持问题导向，致力于解决问题，又保持强大战略定力，不为任何风险所惧、不为任何干扰所惑，谋大局谋大势谋长远，把管党治党的螺丝拧得更紧。贯彻落实新时代党的建设总要求和重点任务，必须坚持“严”字当头、“实”字托底。管党治党的认识和要求要严，要提高全面从严治党的思想自觉，要保持全面从严治党的战略定力，要坚持全面从严治党的问题导向，决不能有松口气、歇歇脚的想法，必须始终拧紧从严治党的螺丝。要持续严肃党内政治生活，坚持严明党的纪律，强化党内监督，发展积极健康的党内政治文化。要严格加强对干部的培养选拔，严格按照好干部标准选拔任用干部，严格按照新时代、新使命的要求教育管理干部，努力建设高素质专业化、满足党和人民需要的好干部队伍。要严肃正风肃纪、反腐惩恶，勇于直面问题，敢于刮骨疗毒，持之以恒推进作风建设，旗帜鲜明反对腐败，坚持信任不能代替监督，坚持“惩戒这一手不松”，使党员、干部知敬畏、存戒惧、守底线，习惯在监督约束中工作生活。落实管党治党责任要严，进一步扩大党建责任制覆盖面，建立健全党建责任清单，健全党建责任监督、考核、评价机制，强化责任追究，保证责任落实，推动管党治党真正从宽松软走向严紧硬，不断开创新时代党的建设新局面。

（三）要着眼于我们党在新时代的历史使命，持续推进全面从严治党

做好中国的事情关键在党，关键在党要管党、从严治党。“正入万山圈子里，一山放过一山拦。”当前党和国家的事业发展进入重大历史关头，打铁必须自身硬。进入新时代，伟大斗争、伟大工程、伟大事业、伟大梦想，紧密联系、相互贯通、相互作用，其中起决定性作用的是党的建设新的伟大工程。全面从严治党不仅是党长期执政的根本要求，也是实现中华民族伟大复兴的根本保证。我们党要肩负起实现中华民族伟大复兴的历史使命，就必须毫不动摇坚持和完善党的领导，毫不动摇把党建设得更加坚强有力，确保党始终走在时代前列，始终成为全国人民的主心骨，始终成为坚强领导核心。全党上下都必须全面理解全面从严治党的重大意义，准确把握全面从严治党的深刻内涵，坚决落实全面从严治党的各项举措。各级党组织应认真履行管党治党主体责任，纪律检查机关要切实担负起监督执纪问责职责，广大党员干部应自觉肩

负起爱党、忧党、兴党、护党的政治责任。总之，只要全党上下更加紧密地团结在以习近平同志为核心的党中央周围，不忘初心、牢记使命，砥砺前行、久久为功，步调一致、协同推进，就一定能够把我们党建设得更好、更强。

形成反腐败斗争压倒性态势

——党的十八大以来全面从严治党成就综述[1]

治国必先治党，治党务必从严

党的十八大以来，以习近平同志为核心的党中央从关系党和国家生死存亡的高度，作出打铁还需自身硬的庄严承诺，以猛药去疴、重典治乱的决心勇气，推动全面从严治党向纵深发展，“打虎”“拍蝇”雷霆万钧，正风肃纪驰而不息，形成了反腐败斗争压倒性态势，党心民心为之一振，党风政风为之一新。

以作风建设为全面从严治党破题

从作风建设切入，从中央政治局做起，中央八项规定的出台，解决了管党治党“老虎吃天不知从哪儿下口”的问题。

2012年12月，中央政治局会议审议通过改进工作作风、密切联系群众的八项规定。5年来，以习近平同志为核心的党中央率先垂范、以上率下，各级纪检监察机关强化监督执纪问责，狠抓中央八项规定精神落实，对“四风”问题坚决露头就打，推动风气产生根本转变。

紧盯年节假期，抓早抓小、串点成线，遏制“舌尖上的浪费”、刹住“车轮上的腐败”、整治“会所里的歪风”……5年来，“八项规

[1] 新华社北京2017年8月16日电。资料来源：新华网，http://www.xinhuanet.com/2017-08/16/c_1121494957.htm。

定”已成为妇孺皆知的政治词语，在神州大地上荡涤起一股激浊扬清的净化之风，刹住了一些曾被认为难以刹住的歪风邪气，攻克了一些曾被认为司空见惯的顽瘴痼疾。广大干部群众在一个又一个细节、一件又一件的小事中感受到了切切实实的变化。

截至2017年6月底，全国累计查处违反中央八项规定精神问题17万多起，处分13万多人。平均每天因违反中央八项规定精神被查处的问题超过100起。

数据是最好的印证。在截至2016年12月查处的15.53万起违反中央八项规定精神问题中，违纪行为发生在2013年、2014年的占78.2%；违纪行为发生在2015年的占15.1%；违纪行为发生在2016年的仅占6.7%。增量不断减少，充分表明中央八项规定精神在常和长、严和实、深和细中不断落地生根。

以重拳反腐为全面从严治党破局

2012年12月6日，原四川省委副书记李春城涉嫌严重违纪接受调查。这是党的十八大以后落马的第一位省部级干部，当时就引起舆论高度关注。然而，这仅仅是一个开端。

2014年6月14日，苏荣涉嫌严重违纪违法接受组织调查；2014年6月30日，中央政治局会议给予徐才厚开除党籍处分；2014年7月29日，中央决定对周永康严重违纪问题立案审查；2014年12月22日，令计划涉嫌严重违纪接受组织调查；2015年7月30日，中央政治局会议给予郭伯雄开除党籍处分……5年来，党中央重拳反腐的决心勇气、惩贪去恶的雷霆之势，一次次刷新了人们的认识。

“打虎”无禁区。党的十八大以来，截至2016年底，中央纪委共立案审查中管干部240人，打破所谓“刑不上大夫”的猜想。

“拍蝇”零容忍。全国纪检监察机关给予纪律处分超过119万人，打破所谓“法不责众”的观念。

“猎狐”撒天网。从90多个国家和地区追回外逃人员近3000人，释放“天网恢恢、虽远必追”的强烈信号。

治标为治本赢得时间，持续量变产生质变。

2016年，全国纪检监察机关接到的检举控告类信访举报比2015年下降17.5%，实现党的十八大以来首次回落；2016年，在高压之下，有5.7万名党员主动向组织交代了自己的问题。

“反腐败斗争压倒性态势已经形成”——2016年底，中央对形势作出最新判断，不敢腐的目标已经初步实现。

以党内监督作为全面从严治党重要抓手

5年来，作为全面从严治党的重要抓手和重要保障，党内监督方式方法不断改革创新，不断向着全面覆盖、不留死角迈进。

——利剑高悬、愈显锋芒，巡视监督的震慑效应不断放大。

中央巡视共开展12轮，对277个地方、单位党组织进行了“政治体检”，对16个省（区）市开展“回头看”，对4个单位进行“机动式”巡视，实现党的历史上首次一届任期内中央巡视全覆盖。各省（区）市党委也完成8362个地方、部门、企事业单位党组织全面巡视任务。山西系统性、塌方式腐败，湖南衡阳破坏选举案，四川南充和辽宁拉票贿选案等重大问题线索在巡视中被揭露。中央纪委立案审查的中管干部案件中，超过60%的问题线索来自巡视。根据巡视移交的问题线索，各地纪检监察机关立案厅局级干部1225人、县处级干部8684人。

——瞪大眼睛、伸长耳朵，派驻监督的“探头”作用充分发挥。

中央纪委设立47家派驻纪检组，实现对139家中央一级党和国家机关派驻监督全覆盖。实现全面派驻后的2016年，中央纪委派驻纪检组共谈话函询2600件次、立案780件、给予纪律处分730人，分别增长134%、38%、56%。

——坚决清除“灯下黑”，让监督者时刻受监督。截至2016年底，中央纪委机关谈话函询218人、组织调整21人、立案查处17人，全国纪检监察系统共谈话函询5800人次、组织处理2500人、处分7900人。《中国共产党纪律检查机关监督执纪工作规则（试行）》制定出台，首次对监督执纪工作的全流程、各环节进行明确规定。

——深化国家监察体制改革，使党内监督和国家监察相互促进。2016年底，国家监察体制改革拉开帷幕，目前，北京、山西、浙江3个试点省市改革取得实质进展，省市县三级监察委员会转隶组建工作已经完成。随着改革即将推开，一个在党统一领导下的国家反腐败工作机构呼之欲出，将实现对所有行使公权力的公职人员监察全覆盖。

以建章立制为全面从严治党固本培元

5年来，随着实践的不断发展，一系列立足根本、着眼长远的制度措施，不断推动全面从严治党从治标走向治本，从“拔烂树”“治病树”到培育健康“土壤”、建设良好政治生态转变。

扎牢制度之笼，为制度治党提供根本保障。

从出台《中国共产党廉洁自律准则》，提出党员和党员领导干部努力践行的高标准，到修订《中国共产党纪律处分条例》，明确划出纪律底线；从出台首部党内问责条例，实现问责工作的制度化、程序化，到修订《党政领导干部选拔任用工作条例》、印发《关于防止干部“带病提拔”的意见》等，打造从严治吏、严格干部选拔任用的完整链条……

5年来，党内法规建设的步伐不断加快，中央共出台或修订近80部党内法规，超过现有党内法规的40%，全面从严治党越来越有规可循、有据可依。

补足精神之钙，为思想建党打造牢固根基。

2013年下半年开始至2014年，自上而下分批开展党的群众路线教育实践活动；2015年起，在县处级以上领导干部中开展“三严三实”专题教育；2016年全面启动“两学一做”学习教育，2017年将“两学一做”学习教育常态化制度化……

5年来，打铁趁热、环环相扣的思想政治建设，让党内教育从“关键少数”向广大党员拓展、从集中性教育向经常性教育延伸，党员干部理想信念更加坚定，纪律意识和规矩意识更强。党内政治生活的规范、党内政治文化的改善、党内政治生态的修复，为全面从严治党向纵深发展提供了优良环境和土壤。

实践不断发展，认识不断升华。

2016年10月，党的十八届六中全会专题研究全面从严治党，审议通过了《关于新形势下党内政治生活的若干准则》和《中国共产党党内监督条例》，踏上了全面从严治党的崭新征程。

人心是最大的政治，正义是最强的力量。

5年来，全面从严治党的伟大实践试出了人心向背，厚植了党的执政根基，锻造出具有更加旺盛生命力和顽强战斗力的党，为党和国家各项事业发展提供了坚强政治保证。

第三章　全面从严治党的理论起点

时代是思想之母，实践是理论之源。伟大的时代必然产生伟大的理论，伟大的理论必然引领宏大的实践。全面从严治党的理论必将对党的建设新的伟大工程产生能动的理论指导。党的十八大以来，以习近平同志为核心的党中央坚持党要管党、全面从严治党，创造性地提出了一系列全面从严治党的新理念新思想新举措，进一步指明了全面推进党的建设新的伟大工程的前进方向，进一步丰富和发展了马克思主义政党学说。深刻理解和正确把握全面从严治党这一重大战略思想的理论渊源和发展脉络，对于全面加强党的建设、提高党的建设科学化水平，确保党始终成为中国特色社会主义事业的坚强领导核心，实现“两个一百年”奋斗目标和中华民族伟大复兴的中国梦，具有重大而深远的意义。

一、从对坚持中国共产党领导地位的现实关切来认识全面从严治党的目标要求

中国共产党的领导是中国特色社会主义最本质的特征，切实维护党的执政地位是全面从严治党的根本目的。坚持党的领导是党和人民事业成功的根本保证。

“治国必先治党，治党务必从严”。坚持党对中国特色社会主义事业的全面领导与全面从严治党，是紧密联系的两个重大现实课题。没有党的领导，就没有中国特色社会主义事业，就不可能实现中华民族的伟大复兴。不全面从严治党，党的领导地位就可能受到侵蚀。所以，只有把坚持党的领导与全面从严治党紧密结合起来，坚持两手抓、两手都硬，才能确保党持续执政，才能确保社会主义事业健康发展。习近平总书记多次告诫全党：“党要管党，才能管好党；从严治党，才能治好党。如果管党不力、治党不严，人民群众反映强烈的党内突出问题得不到解决，那我们党迟早会失去执政资格，不可避免被历史淘汰。这决不是危言耸听。”[1]这一重要论述既科学地回答了坚持党的领导、推动党的事业与全面从严治党的辩证关系，又充分表明了我们党通过全面从严治党、提升执政水平的坚定决心。

（一）党的领导是当代中国发展进步的根本原因

近代以来中国遭受欺凌的历史告诉我们“落后就要挨打”。所以，

[1] 中共中央文献研究室：《习近平总书记重要讲话文章选编》，党建读物出版社、中央文献出版社，2016，第71页。

从鸦片战争以来的历史就是中华民族追求发展之途、寻求复兴之路的历史。但复兴之路何其艰难，探求中国发展进步的道路何其艰难！在种种尝试和探索尽遭失败之后，十月革命的炮声为中国送来了马克思列宁主义，科学的理论催生了伟大的政党。1921年，中国共产党的成立是近代中国开天辟地的大事变，从此中国人民有了主心骨。在中国共产党的坚强领导下，中国人民经过28年的武装斗争建立了中华人民共和国，结束了帝国主义在中国横行霸道的日子，结束了旧中国四分五裂的局面，终于结束了延续几千年的封建剥削制度，中国人民第一次成为这片土地的真正主人，中国人民站起来了！

中华人民共和国成立之后，中国共产党领导中国人民进行了社会主义革命和社会主义建设。从中华人民共和国成立到基本完成社会主义改造，我国相继实现了从半殖民地半封建的旧社会到民族独立、人民当家做主的新社会，从新民主主义到社会主义两个历史性转变。1949年到1953年，中国共产党领导全国各族人民为巩固人民民主政权而斗争，基本上完成土地制度改革和其他民主改革任务，取得抗美援朝战争的胜利，迅速恢复遭到严重破坏的国民经济，为向社会主义转变进而实现工业化准备了条件。1953年党提出了过渡时期的总路线，开始实行第一个五年计划的大规模经济建设。到1956年，基本完成对生产资料私有制的社会主义改造，初步建立起社会主义基本制度。新民主主义革命的胜利，社会主义基本制度的建设，为当代中国一切发展进步奠定了根本政治前提和制度基础。

改革开放以来，中国共产党领导中国人民进行了社会主义现代化建设。党的十一届三中全会作出把党的工作重心转移到经济建设上来、实行改革开放的历史性决策，实现了中华人民共和国成立以来具有深远意义的伟大转折，开启了我国改革开放和社会主义现代化建设的新时期。改革开放40年来，中国社会主义建设取得了举世瞩目的伟大成就，经济总量跃居世界第二，在解决了人民群众温饱问题之后进一步实现了总体小康，又发出了全面建成小康社会的动员令；科学技术突飞猛进，民主政治更加健全，社会事业全面进步，等等。这些成就的取得推动中国特色社会主义进入了新时代。总之，正是在中国共产党的领导下，中华民族迎来了从站起来到富起来到强起来的伟大飞跃，久经磨难的中华民族正日益走向世界舞台的中央。

全面回顾近代中国直至当今的历史，深入总结近代以来中华民族走向伟大复兴的历程，我们不难得出一个结论，中国共产党的领导是当代中国一切发展进步最为根本的原因，没有共产党就没有中国社会的进步、就没有中华民族的复兴、就没有中国人民的幸福。

（二）只有管好党治好党才能确保党的领导地位

中国共产党的领导地位不是自然获得的，也不是一成不变的。正所谓“其作始也简，其将毕也必巨”，在近代中国的政治力量中，中国共产党既不是最早的，更不是最大的，但却成为最有力量的政治组织，但却当之无愧地成为引领中华民族伟大复兴的最高政治领导力量。中国共产党在中国社会中的领导地位和执政地位，是以共产党的先进性和纯洁性为基础，经过长期艰苦卓绝的努力并付出巨大牺牲才确立的，是中国历史和中国人民的选择。其中至关重要的原因主要有三个方面：一是中国共产党深刻领会了真理的力量，学会用马克思主义的立场观点方法来分析中国问题，用马克思主义中国化的成果来解决中国问题，站在人民的立场上提出符合中国人民根本利益的政策和策略；二是中国共产党拥有着高尚的人格力量，在不同的历史时期中国共产党人都无愧地充当着时代先锋和民族脊梁，用自己的一言一行诠释着共产党员的先进性和纯洁性，始终与人民群众想在一起、干在一处；三是中国共产党拥有着组织的力量，以严密的组织纪律性确保全党能够步调一致，党的中央组织和地方组织、党的上级组织与党的下级组织、党组织与党员之间如臂使指，组织的力量得到切实的发挥。

由此可以看出，中国共产党的力量并不是天生的，而是通过持续管党治党才得来的。中国共产党在推进社会革命的同时总是把自我革命作为基础，一贯注重自身建设，不断整顿队伍，始终做到不脱离人民群众。正因为拥有自我革命的品格，所以它总是能够正确对待历史上犯过的错误，并由自己主动总结教训、纠正错误，因此总是能够赢得人民的信任和尊重；总是能够吸引广大信仰马克思主义、立志为国为民效力的人，因此总是能够把中华民族最优秀的儿女聚集在自己周围。如果不严格管党治党，中国共产党也就会和其他一些政治组织一样成为一盘散沙、过眼云烟，既不能取得执政地位，也不能承载起引领中华民族伟大复兴的历史重任。所以，坚持党的领导，巩固党的执政地位，必须坚持全面从严治党。

（三）新时代全面从严治党的要求更为紧迫

必须十分清醒地认识到，任何事物都有一个发展变化的过程，党的领导地位也不例外，它既不是自然获得的，也不是一成不变的，更不是一劳永逸的。时代在前进，条件在变化，实践在发展。当前，党所面临的环境、所肩负的任务和自身状况发生了深刻变化，党面临的风险和考验更加严峻复杂，各种影响党的先进性和纯洁性的因素大量存在，如果我们不能全面从严治党，永葆自己的先进性、纯洁性，坚持党的领导就只能成为一个良好愿望。正是通过深入总结党的历史经验和深刻洞察党内存在的突出问题，习近平同志在中央政治局第一次集体学习时即作出了“治国必先治党，治党务必从严”的庄严宣示；2013年7月，在革命圣地西柏坡又谆谆告诫全党，“党面临的‘赶考’远未结束”，“所有领导干部和全体党员要继续把人民对我们党的‘考试’、把我们党正在经受和将要经受各种考验的‘考试’考好，努力交出优异答卷”。[1]这充分体现了习近平总书记誓把党建设好的坚定决心，也显现了我们党重视自身建设、全面从严治党的政治清醒和自觉。这是我们党伟大和成熟的表现，也为坚持党的领导、全面从严治党奠定了坚实的思想基础。

历经革命、建设和改革，我们党已经从领导人民为夺取全国政权而奋斗的党，成为领导人民掌握全国政权并长期执政的党；已经从受到外部封锁和实行计划经济条件下领导国家建设的党，成为对外开放和发展社会主义市场经济条件下领导国家建设的党。当前，党员人数达到9500多万，干部队伍的新老交替不断进行，我们党成为世界上当之无愧的第一大党。但是党的历史方位的变化，长期执政的使命以及转轨转型的经济社会发展特定时期对党提高领导水平和执政水平、提高拒腐防变

[1] 习近平：《党面临的“赶考”远未结束——再访西柏坡侧记》，《人民日报》2013年7月14日。

和抵御风险能力提出了新的要求。面对新方位、新课题、新要求，党自身的状况在总体适应的同时也存在很多不适应、不符合的地方，有些问题还特别尖锐、特别突出。习近平同志科学判断党的历史方位，总结党的奋斗历程，思考党的现实状况，着眼党的未来发展，深刻指出："党领导人民已经取得举世瞩目的成就，我们完全有理由因此而自豪，但我们自豪而不能自满，决不能躺在过去的功劳簿上。新形势下，我们党面临着许多严峻挑战，党内存在着许多亟待解决的问题。尤其是一些党员干部中发生的贪污腐败、脱离群众、形式主义、官僚主义等问题，必须下大气力解决。全党必须警醒起来。打铁还需自身硬。我们的责任，就是同全党同志一道，坚持党要管党、从严治党，切实解决自身存在的突出问题，切实改进工作作风，密切联系群众，使我们党始终成为中国特色社会主义事业的坚强领导核心。"[1]解决党自身的问题，不能依靠外力，必须始终推进自我革命，这就要求要把坚持使命引领和问题导向相统一，既立足当前、直面问题，在解决人民群众最不满意的问题上下功夫；又着眼未来、登高望远，立足于使党始终成为中国特色社会主义的坚强领导核心，在加强统筹谋划、强化顶层设计上着力。党的十八大以来，习近平总书记正是着眼于推动党的自我革命，才做出全面从严治党的重大战略部署。从此，全面从严治党扬帆起航，成为以习近平同志为核心的党中央领导集体治国理政方略的最大亮点，成为全面建成小康社会、全面深化改革、全面依法治国的最根本保障。

[1] 《习近平等十八届中共中央政治局常委同中外记者见面时的讲话》，《人民日报》2012年11月16日。

（四）只有全面从严治党才能提高党治国理政的能力

坚持党的领导必须加强党的建设，加强党的建设必须以党的长期执政能力、先进性和纯洁性作为主线。在执政条件下，全面从严治党是一种以强化和提高党的执政能力为指向的自我革新力。当前，伟大梦想即将实现，伟大事业正在推进，我们党正在领导全国人民进行具有许多新的历史特点的伟大斗争，这对党的执政能力和水平提出了更高的要求。要卓有成效地坚持党的领导，必须要站在长期执政的角度不断提高党的执政能力和执政水平。

抓好党的先进性和纯洁性建设必须与党内腐败现象作殊死斗争。腐败作为一种社会毒瘤，对于任何一个政权而言都是极大的威胁。中国共产党亦不例外。因此，坚持党的领导，保持党的先进性和纯洁性，反腐败是必须高度重视和抓好的重大课题。正如习近平总书记所指出的，“人民群众最痛恨各种消极腐败现象，最痛恨各种特权现象，这些现象对党同人民群众的血肉联系最具杀伤力”，“腐败问题对我们党的伤害最大，严惩腐败分子是党心民心所向”。[1]应当充分肯定，党的十八大以来，以习近平同志为核心的党中央坚持“打虎无禁区，拍蝇无死角”、“老虎”“苍蝇”一起打、“有腐必反”“有贪必惩”，取得了举世瞩目的伟大成就。我们党作为中国唯一合法的执政党，作为世界上最大的政党，腐败风险在客观上也更大，加上前些年的反腐败欠账，使得当今中国社会反腐败殊为不易，挑战更为严峻。面对党内的疑虑和社

[1] 中共中央纪律检查委员会、中共中央文献研究室编：《习近平关于党风廉政建设和反腐败斗争论述摘编》，中央文献出版社、中国方正出版社，2015，第178页。

会的观望，习近平总书记的态度十分坚定和明确："人民把权力交给我们，我们就必须以身许党许国、报党报国，该做的事就要做，该得罪的人就得得罪。……不得罪腐败分子，就必然会辜负党、得罪人民。……是怕得罪成百上千的腐败分子，还是怕得罪十三亿人民？不得罪成百上千的腐败分子，就要得罪十三亿人民。……这是一笔再明白不过的政治账、人心向背的账！中央要求各级干部不做'太平官'，中央领导层首先不能做'太平官'。……对腐败分子，我们决不能放过去，放过他们就是对人民的犯罪、对党不负责任！我们这么强力反腐，对腐败采取零容忍的态度，目的是什么呢？是为了赢得党心民心。"[1]现在摆在党面前的最大课题，就是要把以习近平同志为核心的党中央反对腐败的决心和意志变成全党的统一行动，真正实现有腐必反、有贪必肃，坚持以猛药去疴、重典治乱的决心，以刮骨疗毒、壮士断腕的勇气，坚决把党风廉政建设和反腐败斗争进行到底。腐败不是共产党与生俱来的痼疽，只要全党上下同仇敌忾，坚持动真格的，舍得下真功夫，干部清正、政府清廉、政治清明的反腐倡廉目标一定能够实现。

二、从对根本政治立场的坚定坚守来认识全面从严治党的价值取向

人民立场是中国共产党最根本的政治立场，为了人民是全面从严治党的根本价值取向。党的十八大以来，以习近平同志为核心的党中央从

---

[1] 中共中央文献研究室编：《习近平关于全面从严治党论述摘编》，中央文献出版社，2016，第185页。

坚持和发展中国特色社会主义全局出发，坚持从人民群众的根本利益出发，提出全面从严治党的战略任务，并实施一系列有效措施管党治党，力除积弊，扶正祛邪，党风政风为之焕然一新，人民群众对党的信任度显著增强。全面从严治党的实践充分证明民心是最大的政治。始终坚持站在人民的政治立场上，遵循人民的方向，是全面从严治党的根本价值取向，也是切实推进全面从严管党治党的最根本评价标准。

（一）“我们的方向，就是人民的方向”

习近平总书记在纪念马克思200周年诞辰的重要讲话中指出：“马克思主义是人民的理论，第一次创立了人民实现自身解放的思想体系。马克思主义博大精深，归根到底就是一句话，为人类求解放。在马克思之前，社会上占统治地位的理论都是为统治阶级服务的。马克思主义第一次站在人民的立场探求人类自由解放的道路，以科学的理论为最终建立一个没有压迫、没有剥削、人人平等、人人自由的理想社会指明了方向。马克思主义之所以具有跨越国度、跨越时代的影响力，就是因为它植根人民之中，指明了依靠人民推动历史前进的人间正道。”[1]马克思主义政党除了最广大人民的根本利益没有自己的任何特殊利益。中国共产党始终坚守马克思主义政党的政治立场，始终坚持党的群众路线，把实现人民群众的利益作为根本目标，成为中国特色社会主义事业的领导核心。1954年，第一届全国人民代表大会通过的新中国第一部宪法，规定了人民民主原则和社会主义原则，并确定向社会主义过渡。面对人民

[1] 《习近平在纪念马克思诞辰200周年大会上的讲话》，《人民日报》2018年5月5日。

的这一历史选择，毛泽东同志十分明确地说："我们的方向，就是人民的方向。"也就是说，中国共产党以人民的方向为自己的方向，这既是党的性质宗旨的具体体现，也是党的根本政治立场所在。

在不同历史时期，我们党正是因为始终坚持以人民的方向为自己的方向、以人民选择的目标为自己的奋斗目标，才赢得了人民群众的真心拥护与支持，使自己始终保持着强大的创造力、凝聚力和战斗力，领导人民夺取了革命、建设和改革的不断胜利。习近平同志担任总书记伊始就十分明确地宣示："人民对美好生活的向往，就是我们的奋斗目标。""我们一定要始终与人民心心相印、与人民同甘共苦、与人民团结奋斗，夙夜在公，勤勉工作，努力向历史、向人民交出一份合格的答卷。"[1]习近平同志强调："中国特色社会主义道路是实现社会主义现代化的必由之路，是创造人民美好生活的必由之路。"[2]我们党所高举的中国特色社会主义伟大旗帜，把国家发展、民族振兴与人民幸福紧密联系在一起，集中体现了广大工人、农民、知识分子和其他社会主义劳动者、社会主义事业建设者及其他一切爱国者的根本利益和共同愿望，成为党和人民团结的旗帜、奋进的旗帜、胜利的旗帜。

坚持以人民的方向为方向，是党的一切工作的根本，也是党的建设的根本。建设好党要求我们必须顺应人民的意愿和期待。正如习近平总书记所指出的，形势的发展、事业的开拓、人民的期待，都要求我们以

[1]　《习近平谈治国理政》，中国外文出版社，2014，第5页。

[2]　《习近平在中共十八届四中全会上的讲话》，《人民日报》2014年10月24日。

改革创新精神全面推进党的建设新的伟大工程。当前，全国各族人民利益所系、幸福所系的中国特色社会主义事业，已经站在了一个新的历史起点上。但在前进的道路上，还将面临各种各样的困难和挑战，还要爬无数的坡、过无数的坎、经受无数的风雨。而且党内也还存在很多人民群众不满意的问题，部分党员干部还有侵害人民群众利益的行为。人民特别热切地期望，党能够解决自身建设中存在的问题，永远像革命和建设年代那样，同人民坐在一条船上，与人民同甘共苦，做人民的“贴心人”和“主心骨”。全面从严治党，就是要以人民的意愿为意愿、以人民的期待为目标，以对人民的赤子之心管好党治好党，确保把党建设成为真正让人民放心的党、让人民满意的党、让人民可以信赖的党。

（二）全面从严治党必须坚持以人民为中心

习近平总书记在接受国外媒体专访时由衷地说：“我的执政理念，概括起来说就是为人民服务，担当起该担当的责任。”[1]他还在各种场合多次讲到要树立以人民为中心的工作导向，表现出深厚的为民情怀，也彰显了人民至上的价值取向。价值取向决定人们对客观事物的基本倾向和态度。党的十九大报告指出，坚持习近平新时代中国特色社会主义思想就必须坚持以人民为中心。人民是历史的创造者，是决定党和国家前途命运的根本力量。必须坚持人民主体地位，坚持立党为公、执政为民，践行全心全意为人民服务的根本宗旨，把党的群众路线贯彻到治国

---

[1] 《习近平谈执政理念：为人民服务，担当起该担当的责任》，中国新闻网2014年2月9日。http://www.chinanews.com/gn/2014/02-09/5814498.shtml。

理政全部活动之中，把人民对美好生活的向往作为奋斗目标，依靠人民创造历史伟业。今天，我们遵循人民的方向推进全面从严治党，要向以习近平同志为核心的党中央看齐，切切实实解决好为什么要从严治党这一基本价值取向问题。

习近平总书记指出："让人民获得解放是马克思毕生的追求。我们要始终把人民立场作为根本立场，把为人民谋幸福作为根本使命，坚持全心全意为人民服务的根本宗旨，贯彻群众路线，尊重人民主体地位和首创精神，始终保持同人民群众的血肉联系，凝聚起众志成城的磅礴力量，团结带领人民共同创造历史伟业。这是尊重历史规律的必然选择，是共产党人不忘初心、牢记使命的自觉担当。"[1]全心全意为人民服务，是我们党的根本宗旨，也是我们党的根本价值取向。中国共产党是人民利益的忠实代表，除了人民的利益，没有自己的特殊利益。中国共产党的作用就表现在为人民服务、为人民谋取利益上。一句话，中国共产党始终坚持人民至上的执政理念。这是中国共产党的根本价值取向和价值标准，也是每个共产党员应当始终坚持的根本价值取向和价值标准。全面从严治党，必须注重思想建党，其目的就要使广大党员干部拧紧世界观、人生观、价值观这个"总开关"，把人民至上的价值取向深深扎根在头脑里、体现在行动中。

坚持人民至上的价值取向，对于我们党来说，就要始终把实现好、维护好、发展好最广大人民的根本利益作为一切工作的出发点和落脚

---

[1]　《习近平在纪念马克思诞辰200周年大会上的讲话》，《人民日报》2018年5月5日。

点。党的十八届五中全会提出，坚持以人民为中心的发展思想。这就要求我们党在改革发展的过程中处理好改革发展与人民群众利益的关系，真正做到发展为了人民、发展依靠人民、发展成果由人民共享。全面从严治党，需要深化党的建设制度改革，使我们党能更好地落实和践行以人民为中心的发展思想，真正从增进人民福祉、促进人的全面发展出发，谋划和推动改革发展。习近平总书记指出，我们要不断解决好人民最关心最直接最现实的利益问题，努力让人民过上更好生活，这是谋划和推动改革发展最直接的目的，也是全面从严治党所要达到的目的。与此同时，以人民为中心，就是要求全面从严治党必须切实把侵害人民群众利益、人民群众反映强烈的问题作为重点，下大力气加以解决。

（三）全面从严治党的着力点是保持党同人民群众的血肉联系

保持党同人民群众的血肉联系是新形势下党立于不败之地的必然要求。没有同人民群众的血肉联系，为人民服务、执政为民就是一句空话。习近平总书记深刻指出："作风问题，核心是党和人民群众的关系问题，根本是始终保持党同人民群众的血肉联系。"[1]

我们党的最大优势是密切联系群众，在新形势下面临的最大危险是脱离群众。在新的历史条件下，党面临的执政考验、改革开放考验、市场经济考验、外部环境考验是长期的、复杂的、严峻的。精神懈怠的危险、能力不足的危险、脱离群众的危险、消极腐败的危险，更加尖锐地摆在全党面前，落实党要管党、从严治党的任务比以往任何时候都更为

[1] 习近平：《在党的群众路线教育实践活动总结大会上的讲话》，《人民日报》2014年10月9日。

繁重、更为紧迫。[1]如何保持党的先进性纯洁性，使党立于不败之地，是我们党必须面对的重大课题。特别是在改革开放和发展社会主义市场经济条件下，一些党员、干部人生观、价值观发生扭曲，滋长了严重的“四风”问题，滋生了脱离群众的倾向。特别是极其严重的腐败问题，更是极大地伤害了人民群众对党的感情，破坏着党同人民群众的血肉联系。比如，有的党员、干部把党和人民赋予的权力看成是牟取私利的本钱，以权谋私，腐化堕落；有的党员、干部高高在上，对群众疾苦漠不关心，对群众诉求不闻不问；有的党员、干部在做群众工作时方法简单，作风粗暴，不尊重群众感情，不考虑群众感受；等等。这些问题虽然发生在少数人身上，但影响很坏，严重损害了群众对党的信任。

从根本上解决这些问题，保持党同人民群众的血肉联系，必须下大力气解决作风问题、解决腐败问题。对于党员、干部而言，首要的是要确立马克思主义的群众观点，端正对人民群众的根本态度，忠实践行党的群众路线。坚持人民至上的价值取向，就是要坚持党章所规定的“党和人民的利益高于一切，个人利益服从党和人民的利益”。价值取向不对，是许多本来是非界限分明的问题被搞乱的根本原因。一些党员、干部之所以私欲膨胀、走向贪腐，首要原因还是价值观的错位、“总开关”没有拧紧，把个体价值看得高于整体价值，把个人利益看得高于党和人民的利益。全面从严治党，必须使党员、干部对人民群众真正建立

[1]　习近平：《决胜全面建成小康社会　夺取新时代中国特色社会主义伟大胜利——在中国共产党第十九次全国代表大会上的报告》，转引自《党的十九大报告辅导副本》，人民出版社，2017，第60页。

起血肉般的感情，倾尽真情实意。唯有如此，才能真正做到同人民群众心连心、同呼吸、共命运。因此，全面从严治党，一定要帮助党员、干部从根本的价值观和价值取向上摆正个体价值与整体价值、个人利益与党和人民利益的关系，推动党员、干部把党和人民的利益放在心中最高位置。

（四）全面从严治党必须紧紧依靠人民群众，从人民群众中汲取智慧和力量

2014年10月8日，习近平总书记在党的群众路线教育实践活动总结大会上的讲话明确指出："得民心者得天下，失民心者失天下，人民拥护和支持是党执政最牢固的根基。人民群众中蕴藏着治国理政、管党治党的智慧和力量，从严治党必须依靠人民。让人民支持和帮助我们从严治党，要注意畅通两个渠道，一个是建言献策渠道，一个是批评监督渠道。在这两方面，这些年我们总的是做得越来越好，但还有不足，主要是围绕经济社会发展听意见多、围绕从严治党听意见少，请上来听意见多、走下去听意见少。群众的很多想法，往往不是在那些很正式的场合、当着很多人的面会讲出来的，而是要同他们身挨身坐、心贴心聊才能听得到。各级干部要多沉下身子、走近群众，就从严治党问题多向群众请教。"[1]习近平总书记的这段讲话既强调了全面从严治党必须依靠人民群众，又明确了在全面从严治党中依靠人民群众的路径和方法。

邓小平说改革开放中许许多多的东西都来源于群众的智慧、集体的智慧。全面从严治党，必须强化相信人民群众、依靠人民群众的群众立

[1] 习近平：《在党的群众路线教育实践活动总结大会上的讲话》，《人民日报》2014年10月9日。

场和群众观点，必须从人民群众中汲取智慧和力量。党的根基、血脉在人民，力量也在人民，团结人民群众一起干，这是我们党最大的政治优势，也是我们党发展壮大的根本原因。全面从严治党，一定要很好地把握和利用这一政治优势。

全面从严治党必须获得人民群众的拥护和支持。要严肃处理和惩治人民群众反映强烈的问题和干部，切实让人民群众感受到全面从严治党给党和国家政治生活带来的显著变化，切实让人民群众感受到政治生态山清水秀的巨大价值。要加大全面从严治党的宣传力度，既充分显示中国共产党全面从严治党的决心，也让人民群众了解查处和惩戒犯了错误的党员、干部的原因，消除错误观念，澄清模糊认识。

全面从严治党必须从人民群众中汲取智慧和力量。人民群众是历史的创造者，是真正的英雄。依靠人民从严治党，就要尊重人民群众的首创精神，拜人民为师，虚心听取人民群众的意见，既向人民群众学习一切有益的东西，也要向人民群众了解党内存在的突出问题。党员、干部一定要放下架子，真正把自己摆在“小学生”的位置上，躬身向人民群众学习，向人民群众请教，要做到善于倾听人民群众的意见和建议，善于发现、总结和吸收他们创造的新事物、新经验、新办法。

全面从严治党必须自觉接受人民群众的批评监督。人民群众的批评和监督是从严治党的最大动力、最优武器。中国共产党是代表人民的，管党治党必须接受人民的批评监督。人民的评判和满意度是检验管党治党成效的基本标准，也是管党治党的驱动力。听不到人民的批评监督，就会闭目塞听，全面从严治党就失去了依循；没有人民的批评监督，全面从严治党就没有了客观评价，就失去了前进动力。

总之，党来自人民、植根于人民，党的发展壮大永远离不开人民群众这片沃土。人民立场是中国共产党人应该坚守的最根本政治原则和立场。为了人民是全面从严治党的根本出发点，依靠人民是全面从严治党的最大动力，检验党的建设成功与否最终要看民心向背。

三、从对马克思主义政党特质的深刻体察来认识全面从严治党的科学举措

从严管党治党是我们党的马克思主义政党特质对党的建设的根本要求和根本属性的具体体现。政党是世界政治进入资本主义之后的产物，世界上绝大多数国家的民主政治体系中，政党都是不可或缺的。但政党由于其所代表的阶级不同、产生方式不同、政治纲领不同，因而形成了不同的类型。理解和把握全面从严治党的必要性、深刻内涵以及重要举措，必须要从中国共产党本身的性质、特质出发。

（一）先进性和纯洁性是马克思主义政党的本质属性

先进性和纯洁性是马克思主义政党的本质属性。我们党作为马克思主义政党，从诞生之日起，就始终把保持党的先进性和纯洁性作为党的建设的根本任务和重要目标。党的先进性和纯洁性，从根本上说是由我们党的性质和宗旨决定的，同时也是靠坚持不懈地开展自身建设来保持和发展的。习近平总书记在庆祝中国共产党成立100周年大会上的重要讲话中明确指出，继续推进新时代党的建设新的伟大工程，不断严密党的组织体系，着力建设德才兼备的高素质干部队伍，坚定不移推进党风廉政建设

和反腐败斗争，坚决清除一切损害党的先进性和纯洁性的因素，清除一切侵蚀党的健康肌体的病毒，确保党不变质、不变色、不变味，确保党在新时代坚持发展中国特色社会主义的历史进程中始终成为坚强领导核心。

所谓政党的先进性，是指一定阶级、阶层和集团中的先进分子，顺应时代进步潮流，代表和实现本阶级利益的各种思想和行动的集中体现。中国共产党的先进性，是以科学的马克思主义为理论指南、以先进的工人阶级为阶级基础、以人民群众中的优秀分子为成员、以民主集中制为组织原则所形成的具体体现在党的理想、宗旨和路线、纲领、方针、政策之中，体现在党员和党的干部的模范带头作用之中的一种特质。这种先进性形之于外，就是从整体上看中国共产党能够站在时代和民族前列、代表人民群众利益，与时俱进地提出正确的路线、方针、政策；就是从个体上看中国共产党党员能够成为时代先锋和民族脊梁，在各个方面成为人民群众的模范。

“纯洁”主要用来指称某个人纯粹清白。所谓马克思主义的纯洁性，主要是指党内要思想纯洁、政治纯洁、组织纯洁、作风纯洁，也即全党必须坚持把马克思主义及其中国化的理论成果作为指导思想，坚持把为社会主义、共产主义奋斗作为理想信念，坚持马克思主义实事求是的思想路线，坚决抵制各种反马克思主义思想的侵蚀，坚决同各种违背马克思主义的错误思想作斗争；全党必须坚决执行党的纲领、章程和路线方针政策，在社会主义初级阶段必须坚持以经济建设为中心、坚持四项基本原则、坚持改革开放的基本路线，坚决抵制和反对一切违背党的基本路线的错误政治倾向；全党必须坚持贯彻党的民主集中制原则和遵守党的组织纪律的要求，自觉维护党的团结统一，坚决反对一切危害和分裂党的行为，严格坚持党章所规定的共产党员标准和领导干部条件，坚决把背离党纲党章、危害党的事业、已经丧失共产党员资格的蜕化变质分子和腐败分子清除出党；全党必须坚持发扬党的理论联系实际、密切联系群众、批评和自我批评以及谦虚谨慎、不骄不躁、艰苦奋斗等优良作风，坚持贯彻党的从群众中来到群众中去的工作路线和调查研究的工作方法，坚决反对主观主义、官僚主义、形式主义、以权谋私、弄虚作假和个人专断、追求奢华等不正之风。

先进性和纯洁性体现了以科学理论为指导的马克思主义政党在政治纲领、政治路线、政治宗旨、政治立场以及对党员、干部和党的各级组织的本质性要求。中国共产党开展保持共产党员先进性的教育活动表明马克思主义政党的这种特质既不是与生俱来的也不是一劳永逸的，必须始终注重党的纯洁性和先进性建设。

（二）严格的组织纪律性是马克思主义政党的光荣传统

马克思主义政党的先进性，是靠马克思主义政党理论的科学性和严格的纪律性来保证的。中国共产党只有全面从严治党才能真正永葆党的政治本色，永葆党的先进性与纯洁性，而加强组织纪律性、严肃党的规矩和纪律则是全面从严治党的重要手段。习近平总书记曾经指出："我们党是用革命理想和铁的纪律组织起来的马克思主义政党，组织严密、纪律严明是党的优良传统和政治优势，也是我们的力量所在。"[1]

---

[1] 中共中央纪律检查委员会、中共中央文献研究室编：《习近平关于严明党的纪律和规矩论述摘编》，中央文献出版社、中国方正出版社，2016，第126页。

马克思主义政党非常重视组织纪律性建设。1859年5月18日，马克思在《致恩格斯》的信中就鲜明而尖锐地指出："我们现在必须绝对保持党的纪律，否则将一事无成。"1886年10月23日，恩格斯在《致劳拉·拉法格》的信中又指出："在无产阶级革命斗争中，胜利的首要条件是严格遵守纪律。"列宁在《共产主义运动中"左派"幼稚病》一文中指出要使无产阶级能够正确地、有效地、胜利地发挥自己的组织作用，无产阶级政党内部就必须实行极严格的集中和极严格的纪律。1948年9月，毛泽东在"党目前工作的中心一环"讲话中指出，加强纪律性，革命无不胜。党的十八大以来，习近平总书记多次强调守纪律的重要性，明确指出："加强纪律建设是全面从严治党的治本之策，要把纪律建设摆在更加突出的位置，坚持纪严于法，纪在法前。"[1]中国共产党是马克思主义政党，她的先进性和纯洁性既体现在对马克思主义的信仰、对中国特色社会主义和共产主义的信念、对人民的忠诚，更体现在严的要求、严的纪律上。

习近平总书记指出："党要管党、从严治党首先要严明纪律，纪律不能成为'稻草人'，不能成为聋子的耳朵——摆设。我们把严明政治纪律、组织纪律作为重要任务，严肃查处有令不行、有禁不止的行为，在查办违纪案件中重点审查违反政治纪律、组织纪律的问题，坚决维护党的团结统一。"[2]所以，我们在理解全面从严治党各项举措的时候，

---

[1]　《习近平总书记在十八届中央纪委六次全会上的重要讲话》，《人民日报》2016年01月14日。

[2]　中共中央纪律检查委员会、中共中央文献研究室编：《习近平关于严明党的纪律和规矩论述摘编》，中央文献出版社、中国方正出版社，2016，第85页。

在理解党的纪律的高标准严要求的时候，既要深刻认识马克思主义政党先进性、纯洁性的本质要求，也要深刻认识中国共产党组织纪律性的独特优势和光荣传统。

（三）一切为了人民是马克思主义政党的根本价值取向

全面从严治党的实质是自我革命。很多人都很好奇，中国共产党人自我革命的动力来自哪里？中国共产党何以能保持如此旺盛和持久的自我革命精神？其原因就在于马克思主义政党的根本价值取向是一切为了人民。马克思、恩格斯在《共产党宣言》中鲜明地指出，共产党人与无产阶级的利益根本一致，“共产党人的理论原理，决不是以这个或那个世界改革家所发明或发现的思想、原则为根据，而是历史运动的真实关系的体现。他们没有任何同整个无产阶级的利益不同的利益”[1]。中国共产党在任何时候都把人民群众的利益放在第一位，所以本身没有任何私利，因此才能跳出狭隘封闭自私的自我利益固化，才能不断地自我革命。全面从严治党正是凸显了马克思主义政党基于自身价值取向的自我革新精神。

一个政党、一个政权，其前途命运取决于人心向背。人民群众反对什么、痛恨什么，我们就要坚决防范和纠正什么。全党要清醒认识到，我们党面临的执政环境是复杂的，影响党的先进性、弱化党的纯洁性的因素也是复杂的，党内存在的思想不纯、组织不纯、作风不纯等突出问题尚未得到根本解决。要深刻认识党面临的执政考验、改革开放考验、市场经

[1] 《马克思恩格斯选集（第一卷）》，人民出版社，1995，第285页。

济考验、外部环境考验的长期性和复杂性，深刻认识党面临的精神懈怠危险、能力不足危险、脱离群众危险、消极腐败危险的尖锐性和严峻性，坚持问题导向，保持战略定力，推动全面从严治党向纵深发展。中国共产党正是由于深知政权来自人民、执政为了人民，才能以民心为心、以民利为利，才会不断自我革命，不断解决自身存在的突出问题。

四、从对党内存在问题及原因的精准把握来认识全面从严治党的顶层设计

时代是思想之母，实践是理论之源。党中央及时、正确地提出并实施全面从严治党的重大战略部署，积极进行科学的顶层设计，都是基于对长期以来管党治党中存在问题的科学应对和有效回应。

（一）全面从严治党必须坚持使命引领

“办好中国的事情，关键在党。”上任伊始，在中外记者见面会上，习近平总书记掷地有声地提出：“打铁还需自身硬，我们的责任，就是同全党同志一道，坚持党要管党、从严治党，切实解决自身存在的突出问题。”[1]将对历史的责任、民族的责任、人民的责任，将实现两个百年奋斗目标和中华民族伟大复兴的中国梦，落到从严管党治党、使党始终成为坚强领导核心上，这充分显示了中国共产党的使命意识。

九十六年来，为了实现中华民族伟大复兴的历史使命，无论是弱小还是强大，无论是顺境还是逆境，我们党都初心不

[1] 《习近平谈治国理政》，中国外文出版社，2014，第4页。

政、矢志不渝，团结带领人民历经千难万险，付出巨大牺牲，敢于面对曲折，勇于修正错误，攻克了一个又一个看似不可攻克的难关，创造了一个又一个彪炳史册的人间奇迹。

……

行百里者半九十。中华民族伟大复兴，绝不是轻轻松松、敲锣打鼓就能实现的。全党必须准备付出更为艰巨、更为艰苦的努力。

……

实现伟大梦想，必须建设伟大工程。这个伟大工程就是我们党正在深入推进的党的建设新的伟大工程。历史已经并将继续证明，没有中国共产党的领导，民族复兴必然是空想。我们党要始终成为时代先锋、民族脊梁，始终成为马克思主义执政党，自身必须始终过硬。全党要更加自觉地坚定党性原则，勇于直面问题，敢于刮骨疗毒，消除一切损害党的先进性和纯洁性的因素，清除一切侵蚀党的健康肌体的病毒，不断增强党的政治领导力、思想引领力、群众组织力、社会号召力，确保我们党永葆旺盛生命力和强大战斗力。

……

伟大斗争，伟大工程，伟大事业，伟大梦想，紧密联系、相互贯通、相互作用，其中起决定性作用的是党的建设新的伟大工程。推进伟大工程，要结合伟大斗争、伟大事业、伟大梦想的实践来进行，确保党在世界形势深刻变化的历史进程中始终走在时代前列，在应对国内外各种风险和考验的历史进程中始终成为全国人民的主心骨，在坚持和发展中国特色社会主义的历史进程中始终成为坚强领导核心。[1]

上述党的十九大报告中的重要论述充分揭示了中国共产党强烈的使命感和责任感，并深刻阐述了“四个伟大”，即伟大斗争、伟大工程、伟大事业、伟大梦想的关系。但“打铁还需自身硬”，实现党的历史使命，党自身必须坚强有力。如果党散了、垮了，人民群众的根本利益就要丧失，实现中华民族伟大复兴的中国梦的历程必然要被迫中断。所以，全面从严治党必须登高望远，着眼于党和国家事业发展的全局和长远来考虑和谋划。

（二）全面从严治党必须坚持问题导向

习近平总书记指出，我们共产党人干革命、搞建设、抓改革，从来都是为了解决中国的现实问题。他强调，问题是时代的声音，必须坚持问题导向。全面从严治党必须坚持问题导向，不解决问题特别是不解决突出问题，管不好党、治不了党。

党的十八大以来，以习近平同志为核心的党中央在推进全面从严治党的过程中，的确做到了靶向精准，着力解决突出问题。比如，现实生活中，一些党员、干部在理想信念上出了问题，所以，全面从严治党就牢牢抓住坚定理想信念这个核心和关键，不断加强理论创新和理论武

[1]　习近平：《决胜全面建成小康社会　夺取新时代中国特色社会主义伟大胜利——在中国共产党第十九次全国代表大会上的报告》，转引自《党的十九大报告辅导副本》，人民出版社，2017，第15—17页。

装。再比如，严肃党内政治生活是保持党的马克思主义政党属性的基本要求，但是一段时期内党内政治生活不够严肃，所以，在全面从严治党的过程中就把严肃党内政治生活作为基础性手段，制定相关制度，要求全党严肃认真地开展党内政治生活。还比如，“上梁不正下梁歪”，领导干部在党内政治生态建设中处于风向标的地位，所以，党的十八大以来的全面从严治党就紧紧抓住领导干部这个“关键少数”。还有，现实中一些领导干部总认为抓党建比抓发展要虚、要空，不容易出成绩。还有一些人认为，在发展社会主义市场经济条件下，治党过严会束缚手脚、影响活力。针对这些认识，习近平总书记要求落实全面从严治党责任，要求各级党委（党组）把抓好党建作为最大的政绩，强化党建主业意识，树立抓好党建是本职、不抓党建是失职的理念。

> 我们共产党人不惧怕任何风浪，不怕存在问题，就怕有问题没发现，发现了不能及时解决。如果我们党回避问题，总有一天会有压死骆驼的最后一根稻草。治病去疴，有些病症需要采取保守治疗法、慢慢恢复元气，有些病症需要动手术、及早切除病灶，不然就会危及整个肌体健康甚至危及生命。从严治党是一场看不见硝烟的战争，不是作秀，不是演戏，不能那样温良恭俭让。[1]

在全面从严治党这场“持久战”中，必须始终聚焦突出问题，始终注重解决问题，在真抓实干见成效上下功夫，推动全面从严治党向纵深发展。

[1] 颜晓峰：《聚焦解决突出问题 落实全面从严治党》，《理论学习》2017年第3期。

毛泽东谈共产党员的标准

（1）政治观念没有错误的（包括阶级觉悟）；

（2）忠实；

（3）有牺牲精神，能积极工作；

（4）没有发洋财的观念；

（5）不吃鸦片、不赌博。

以上五个条件完备的人，才能够介绍他进党。[1]

共产党员应该作到最有远见，最富于牺牲精神，最坚定，而又最能虚心体会情况，依靠群众的多数，得到群众的拥护。[2]

我们党的组织要向全国发展，要自觉地造就成万数的干部，要有几百个最好的群众领袖。这些干部和领袖懂得马克思列宁主义，有政治远见，有工作能力，富于牺牲精神，能独立解决问题，在困难中不动摇，忠心耿耿地为民族、为阶级、为党而工作。党依靠着这些人而联系党员和群众，依靠着这些人对于群众的坚强领导而达到打倒敌人之目的。这些人不要自私自利，不要个人英雄主义和风头主义，不要懒惰和消极性，不要自高自大的宗派主义，他们是大公无私的民族的阶级的英雄，

[1]　《中国共产党红军第四军第九次代表大会决议案》（1929年12月），《毛泽东文集（第一卷）》，人民出版社，1993，第90页。

[2]　《中国共产党在抗日时期的任务》（1937年5月3日），《毛泽东选集（第一卷）》，人民出版社，1991，第263页。

这就是共产党员、党的干部、党的领袖应该有的性格和作风。[1]

一个共产党员，应该是襟怀坦白，忠实，积极，以革命利益为第一生命，以个人利益服从革命利益；无论何时何地，坚持正确的原则，同一切不正确的思想和行为作不疲倦的斗争，用以巩固党的集体生活，巩固党和群众的联系；关心党和群众比关心个人为重，关心他人比关心自己为重。这样才算得一个共产党员。[2]

共产党与红军，对于自己的党员与红军成员不能不执行比较一般平民更加严格的纪律。[3]

要造就一大批人，这些人是革命的先锋队。这些人具有政治远见。这些人充满着斗争精神和牺牲精神。这些人是胸怀坦白的，忠诚的，积极的，与正直的。这些人不谋私利，唯一的为着民族与社会的解放。这些人不怕困难，在困难面前总是坚定的，勇敢向前的。这些人不是狂妄分子，也不是风头主义者，而是脚踏实地富于实际精神的人们。中国要有一大群这样的先锋分子，中国革命的任务就能够顺利的解决。[4]

使我们的干部不但能治党，而且能治国，要懂得向全中国与全世界

---

[1] 《为争取千百万群众进入抗日民族统一战线而斗争》（1937年5月8日），《毛泽东选集（第一卷）》，人民出版社，1991，第277页。

[2] 《反对自由主义》（1937年9月7日），《毛泽东选集（第二卷）》，人民出版社，1991，第361页。

[3] 《给雷经天的信》（1937年10月10日），《毛泽东文集（第二卷）》，人民出版社，1993，第39页。

[4] 《为陕北公学成立的题词》（1937年10月23日），《毛泽东年谱（1893—1949）》（修订本）中卷，中央文献出版社，2013，第34页。

人民讲话，并为他们做事，要有远大的政治眼光与政治家的风度。[1]

党的利益高于一切，一切为了党，破坏党即是破坏革命。[2]

共产党员在政府工作中，应该是十分廉洁、不用私人、多做工作、少取报酬的模范。共产党员在民众运动中，应该是民众的朋友，而不是民众的上司，是诲人不倦的教师，而不是官僚主义的政客。共产党员无论何时何地都不应以个人利益放在第一位，而应以个人利益服从于民族的和人民群众的利益。[3]

共产党员应是实事求是的模范，又是具有远见卓识的模范。因为只有实事求是，才能完成确定的任务；只有远见卓识，才能不失前进的方向。因此，共产党员又应成为学习的模范，他们每天都是民众的教师，但又每天都是民众的学生。只有向民众学习，向环境学习，向友党友军学习，了解了他们，才能对于工作实事求是，对于前途有远见卓识。[4]

提高党支部及党员作用。支部不但是发展党员教育党员的学校，而尤其应当成为连队的坚强堡垒。每个党员不仅是模范战士，而同时是非党群众的领导者。[5]

共产党是为民族、为人民谋利益的政党，它本身决无私利可图。它应该受人民的监督，而决不应该违背人民的意旨。它的党员应该站在民

[1][2]　《目前抗战形势与党的任务报告提纲》（1937年10月），《毛泽东文集（第二卷）》，人民出版社，1993，第60页。

[3][4]　《中国共产党在民族战争中的地位》（1938年10月14日），《毛泽东选集（第二卷）》，人民出版社，1991，第522页、第522—523页。

[5]　《对山东军事工作的意见》（1939年12月6日），《毛泽东军事文集（第二卷）》，军事科学出版社、中央文献出版社，1993，第501页。

众之中，而决不应该站在民众之上。[1]

要提倡顾全大局。每一个党员，每一种局部工作，每一项言论或行动，都必须以全党利益为出发点，绝对不许可违反这个原则。[2]

我们一定要建设一个集中的统一的党，一切无原则的派别斗争，都要清除干净。要使我们全党的步调整齐一致，为一个共同目标而奋斗，我们一定要反对个人主义和宗派主义。[3]

身为党员，铁的纪律就非执行不可。孙行者头上套的箍是金的，列宁论共产党的纪律说纪律是铁的，比孙行者的金箍还厉害，还硬，这是上了书的，《共产主义运动中的“左派”幼稚病》上就有。[4]

我们要使落后分子、平常分子向积极前进分子看齐，要使落后的、思想意识和行动比较差的、不正确的同志向正确的积极的同志看齐，使平常状态的同志向积极的同志看齐。[5]

有许多党员，在组织上入了党，思想上并没有完全入党，甚至完全没有入党。这种思想上没有入党的人，头脑里还装着许多剥削阶级的脏东西，根本不知道什么是无产阶级思想，什么是共产主义，什么是党。他们想：什么无产阶级思想，还不是那一套？他们哪里知道要得到这一套并不容易，有些人就是一辈子也没有共产党员的气味，只有离开党完

---

[1] 《在陕甘宁边区参议会的演说》（1941年11月6日），《毛泽东选集（第三卷）》，人民出版社，1991，第809页。

[2][3] 《整顿党的作风》（1942年2月1日），《毛泽东选集（第三卷）》，人民出版社，1991，第821—822页。

[4][5] 《关于整顿三风》（1942年4月20日），《毛泽东文集（第二卷）》，人民出版社，1993，第416页、419页。

事。因此我们的党，我们的队伍，虽然其中的大部分是纯洁的，但是为要领导革命运动更好地发展，更快地完成，就必须从思想上组织上认真地整顿一番。而为要从组织上整顿，首先需要在思想上整顿，需要展开一个无产阶级对非无产阶级的思想斗争。[1]

全党同志必须团结在中央的周围，任何破坏团结的行为都是罪恶，只要共产党人团结一致，同心同德，任何强大的敌人，任何困难的环境，都会被我们战胜的。[2]

我们要不要胜利，要不要在全国胜利？如果要的话，就要有一个有纪律的、思想上纯洁的、组织上纯洁的党，合乎统一的标准的党。[3]

要知道，一个队伍经常是不大整齐的，所以就要常常喊看齐，向左看齐，向右看齐，向中看齐。我们要向中央基准看齐，向大会基准看齐。看齐是原则，有偏差是实际生活，有了偏差，就喊看齐。[4]

我们共产党人区别于其他任何政党的又一个显著的标志，就是和最广大的人民群众取得最密切的联系。[5]

共产党人必须随时准备坚持真理，因为任何真理都是符合于人民利

---

[1]　《在延安文艺座谈会上的讲话》（1942年5月），《毛泽东选集（第三卷）》，人民出版社，1991，第875页。

[2]　《关于共产国际解散问题的报告》（1943年5月26日），《毛泽东文集（第三卷）》，人民出版社，1996，第22页。

[3]　《时局问题及其他》（1945年2月15日），《毛泽东文集（第三卷）》，人民出版社，1996，第261页。

[4]　《中国共产党第七次全国代表大会的工作方针》（1945年4月21日），《毛泽东文集（第三卷）》，人民出版社，1996，第297—298页。

[5]　《论联合政府》（1945年4月24日），《毛泽东选集（第三卷）》，人民出版社，1991，第1094页。

益的；共产党人必须随时准备修正错误，因为任何错误都是不符合于人民利益的。[1]

应该使每个同志明了，共产党人的一切言论行动，必须以合乎最广大人民群众的最大利益，为最广大人民群众所拥护为最高标准。[2]

有无认真的自我批评，也是我们和其他政党互相区别的显著的标志之一。[3]

我们要谦虚谨慎，不骄不躁。今天再说这样一点，就是要讲真话，不偷、不装、不吹。偷就是偷东西，装就是装样子，“猪鼻子里插葱——装象”，吹就是吹牛皮。讲真话，每个普通的人都应该如此，每个共产党人更应该如此。[4]

整党，应以三年时间实现之。其步骤，应是以一年时间（一九五一年）普遍进行关于怎样做一个共产党员的教育，使所有党员明白做一个共产党员的标准，并训练组织工作人员。[5]

在关于增强党性的决定中，强调要严格实行民主集中制的纪律，少数服从多数，个人服从组织，下级服从上级，全党服从中央（这是多数服从少数，这个少数是代表多数的）。有意见请提，破坏党的团结是最没有脸的。只有靠集体的政治经验和集体的智慧，才能保证党和国家的

[1][2][3] 《论联合政府》（1945年4月24日），《毛泽东选集（第三卷）》，人民出版社，1991，第1095—1096页。

[4] 《在中国共产党第七次全国代表大会上的口头政治报告》（1945年4月24日），《毛泽东文集（第三卷）》，人民出版社，1996，第349页。

[5] 《中共中央政治局扩大会议决议要点》（1951年2月18日），《毛泽东文集（第六卷）》，人民出版社，1999，第145—146页。

正确领导，保证党的队伍的不可动摇的团结一致。[1]

有利于党的团结的话就说，不利于党的团结的话就不说，有利于党的团结的事就做，不利于党的团结的事就不做。[2]

共产党就是要奋斗，就是要全心全意为人民服务，不要半心半意或者三分之二的心三分之二的意为人民服务。[3]

共产党员一定要有朝气，一定要有坚强的革命意志，一定要有不怕困难和用百折不挠的意志去克服任何困难的精神，一定要克服个人主义、本位主义、绝对平均主义和自由主义，否则就不是一个名副其实的共产党员。有一些丧失朝气、丧失革命意志和坚持错误的人，在累戒不改的情况下，党委应当予以正当处理，重者绳之以纪律。[4]

从马克思以来，从来不讲什么计较功劳大小。你是共产党员，是整个人民群众中间比较更觉悟的一部分人，是无产阶级里面比较更觉悟的一部分人。所以，我赞成这样的口号，叫做“一不怕苦，二不怕死”，而不赞成那样的口号：“没有功劳也有苦劳，没有苦劳也有疲劳。”[5]

---

[1]　在全国财经工作会议上的讲话（1953年8月12日），《毛泽东著作专题摘编（下卷）》，中央文献出版社，2003，第2036页。

[2]　《对关于增强党的团结的决议草案的修改》（1954年1月），《建国以来毛泽东文稿（第四册）》，中央文献出版社，1990，第435页。

[3]　《坚持艰苦奋斗，密切联系群众》（1957年3月），《毛泽东文集（第七卷）》，人民出版社，1999，第285页。

[4]　《一九五七年夏季的形势》（1957年7月），《建国以来毛泽东文稿（第六册）》，中央文献出版社，1992，第547—548页。

[5]　《在中共九届一中全会上的讲话》（1969年4月），《建国以来毛泽东文稿（第十三册）》，中央文献出版社，1998，第40页。

第四章　全面从严治党的内涵

从严治党是中国共产党的一贯方针，全面推进党的建设伟大工程、从严治党要全面的思想也是一以贯之的。比如，党的十五大报告中指出：“全党要按照新的伟大工程的总目标，从思想上、组织上、作风上全面加强党的建设，不断提高领导水平和执政水平，不断增强拒腐防变的能力，以新的面貌和更强大的战斗力，带领人民完成新的历史任务。”纪念党的十一届三中全会召开二十年的讲话中又强调：“要坚持党要管党和从严治党，用改革的精神从思想上、组织上、作风上全面推进党的建设，始终坚持党的工人阶级先锋队性质、马克思主义的指导地位和全心全意为人民服务的宗旨，坚持发扬党的优良传统和作风，并体现时代要求。”[1]

但是，把“全面”和“从严治党”放在一起去讲，并赋予全面从严治党新的内涵的却是习近平总书记。

[1] 中共中央文献研究室：《十五大以来重要文献选编（上）》，人民出版社，2000，第427页、692页。

2014年12月，习近平总书记在江苏考察时将“从严治党”首次提升到了“全面从严”的高度，继而将全面从严治党与全面建成小康社会、全面深化改革、全面依法治国共同纳入“四个全面”的战略布局，成为我党治国理政的重要内容。从“从严治党”到“全面从严治党”的变化，表明中国共产党关于从严治党的思想理论以及从严治党的实践走上了更为系统化、科学化的轨道，进而开启了全面从严治党的实践新常态。“全面从严治党，核心是加强党的领导，基础在全面，关键在严，要害在治。”习近平总书记在十八届中央纪委六次全会上发表的重要讲话，深刻阐释了全面从严治党的新内涵，明确提出了管党治党的新要求，是推进全面从严治党的重要遵循，为管好党、治好党指明了方向。

一、全面从严治党的核心是加强党的领导

中国特色社会主义最本质的特征是中国共产党的领导。但是由于种种原因，党的领导在某些时段、某些领域曾经有弱化的倾向，这必然带来事业的曲折。“党要团结带领全国人民进行伟大斗争、推进伟大事业、实现伟大梦想，必须毫不动摇坚持和完善党的领导，毫不动摇推进党的建设新的伟大工程，把党建设得更加坚强有力。”[1]

（一）党的领导是当代中国最大的国情

党的十八大以来，习近平总书记深刻洞察中国特色社会主义的本质

[1]　习近平在省部级主要领导干部“学习习近平总书记重要讲话精神，迎接党的十九大”专题研讨班开班式上的讲话，转引自《思想政治工作研究》2017年第9期。

特点，在邓小平关于社会主义本质的重要论述上增添了新的内容，也就是明确提出“中国特色社会主义最本质的特征是中国共产党的领导”。的确，没有中国共产党就没有中国特色社会主义，中国共产党百年奋斗的最大成果就是探索出了中国特色社会主义；否定中国特色社会主义，实质就是否定党的领导。习近平总书记郑重指出：“中国最大的国情就是中国共产党的领导。什么是中国特色？这就是中国特色。中国共产党领导的制度是我们自己的，不是从哪里克隆来的，也不是亦步亦趋效仿别人的。”[1]

没有共产党就没有新中国。从鸦片战争以来，不堪忍受屈辱的中国人就开始了救亡图存、富国富民的艰辛探索。在这一探索过程中，从“师夷长技以制夷”到“中学为体、西学为用”，再到“戊戌变法”，乃至孙中山先生领导的资产阶级民主革命，这些救国主张都对中国的进步起了积极的作用，但也都不能承担起使中国变强大的使命。吹尽狂沙始到金，1921年成立的中国共产党，在科学理论的指导下，以无私无畏的担当精神承担起了救民于水火、解民于倒悬的重任。在中国共产党的领导下，中国人民经过28年的浴血奋战，推翻了压在旧中国人民头上的帝国主义、封建主义、官僚资本主义这三座大山，建立了社会主义新中国。中国人民从此从延续了几千年的封建王权、族权、神权下解放了出来，也从帝国主义列强的铁蹄下挣扎了出来，从此成为这块古老大地上

[1]　习近平总书记在参加河南省兰考县委常委班子专题民主生活会时的讲话（2014年5月9日），人民网-理论频道，http://www.wenming.cn/djw/djw2016sy/djw2016syyw/201711/t20171103_4475529.shtml。

的真正主人。

没有共产党就没有人民群众的幸福美好生活。中华人民共和国成立以后，党领导人民推进社会主义革命和社会主义建设，确立了人民当家做主的崭新的社会主义制度，开启了中华民族追赶现代化的征程。改革开放以后，中国共产党领导中国人民立足本国国情，以经济建设为中心，坚持解放和发展生产力，坚持不断增进人民群众福祉，社会主义各项事业取得了举世瞩目的巨大成就。改革开放40多年来，中国以超过30%的经济增长贡献率，成为世界引擎，成为全球第二大经济体；中国车、中国桥、中国路、中国网，赢得了全世界的点赞；中国智慧、中国方案、中国行动，正在凝聚世界共识……透过现象追根溯源，越来越多人认识到，中国共产党坚强有力的领导是创造这一切奇迹的根本原因。总之，历史和现实都向我们昭示，中国特色社会主义是近代以来中国人民对其他救国途径的尝试全部遭受失败之后作出的最为郑重的选择，是中国共产党领导人民历尽千辛万苦、付出巨大代价取得的最大最根本成就。没有共产党，就没有新中国，就没有中国特色社会主义，更不能坚持和发展中国特色社会主义，也就没有中国人民的幸福美好生活。正是有了中国共产党的坚强领导，有了党正确引领下的中国特色社会主义，中国人民才从根本上改变了自己的命运，中国发展才取得了举世瞩目的伟大成就，中华民族才迎来了伟大复兴的光明前景。也正是基于这样的历程，我们才说党的领导是当代中国最大的国情，是中国特色社会主义最本质的特征。

（二）坚持党的领导是中国特色社会主义健康发展的根本保证

虽然中国特色社会主义已经取得了重大的成就，但毕竟中国依然处于社会主义初级阶段，依然是世界上最大的发展中国家，面临的风险和挑战非常之多，需要改革完善之处也特别多，推进中国特色社会主义持续健康快速发展依然是极难极大的挑战。中国特色社会主义是党领导人民开创和发展的，也只有始终坚持党的领导，中国特色社会主义才会进一步兴旺发达。

中国共产党是当代中国最高的政治领导力量，这是因为中国共产党是无产阶级的先锋队组织，能够代表中华民族和全体人民的根本利益，能够在科学理论的指导下紧密结合中国国情提出符合时代发展潮流、符合人民群众利益的政治纲领和政治路线，能推动中国社会不断进步。中国共产党以其科学的理论主张和革命的社会实践以及先进的人格力量，团结凝聚了全国数量众多的先进分子和各方面优秀人才，建立起了覆盖全国的基层党组织，因而具有强大的组织动员力和巨大的社会影响力。中国共产党领导的多党合作和政治协商制度是中国土壤中生长出来的新型政党制度，它是马克思主义政党理论同中国实际相结合的产物，能够真实、广泛、持久代表和实现最广大人民的根本利益，有效避免了旧式政党制度代表少数人、少数利益集团的弊端；它把各个政党和无党派人士紧密团结起来，为着共同目标而奋斗，有效避免了一党缺乏监督或者多党轮流坐庄、恶性竞争的弊端；它通过制度化、程序化、规范化的安排集中各种意见和建议，推动决策科学化民主化，有效避免了旧式政党制度囿于党派利益、阶级利益、区域和集团利益决策施政导致社会撕裂的弊端。可以说，从1921年到现在，中国共产党一路攻坚克难，在推进民族独立、国家富强、人民富裕的宏伟历史进程中，展示出了强烈的使命担当精神，彰显了自身的政治领导力、思想引领力、群众组织力和社会号召力。

（三）加强党的领导必须坚持全面从严治党

党和人民事业发展到什么阶段，党的建设就要推进到什么阶段。

群雁高飞，离不开头雁的引领；千舟竞渡，需要旗舰的领航。中国共产党从九原板荡的危机中诞生，在烽火硝烟的战争中淬炼，于激情燃烧的建设中挺立，在改革开放的洪流中壮大。回望百年波澜壮阔的历史进程，中国共产党始终秉承"为中国人民谋幸福，为中华民族谋复兴"的初心与使命，带领亿万人民进行了艰苦卓绝的斗争，谱写了气吞山河的壮丽史诗。历史昭示现在与未来，中国共产党是中国的最高政治领导力量，办好中国的事情，关键在党。推进中国特色社会主义事业健康发展，必须加强党的领导。习近平总书记多次强调"东西南北中，党政军民学，党是领导一切的"。中国共产党的领导是中国特色社会主义最本质的特征，是新时代坚持和发展中国特色社会主义的一条基本方略。党的十九大绘就了走向美好未来的宏伟蓝图，把蓝图变为现实，是一场新的长征。要攻克前行路上的"娄山关"和"腊子口"，更需全国各党派、各团体、各民族、各阶层、各界人士紧密团结在以习近平同志为核心的党中央周围，增强"四个意识"，坚定"四个自信"，凝聚起勇往直前、无坚不摧的磅礴力量，万众一心向前进。

能否领导中国人民实现伟大梦想、推进伟大事业、赢得伟大斗争的关键，就在于我们能不能把党管好、治好、建设好。所以，加强党的领导，做中国人民和中华民族的主心骨，必须改善党的领导，必须始终自身过硬、勇于自我革命。习近平总书记强调："党的执政地位和领导地位并不是自然而然就能长期保持下去的，不管党、不抓党就有可能出问题甚至出大问题，结果不只是党的事业不能成功，还有亡党亡国的危险。"[1]他指出，党的领导搞得越好，党的形象和威望、党的创造力凝聚力战斗力就会越高，这不仅直接关系党的命运，而且直接关系国家的命运、人民的命运、民族的命运。可以说，面对前进道路上的困难、风险和挑战，要想坚持并加强党的领导，必须勇于直面问题，敢于刮骨疗毒，消除一切损害党的先进性和纯洁性的因素，清除一切侵蚀党的健康肌体的病毒，克服来自国内外的各种风险和挑战，确保我们党始终成为时代先锋、民族脊梁，而实现上述目的唯一的路径就是推进全面从严治党。

二、全面从严治党基础在全面

从严治党，绝不是一个空洞的口号，而是对党的建设的全面要求，必须贯彻和体现到党的思想、组织、作风建设的各项工作中去。

（一）全面从严治党必须"管全党""治全党"

党是一个由不同层级的组织和职级不同的党员所构成的体系。从严治党，不是针对个别组织而言的，更不是对个别党员的要求，而是要覆

[1] 习近平：《在党的群众路线教育实践活动总结大会上的讲话》，《人民日报》2014年10月9日。

盖全体党员，覆盖党的各级组织，这就是“全面”的第一层含义。

中国共产党由党的中央组织、地方组织和基层组织构成，特别是有480多万个基层党组织广泛分布于各个行业、各个领域。管党治党不是只针对某一级组织，必须把全部组织都纳入管党治党的范畴。党的十八大之后，以习近平同志为核心的党中央以身作则、率先垂范，首先加强了党中央的自我管理、自我约束。2012年12月4日，中共中央政治局召开会议，审议通过了中央政治局关于改进工作作风、密切联系群众的八项规定。2013年6月22日至25日，中央政治局召开专门会议，对照检查中央八项规定落实情况，研究提出加强作风建设的措施及有关制度规定。2015年12月28日至29日，中央政治局召开专题民主生活会，审议《关于三年来中央政治局贯彻执行中央八项规定、落实加强作风建设措施情况的报告》等，中央政治局同志逐个发言，按照党中央要求进行对照检查。2016年11月30日，中共中央政治局召开会议审议通过规范党和国家领导人有关待遇等文件，对党和国家领导人办公用房、住房、用车、交通、工作人员配备、休假休息等待遇进一步作出规定。会议明确要求，有关规定从十八届中央政治局率先做起，并分批实施。党的十九大之后，十九届中共中央政治局在2017年10月27日召开会议，研究部署学习宣传贯彻党的十九大精神，审议《中共中央政治局关于加强和维护党中央集中统一领导的若干规定》和《中共中央政治局贯彻落实中央八项规定的实施细则》。会议认为，作风建设永远在路上，贯彻执行中央八项规定是关系我们党会不会脱离群众、能不能长期执政、能不能很好履行执政使命的大问题。党的十九大对持之以恒正风肃纪作出新部署，我们必须坚持以上率下，巩固和拓展落实中央八项规定精神成果，坚持不懈改作风转作风，让党的作风全面好起来，确保党同人民想在一起、干在一起，始终保持党同人民群众的血肉联系。会议指出，修订后的实施细则坚持以习近平新时代中国特色社会主义思想为指导，贯彻落实党的十九大对党的作风建设的新部署新要求，坚持问题导向，根据中央八项规定实施过程中遇到的新情况新问题，着重对改进调查研究、精简会议活动、精简文件简报、规范出访活动、改进新闻报道、厉行勤俭节约等方面内容作了进一步规范、细化和完善，更加切合工作实际，增强了指导性和操作性。中央政治局的同志要带头弘扬党的优良作风，严格执行中央八项规定，为全党作出表率。

全面从严治党，地方组织是承上启下的重要环节。为了落实全面从严治党要求，加强和改进党的地方委员会工作，提高党的执政能力和领导水平，促进党的执政目标的实现，根据《中国共产党章程》制定了《中国共产党地方委员会工作条例》，专门对党的省、自治区、直辖市，设区的市和自治州，县（旗）、自治县、不设区的市和市辖区委员会及其常务委员会，作出了全面细致的规定。2016年，习近平总书记又就学习毛泽东同志《党委会的工作方法》作出重要批示，对各级党委（党组）领导班子成员特别是主要负责同志重温这篇著作提出明确要求。特别是习近平总书记对加强地方党委班子建设作出了许多重要论述，要求各级各部门党委（党组）把抓好党建作为最大的政绩，明确指出："团结是班子建设的重要问题，讲团结是讲政治、顾大局的表现。

加强团结，‘一把手’要负主要责任，应以身作则，严格要求，善于抓方向、议大事、管全局，善于团结各方面同志包括与不同意见的同志一道工作，善于充分调动班子成员的积极性、主动性和创造性，真正做到发扬民主，集思广益，科学决策，防止和克服独断专行、软弱涣散和各行其是。”[1]他还要求各级党委特别是“一把手”“要善于把党委一班人、几大家班子和各级干部智慧集中起来，做到总揽不包揽、分工不分家、放手不撒手”[2]。同时也指出“讲团结不是要搞一团和气，讲和谐不是要‘和稀泥’。在大是大非问题上，要有正确立场和鲜明态度，敢于站出来说话，敢于表明自己的态度”[3]。

基层组织是党的全部工作和战斗力的基础。全面从严治党必须注重抓基层、打基础工作。习近平总书记指出：“做好基层基础工作十分重要，只要每个基层党组织和每个共产党员都有强烈的宗旨意识和责任意识，都能发挥战斗堡垒作用、先锋模范作用，我们党就会很有力量，我们国家就会很有力量，我们人民就会很有力量，党的执政基础就能坚如磐石。”[4]党的十八大之后，以习近平同志为核心的党中央高度重视基层组织建设工作，强调要树立党的一切工作到支部的鲜明导向，明确指出：“贯彻党要管党、从严治党方针，必须扎实做好抓基层、打基础

[1]　习近平：《之江新语》，浙江人民出版社，2007，第8页。

[2][3]　中共中央文献研究室编：《习近平总书记重要讲话文章选编》，党建读物出版社、中央文献出版社，2016，第247页。

[4]　《充分调动干部和群众积极性 保证教育实践活动善做善成——习近平总书记在河北调研指导党的群众路线教育实践活动时的讲话》，《人民日报》2013年7月13日。

的工作，使每个基层党组织都成为坚强战斗堡垒。”[1]在实践中，党的十八大以来的5年间，党中央召开全国组织工作会议、全国国有企业党的建设工作会议、全国高校思想政治工作会议、全国农村基层党建工作座谈会等重要会议对基层组织建设作出全面部署。2016年2月以来，在全党开展“两学一做”学习教育，以“学党章党规、学系列讲话，做合格党员”为主要内容，以党支部为基本单位，以党员大会、党小组会、上党课为基本形式，定时间、分专题组织党员集中学习，以学促做、以知促行，覆盖全体党员的思想理论教育达到新的高度和水平。“麻绳最易从细处断”，党的十八大以来，在党中央的坚强领导下，既持续整顿软弱涣散基层党组织，推动全党从严治党向基层延伸，开展“扫黑除恶”专项斗争，又不断推动各类资源配置向基层和基础工作领域倾斜，抓住换届契机选优配强基层党组织书记，认真落实“一定三有”政策，健全基层党建经费保障制度，加强乡镇“五小”建设，等等，基层基础不断夯实。

（二）全面从严治党必须覆盖党的建设各项工作

党的建设是一项包括政治、思想、组织、作风、纪律和制度建设等在内的系统工程，唯有各项任务都能从严，各项工作都能落到实处，全面从严治党才能落到实处。在相当长一段时间内，党的建设各项工作停留在形式上、表面上，隔空打牛、高举轻放的问题较为突出，导致党的建设工作“沙滩流水不到头”，降低了党的建设的质量。党的十八大以

---

[1] 中共中央文献研究室编：《习近平总书记重要讲话文章选编》，党建读物出版社、中央文献出版社，2016，第73页。

来的5年里，党的建设各方面刚柔相济、同向发力，使管党治党走向全面从严的态势，全面提高了党的建设的质量和效果。

比如，在政治建设上，强调必须用政治建设统领党的各方面建设，要求全党必须讲政治，要增强政治意识、核心意识、大局意识、看齐意识，坚决维护党中央权威、维护党中央集中统一领导。要求全党必须尊崇党章，严格执行党内政治生活准则，明确了党的政治纪律和政治规矩，严肃惩戒违反政治纪律和政治规矩的党员干部。加强党内政治文化建设，倡导和弘扬忠诚老实、光明坦荡、公道正派、实事求是、艰苦奋斗、清正廉洁等价值观，不断培厚良好政治生态的土壤。

在思想建设上，党的十八大以来，针对一些党员干部理想信念模糊甚至动摇、不信马列信鬼神、对中国道路和制度缺乏自信等问题，坚持用好思想建党这个传家宝，抓好思想教育这个从严治党的根本，坚持不懈抓好思想理论武装，不断加强党员、干部的思想政治建设。先后开展党的群众路线教育实践活动、“三严三实”专题教育、“两学一做”学习教育且推进“两学一做”学习教育常态化、制度化，开展了覆盖全党的党的十九大精神的学习教育。坚持从严加强党性党风党纪教育，把党性教育贯穿于干部教育培训全过程各方面。各项思想建设的举措都不空不虚不走过场，从而使全体党员进一步固本培元、补钙壮骨。

在制度建设、纪律建设上，党的十八大以后的5年是进一步加强党内制度建设的5年。习近平总书记指出：“我们党有8500多万党员，在一个幅员辽阔、人口众多的发展中大国执政，如果不严明党的纪律，党的凝聚力和战斗力就会大大削弱，党的领导能力和执政能力就会大大削弱。”[1]“党的纪律是多方面的，但政治纪律是最重要、最根本、最关键的纪律，遵守党的政治纪律是遵守党的全部纪律的重要基础。”[2]“遵守党的纪律是无条件的，要说到做到，有纪必执，有违必查，而不能合意的就执行，不合意的就不执行，不能把纪律作为一个软约束或是束之高阁的一纸空文。”[3]2012年5月26日发布并实施的《中国共产党党内法规制定条例》，标志着中国共产党首次拥有了正式的党内“立法法”，对党内法规的制定权限、制定原则、规划与计划、起草、审批与发布、适用与解释、备案、清理与评估等作出了明确规定，从而使党的制度建设有章可循。围绕党的建设的各个方面，党的十八大之后又陆续出台了90多部党内法规。特别是明晰了党内法规和国家法律的区别与联系，使党纪国法既相互区别又相互贯通。进一步强化制度权威，坚持挺纪在前，全面提升党的制度和纪律的严肃性和执行力，确保制度面前人人平等、纪律面前没有例外。

党要管党怎么管？全面从严治党怎么严？在反腐正风上，党的十八大以来，面对党内存在的种种问题和弊端，着眼于解决“老虎吃天不知从哪儿下口”的问题，我们党决定以作风建设存在的突出问题为突破口，持续盯住不放，推动了全党作风根本好转。党的十八大以来，面对一段时期党内腐败问题比较严重的状况，我们党坚持反腐败无禁区、全

[1] 《十八大以来重要文献选编（上）》，中央文献出版社，2014，第131页。

[2][3] 中共中央纪律检查委员会、中共中央文献研究室编：《习近平关于党风廉政建设和反腐败斗争论述摘编》，中央文献出版社、中国方正出版社，2015，第30页、36页。

覆盖、零容忍，正风肃纪、反腐惩恶，着力构建不敢腐、不能腐、不想腐的体制机制，形成了反腐败斗争的压倒性态势。

以上列举显然是不全面的。但也可以证明，党的十八大以来全面从严治党覆盖了党的建设各个方面。

（三）全面从严治党必须抓住“关键少数”

政党是由党员组成的。党员构成党的肌体，既是全面从严治党的主体，也是全面从严治党的客体。全面从严治党，必须管住党员，必须管住党的干部。

干部特别是党的高级领导干部是全面从严治党的“关键少数”。中国共产党是一个拥有9500多万党员的长期执政的马克思主义执政党，党员领导干部特别是领导干部中的“关键少数”，直接关系到整个肌体的健康、活力和生命。2013年7月，习近平总书记在河北调研指导党的群众路线教育实践活动时指出：“在党内，谁有资格犯大错误？我看还是高级干部。高级干部一旦犯错误，造成的危害大，对党的形象和威信损害大。我们绝大多数党的高级干部在思想上、政治上、作风上是过硬的。但是，也有少数高级干部身居高位久了，慢慢疏远了群众，出现了这样那样脱离群众的现象，个别的甚至违法乱纪、以权谋私、腐化堕落。高级干部必须时刻警醒自己，做到自重自省自警自励。”[1]毫无疑问，在治党治国治军各个领域，领导干部承担着重要的职责，是党的路

[1]　《充分调动干部和群众积极性　保证教育实践活动善做善成——习近平总书记在河北调研指导党的群众路线教育实践活动时的讲话》，《人民日报》2013年7月13日。

线方针政策的执行者、贯彻者和组织实施者，他们既是全面从严治党的对象，同时也担负着推动全面从严治党向纵深发展的责任。所以全面从严治党必须在关注“绝大多数”的同时更要管住“关键少数”。对此，中国共产党在实践中形成了管住“关键少数”的具体举措和办法，出台《中国共产党廉洁自律准则》，指出：第一，中共中央政治局是全党的中枢，担负着为全党提出正确的政治路线引导全党前进、把握中国特色社会主义事业原则方向、统筹协调党和国家重大决策部署、组织应对国内外重大矛盾风险的重要职责，是“关键少数”中的“关键少数”。从党的十八大后出台“八项规定”到党的十九大后《中共中央政治局贯彻落实中央八项规定的实施细则》出台，从重拳整治“四风”到践行“三严三实”，从严肃查处高层的腐败到严肃党内政治生活，中央政治局都从自身抓起、以身作则，率先垂范。第二，省部级干部是“关键少数”中的“关键少数”。相比中央来说，他们是路线方针政策的贯彻执行者，是党中央全面从严治党的重要对象；相对市县乡来说，他们又是一个领域、一个省区重大事务的决策者，是该领域该地区全面从严治党的责任主体。党的十八以来的全面从严治党进程中，大量的省部级干部受到查处，既形成了震慑，也彰显了全面从严治党不留死角、没有空白的决心。第三，领导干部是“关键少数”，县委书记则是“少数的关键”。习近平总书记说，如果把国家喻为一张网，全国3000多个县就像这张网上的纽结。“纽结”松动，国家政局就会发生动荡；“纽结”牢靠，国家政局就稳定。县委是我们党执政兴国的“一线指挥部”，县委书记就是“一线总指挥”，是我们党在县域治国理政的重要骨干力量。

2015年1月12日，习近平总书记在同县委书记研修班学员座谈时，给县委书记提出了“四有”要求：心中有党、心中有民、心中有责、心中有戒。时隔半年，习近平总书记与县委书记这一干部群体第二次直接对话，在重申“四有”要求的基础上，为成为“四有”县委书记指明了路径，那就是要做四种人：政治的明白人、发展的开路人、群众的贴心人、班子的带头人。

三、全面从严治党关键在严

所谓“严”，就是不放松、认真、严格。“世间事，做于细，成于严”。习近平总书记指出：“党和人民事业发展到什么阶段，全面从严治党就要跟进到什么阶段，坚持严字当头，把严的要求贯穿管党治党全过程，以自我革命的政治勇气着力解决党内存在的突出问题，做到管党有方、治党有力、建党有效。”[1]如果不严格、不认真，任何事情都不会成功。严，是一种态度，是一种作风，更是全面从严治党必须坚持的基本原则。全面从严治党的“严”就是在管党治党上要坚持真管真严、敢管敢严、长管长严。一个“严”字彰显了我们党从体制机制上自我净化、自我完善、自我革新、自我提高的坚强决心。

（一）党的建设各个方面都要坚持“全严”

坚持严的态度，就是要求在党的政治建设、思想建设、组织建设、作风建设、纪律建设、制度建设和反腐败斗争等各个方面都必须坚持严的

[1] 习近平：《在党的十八届六中全会第一次全体会议上关于中央政治局工作的报告》，《人民日报》2016年10月28日。

态度、实的精神。曾经有一段时期，部分党组织对党的建设各项工作都是“认认真真搞形式、扎扎实实走过场”，导致党建工作缺乏质量、没有效果，甚至造成了很多负面影响。

党的建设是一项系统工程，党的十九大报告提出的党建七项重点工作，都是新时代推进党的建设新的伟大工程的重要抓手，必须系统性推进、全方位发力，不能留下空白和死角，不能形成短板和软肋。所有的党组织都要围绕这七项扎扎实实开展工作，不能有所偏废。所有党员都要参与到党的建设各项工作中来，都要以严和实的态度服从和服务于党的建设各项要求，严格按照各级党组织的部署和安排一丝不苟地加强自身建设。

党的各项建设必须辅之以必要的途径和举措，这些途径和举措必须富有针对性、具备操作性，要切实领会党的建设各项工作的核心要旨，要深入分析本级组织存在的客观问题，准确分析研究，提出实实在在的举措。“一打纲领不如一步行动”，任何思路举措都必须转化为实实在在的行动和效果。如果不沉下心来抓落实，如果不严格按照一个节点一个步骤地做，再好的蓝图也只能是空中楼阁。所以，在新时代，全面从严治党要落到实处，就必须要在真抓实干上下功夫，就必须要以科学的举措、严格的实施来提高党的建设质量。

（二）在善于发现问题、勇于解决问题上体现“敢严”

党的十八大以来的全面从严治党反映了习近平总书记强烈的问题意识。“我们坚定不移推进全面从严治党，着力解决人民群众反映最强烈、对党的执政基础威胁最大的突出问题，形成了反腐败斗争压倒性态势”[1]。

全面从严治党是冲着问题去的，是为了解决党内存在的现实问题、突出问题，必须具备问题意识、坚持问题导向，学要带着问题学，做要针对问题改。问题是客观存在的，关键在于善于不善于发现问题、能不能够发现问题、敢不敢于发现问题。落实全面从严治党要求，必须做到不掩饰缺点、不回避问题、不文过饰非，有缺点克服缺点，有问题解决问题，有错误承认并纠正错误。只有善于发现问题，才能把“严”字落在靶子上。只有善于发现问题，才能解决党自身存在的问题，才能真正自我革命。如果发现不了问题，所谓的“严”就只能是空头支票。全党必须清醒认识到，面对世情、国情、党情的深刻变化，精神懈怠的危险、能力不足的危险、脱离群众的危险、消极腐败的危险更加尖锐地摆在全党面前，“四风”及其变异问题依然存在，“如果任由这些问题蔓延开来，后果不堪设想，那就有可能发生毛泽东同志所形象比喻的‘霸王别姬’了。更为严重的是，我们一些同志对这些问题见怪不怪，甚至觉得理所当然，‘久入鲍肆而不闻其臭’。这就更加危险了”[2]。在严肃面对“四风”和腐败问题的同时，更要善于从政治上发现问题。政治问题，任何时候都是根本性的问题。习近平总书记在十八届四中全会上明确指出无视政治纪律和政治规矩的“七个有之”：为了自己的所谓仕

[1] 《习近平在省部级主要领导干部“学习习近平总书记重要讲话精神，迎接党的十九大”专题研讨班开班式上的讲话》，转引自《思想政治工作研究》2017年第9期。

[2] 习近平：《在党的群众路线教育实践活动总结大会上的讲话》，《人民日报》2014年10月9日。

途，搞任人唯亲、排斥异己的有之，搞团团伙伙、拉帮结派的有之，搞匿名诬告、制造谣言的有之，搞收买人心、拉动选票的有之，搞封官许愿、弹冠相庆的有之，搞自行其是、阳奉阴违的有之，搞尾大不掉、妄议中央的有之。“七个有之”都是极其严重的违反党的政治规矩和政治纪律的现象，必须始终作为全面从严治党的重点问题加以关注。

全面从严治党必须聚焦解决问题。党的十八大以来全面从严治党取得成效，突出表现在问题的解决上。比如，针对“四风”问题，习近平总书记要求：“我们一定要牢记‘奢靡之始，危亡之渐’的古训，对作风之弊、行为之垢来一次大排查、大检修、大扫除，切实解决人民群众反映强烈的突出问题。”[1]党的群众路线教育实践活动直击“四风”问题，有效刹住了“四风”的蔓延势头。从上到下、各个领域都压缩了会议、精简了文件，减少了评比达标、迎来送往活动，全面清理了超标超配公车、超标办公用房、多占住房，普遍压缩了“三公”经费、停建了楼堂馆所，狠刹了公款送月饼、贺卡、节礼和年货等行为，坚决整治了“会所中的歪风”、培训中心的腐败，坚决整治了“裸官”“走读”“吃空饷”“收红包”及购物卡、参加天价培训、党政领导干部在企业兼职等问题，广泛查处了吃拿卡要、庸懒散拖问题，高高在上、挥霍浪费、脱离群众现象明显减少，党风、政风和社会风气为之一新。针对政治问题，习近平总书记指出：“党内存在野心家、阴谋家，从内部侵蚀党的执政基础，我们不能投鼠忌器，王顾左右而言他，采取鸵鸟政策，这个必须说清楚。全党必须讲

[1] 《习近平谈治国理政》，中国外文出版社，2014，第20页。

政治，把政治纪律摆在首位，消弭隐患、杜绝后患。”[1]以习近平同志为核心的党中央严明党内政治纪律和政治规矩，严肃查处严重违纪违法案件，清除了党内“阴谋家”“野心家”，消除了党内重大政治隐患。

（三）坚持问题导向、保持战略定力的执着上要反映“长严”

全面从严治党不是一阵风，实现全面从严治党的目标不可能一蹴而就，所以“严”的要求必须始终贯彻、始终坚持。

对于任何一个政党而言，都不可能一劳永逸地解决所有问题。从当前的情况来看，党内存在的一些顽疾仍然有突出表现。“四风”问题时有抬头，尤其是形式主义、官僚主义又有新的表现，一些党员、干部表态多调门高、行动少、落实差，对中央政策讲得多、落实少，以“会议落实会议”“以文件落实文件”，基层干部整天围着会议、文件团团转，无心无力工作；一些党政部门联系群众不实在，“门好进脸好看事不办”。对党的政治规矩和政治纪律置若罔闻、掉以轻心的问题还比较突出。一些党员、干部不讲党性原则，仍然做“两面人”，当面一套背后一套，“七个有之”的问题还时有发生；在选人用人上还是搞“亲疏远近”、搞“帮帮伙伙”、搞“小圈子”，不把党和国家事业发展的责任扛在肩上，不从干部成长的规律出发，严重伤害了不少老实肯干务实能干的干部的感情。党内腐败问题还时有发生，党的十八大以来尽管中央反腐败已成高压态势，但还是有些人不收手，利用权力寻租，索贿受贿，还有的与社会黑恶势力勾结，充当保护伞，做利益集团背后的支

[1] 中共中央文献研究室编：《习近平关于全面从严治党论述摘编》，中央文献出版社，2016，第87页。

撑。当然，还有一些监督监管部门没有做到“打铁还需自身硬”，工作上不实事求是，不深入调查研究，不走群众路线，只求办事政绩不顾事业发展，影响了执纪巡视的效果，等等。这一系列新情况新问题充分说明了全面从严治党的长期性、复杂性和艰巨性，必须高度重视、充分认识。

落实“严”的要求就是要坚持长管长严。“严”的要求体现在时间段上就是要长期坚持、始终坚持。习近平总书记指出：“作风建设已经采取的措施、形成的机制要扎根落地，已经取得的成效要巩固发展，关键是要在抓常、抓细、抓长上下功夫。抓常，就是要把作风建设时刻摆上位置、有机融入日常工作，做到管事就管人，管人就管思想、管作风。推动各项工作，都要落实作风建设具体要求，形成抓作风促工作、抓工作强作风良性循环。抓细，就是要对干部群众特别是基层群众反映的作风问题一一回应、具体解决。要透过现象看本质，在解决个别具体问题的同时，着力解决面上的普遍性问题。抓长，就是要反复抓，不能三天打鱼两天晒网，集中抓的时候雷霆万钧，平时放任自流。”[1]十九届中央纪律检查委员会第二次全体会议公报指出，当前反腐败斗争形势依然严峻复杂，全面从严治党决不能半途而废，必须以永远在路上的韧劲和执着，把“严”字长期坚持下去，一以贯之、坚定不移。这充分彰显了党中央在中国特色社会主义进入新时代，全面加强党的领导、开创全面从严治党新局面的决心和担当，也体现了管党治党持续严、长期严

[1] 《习近平在指导兰考县委常委班子专题民主生活会上的讲话》（2014年5月9日），转引自人民日报社评论部编：《“四个全面”学习读本》，人民出版社，2015，第260页。

的具体要求。“严”的要求体现在精神状态和工作方法上就是要有“钉钉子”的精神，也就是要找准位置、持续用力、抓好落实、形成机制。早在2006年12月6日，习近平同志在《之江新语》专栏里发表了一篇《抓落实如敲钉子》的短文，文中说：“抓落实就好比在墙上敲钉子：钉不到点上，钉子要打歪；钉到了点上，只钉一两下，钉子会掉下来；钉个三四下，过不久钉子仍然会松动；只有连钉七八下，这颗钉子才能牢固。”[1]这就要求，在全面从严治党的进程中，必须始终保持浓厚氛围、始终保持高压态势，以坚如磐石的决心持续发力。因此，在十九届中纪委二次全会上，习近平总书记强调，全面从严治党必须持之以恒、毫不动摇；要以“越是艰险越向前”的英雄气概和“狭路相逢勇者胜”的斗争精神，坚定不移抓下去；要以永远在路上的执着把从严治党引向深入。中纪委二次全会还强调，要坚持问题导向，保持战略定力，排除错误思想干扰，不松劲、不停步、再出发，在坚持中深化、在深化中发展，努力夺取全面从严治党更大战略性成果。

四、全面从严治党要害在治

“治”就是要落实管党治党的责任。习近平总书记曾明确指出从严治党必须增强管党治党意识、落实管党治党责任。不明确责任，不落实责任，不追究责任，从严治党是做不到的。“治”就是从党中央到省市县党委，从中央部委党组（党委）到基层党支部，都要肩负起主体责

[1] 习近平：《之江新语》，浙江人民出版社，2007，第241页。

任，党委书记要把抓好党建当作分内之事、必须担当的职责；各级纪委要担负起监督责任，敢于瞪眼黑脸，勇于执纪问责。这样坚持不懈抓下去，使管党治党真正从宽、松、软走向严、紧、硬。

（一）抓好党的建设是最大政绩

2014年10月8日，习近平总书记在党的群众路线教育实践活动总结大会上鲜明指出："各级各部门党委（党组）必须树立正确政绩观，坚持从巩固党的执政地位的大局看问题，把抓好党建作为最大的政绩。如果我们党弱了、散了、垮了，其他政绩又有什么意义呢？各级党委要把从严治党责任承担好、落实好，坚持党建工作和中心工作一起谋划、一起部署、一起考核，把每条战线、每个领域、每个环节的党建工作抓具体、抓深入，坚决防止'一手硬、一手软'。"[1]

在党的十八大之前的相当长一段时间内，广大党员、干部的政绩观发生了偏差，特别是一些党委主要负责同志普遍存在忽视党的建设的问题，普遍关注经济指标，认为抓党建是虚的、抓经济是实的。习近平总书记的这一重要论述不是说不要以经济建设为中心，不是说不要追求发展，而是要求全党更要充分认识到，对于执政党而言，经济发展的绩效并不会必然转化为政治认同，并不会自然而然赢得人民群众的衷心拥护。如果经济发展了、生活富裕了，但是廉政建设没抓好，腐败更严重了，这只会增强人民群众的相对剥夺感。如果交通方便了、技术进步了，但是作风建设没抓好，党员、干部与群众距离就会变得远了，就会

[1] 习近平：《在党的群众路线教育实践活动总结大会上的讲话》，《人民日报》2014年10月9日。

逐步削弱党长期执政的群众基础。“皮之不存，毛将焉附？”党建不抓，作风不改，党心散了，人心伤了，再大的成就，也不过是过眼云烟；再多的繁华，也不过是水月镜花。特别是，如果中国共产党散了、垮了，中国追赶现代化、实现中国梦的进程就会再次被迫中断，人民群众的根本利益就要丧失，中华人民共和国成立以后、改革开放以来的发展成就会毁于一旦。

现实中，要从两个方面正确理解和把握“抓好党建是第一政绩”的重大论断：一是要从执政党执政的角度来看，如果因为党自身不注重加强建设，虽然经济社会取得发展成绩，但执政的群众基础就会削弱，其他任何的政绩也都难以弥补在党的建设上的缺失；二是要从人民群众根本利益的角度来看，中国共产党执政是中国人民得到最根本、最长远利益的最大组织保障。如果共产党丧失了执政地位，纵然人民群众得到一些暂时的利益，但最根本的、最长远的利益就会丧失政治保障。

（二）从严治党是第一责任

做任何事情都必须明确责任主体，也就是谁负责、谁主抓。如果不明确责任、不落实责任、不追究责任，全面从严治党只能是一句空话。习近平总书记明确指出，全面从严治党是各级党组织的职责所在，各级党组织及其负责人都是责任主体，必须担负起全面从严治党的主体责任。这就要求在实践中，各级党委特别是党委书记要把从严治党责任承担好、落实好，坚持党建工作和中心工作一起谋划、一起部署、一起考核，把每条战线、每个领域、每个环节的党建工作抓具体、抓深入，坚决防止“一手硬、一手软”。习近平总书记还强调，对各级各部门党组织负责人特别是党委（党组）书记的考核，首先要看抓党建的实效，考核其他党员领导干部工作也要加大这方面的权重。

从严治党是第一责任，不仅是原则性要求，还有刚性的制度安排。2015年12月开始施行的新修订的《中国共产党地方委员会工作条例》对各级地方党委如何抓好党建作出了具体规定，是党中央落实全面从严治党的有力举措。该《条例》明确规定：“党的地方委员会在本地区发挥总揽全局、协调各方的领导核心作用，按照协调推进‘四个全面’战略布局，对本地区经济建设、政治建设、文化建设、社会建设、生态文明建设实行全面领导，对本地区党的建设全面负责。”“党的地方委员会必须认真履行全面从严治党主体责任，书记必须履行抓党建第一责任人职责。常委会应当定期研究党建工作，每年至少向全会和上一级党委专题报告一次抓党建工作情况。充分发挥党的建设工作领导小组职能作用。加强基层党组织建设，实行市、县两级党委书记抓基层党建工作述职评议考核制度。完善党建工作考核综合评价体系，确保党建各项部署落到实处。党的地方委员会应当认真履行党风廉政建设主体责任，领导和支持纪律检查机关履行监督责任，坚持纪在法前、纪严于法，严格执行和维护党的纪律，推动形成不敢腐、不能腐、不想腐的廉洁从政环境。”[1]而且，《中国共产党问责条例》《中国共产党纪律处分条例》中也设置了对不履行管党治党责任的党组织和党组织负责人进行问责和

[1] 《中国共产党地方委员会工作条例》，人民网—人民日报，2016年01月05日，http：//dangjian.people.com.cn/n1/2016/0105/c117092-28012181.html。

处分的条款，从而夯实了全面从严治党的责任体系。

治，还需要落实监督执纪问责的责任。在党的十八大以来的全面从严治党实践中，中国共产党进一步明确了各级纪律检查机关作为党内监督的专责机关定位，要求各级纪律检查机关要聚焦专业。习近平总书记在中央纪委六次全会上指出："党章规定了纪委的三项主要任务和五项经常性工作，概括起来，就是监督执纪问责。"《中国共产党党内监督条例》第四章第二十六条明确规定："党的各级纪律检查委员会是党内监督的专责机关，履行监督执纪问责职责。"

（三）把责任扛在肩上

落实全面从严治党的主体责任是一项重大的政治任务、政治使命，不能当作小事和虚事抓，必须摆上重要位置，真抓实干。各级党组织必须明责履职，坚持牵住主体责任这个"牛鼻子"不放手，切实树立"抓好党建是一切工作成就的基础和前提"的意识，坚持党建工作和中心工作一起谋划、一起部署、一起考核，坚决杜绝"一手硬、一手软"，促使各级党组织和领导干部把党建责任真正扛在肩上、抓在手上、放在心上。要全面建立党建工作责任制，形成党委抓、书记抓、分管领导抓、专责机关抓、各有关部门抓，一级抓一级、层层抓落实的党建工作格局。

在党的十八大以来的全面从严治党进程中，在习近平总书记对主体责任的强调下，在严肃问责的推动下，"抓好党建是本职、不抓党建是失职、抓不好党建是不称职"的意识已成为各级党组织和党员、干部的思想自觉，真管真严、敢管敢严、长管长严的"军令"已渗透到各级党组织和党员干部的内心深处。可以说，无论是党中央、地方党委还是基层党支部，无论是党组织书记、领导干部还是普通党员，都逐渐把管党治党放在第一位置，都日益重视管党治党的责任，全面从严治党已经成为全党实实在在的行动。

第五章　全面从严抓政治建设

中国共产党历来高度重视党的政治建设。尤其是党的十八大以来，以习近平同志为核心的党中央针对党内存在的现实问题，围绕政治建设提出一系列重大思想、重要观点和重大论断，带领全党在政治建设上进行了行之有效的创新探索。在党的十九大报告中，习近平总书记指出：党的建设必须以党章为根本遵循，把党的政治建设摆在首位，明确要求党的建设要以党的政治建设为统领。在党的十九大之后，十九届中央政治局专门围绕党的政治建设进行了第六次集体学习。习近平总书记指出："马克思主义政党具有崇高政治理想、高尚政治追求、纯洁政治品质、严明政治纪律。如果马克思主义政党政治上的先进性丧失了，党的先进性和纯洁性就无从谈起。这就是我们把党的政治建设作为党的根本性建设的道理所在。党的政治建设是一个永恒课题。要把准政治方向，坚持党的政治领导，夯实政治根基，涵养政治生态，防范政治风险，永葆政治本色，提高政治能力，为我们党不断发展壮大、从胜利走向胜利提供重要保证。”[1]这些论述充分体现了以习近平同志为核心的党中央对党的政治建设重要性的深刻认识，为新时代搞好党的政治建设提供了科学理论指导和根本遵循。

一、重视政治建设是马克思主义政党的优良传统

政党是政治组织，政治建设是政治组织的根本性建设。目前学术界关于政治建设的内涵依然在探讨之中。有学者认为，“政治建设是一个政党发展的本质要求，是党的政治回归和政治强化的基本过程，主要是通过运用党的指导思想、基本理论教育和引领全党，增强党内政治认同，巩固党的团结统一基础，维护党中央权威和集中统一领导，增强‘四个意识’，严明党的政治纪律和政治规矩，不断增强党的政治领导力、思想引领力、群众组织力、社会号召力，确保我们党永葆旺盛生命力和强大战斗力。”[2]也有学者认为，党的政治建设是党为实现政治主张、确保先进性所进行的一系列工作，其主要内容就是制定和执行党的政治纲领、政治路线和方针政策，它在党的建设中处于核心的根本的地位。笔者认为，政党的政治建设就是从特定政党的政治价值出发，围绕确立并实施党的政治纲领、政治路线进而延伸出的政治纪律、政治规矩等方面进行的建设，并因此而进行的针对党员干部政治理想、政治价

[1] 《习近平在中共中央政治局第六次集体学习时强调把党的政治建设作为党的根本性建设为党不断从胜利走向胜利提供重要保证》，《人民日报》2018年7月1日。

[2] 刘先春、葛英儒：《新时代党的政治建设的科学内涵与时代要求》，《马克思主义理论学科研究》2017年第6期。

值、政治能力等多个方面所开展的建设工作。

（一）高度重视政治建设是中国共产党取得革命胜利的重要法宝

相较于其他政党而言，马克思主义政党作为使命型政党，尤其重视党的政治建设，始终把党的政治建设作为根本性建设，始终以党的政治建设为党的其他建设的统领。马克思主义经典作家在马克思主义政党的建立和发展过程中，把创新政治理论、创立政治纲领、进行政治灌输、开展政治斗争、完善政治纪律、加强政治引领作为政治建设的重要方面。中国共产党在100年的发展进程中也特别重视党的政治建设，一直把政治建设放在极为重要的位置，并且根据不同时期的中心任务确定重点建设内容和具体任务。

在中国共产党成立初期，确立正确的政治纲领和政治路线是党的建设第一位的任务。如果没有正确的政治纲领和政治路线，党就不可能有正确的行动。党的一大通过的《中国共产党第一个纲领》就初步明确了中国共产党的无产阶级性质和远大政治理想，虽然从这个纲领可以看出年轻的中国共产党还不完全懂得统一战线的道理，也没有能正确区分远大理想和近期目标，但是已经有了马克思主义政党的政治性质。中共二大通过的《中国共产党章程》以及《中国共产党第二次全国代表大会宣言》等对党的政治性质、政治纲领以及规矩纪律就有了更为明确细致的规定。比如，《中国共产党第二次全国代表大会宣言》中就明确指出："中国共产党是中国无产阶级政党。它的目的是要组织无产阶级，用阶级斗争的手段，建立劳农专政的政治，铲除私有财产制度，渐次达到一个共产主义的社会。"随着党的逐步发展壮大，党的政治建设日益受到重视，政治纲领和政治路线也逐步明晰科学，形成了新民主主义的政治纲领。毛泽东认为，党的建设的核心是制定和贯彻执行党的政治路线，党要实现正确领导，全靠政治路线的正确。在1937年中国共产党全国代表会议上毛泽东明确指出中国共产党有自己的政治经济纲领，其最高的纲领是社会主义和共产主义，这是和三民主义有区别的。1940年1月，毛泽东在其著作《新民主主义论》中比较完整地阐明了新民主主义的基本理论、基本纲领、基本政策，从而使新民主主义时期党的政治路线和政治纲领更加科学准确。与此同时，政治纪律和政治规矩的建设也是中国共产党政治建设的重要内容。特别是在1938年党的六届六中全会上充实明确了个人服从组织、少数服从多数、下级服从上级、全党服从中央这“四个服从”。毛泽东将“四个服从”作为我党四项最重要的纪律，强调指出谁破坏了这些纪律，谁就破坏了党的统一。“四个服从”是民主集中制的基本内容，是发展党内民主的前提和基础，也是党内极为重要的政治纪律和政治规矩。而随着形势的发展，中国共产党逐步健全各级党委制，严肃请示报告制度，在政治纪律和政治规矩建设上更为完善和加强。

（二）社会主义建设时期党的政治建设曲折发展

中华人民共和国成立以后到党的八大以前，党在取得新民主主义革命胜利的基础上，提出了过渡时期总路线，指明了从新民主主义社会过渡到社会主义社会的任务、途径和步骤。毛泽东把过渡时期总路线称为“照耀各项工作的灯塔”。1954年2月，中国共产党七届四中全会在北京举行。刘少奇主持会议，代表中央政治局作工作报告。全会贯彻了毛泽东的意见，一致通过《关于增强党的团结的决议》，向全党特别是中央委员和高级干部强调了增强和维护党的团结的极端重要性，明确规定党的团结的唯一中心是党的中央，必须反对任何妨碍中央统一领导、损害中央的团结和威信的言论和行动；党的团结的重要保证之一是严格遵守民主集中制和集体领导的原则，必须反对把自己领导的地区和部门当作独立王国，反对把个人放在组织之上，反对不适当地过分地强调个人的作用，反对骄傲情绪和个人崇拜；全党高级干部的重要政治活动和政治意见应该向所属的党组织报告和反映，其关系特别重大者，应直接向党中央政治局、书记处或中央主席报告和反映；如果避开党组织和党中央，进行和散布个人或小集团的政治活动和政治意见，这在党内就是一种非法活动，就是违反党的纪律、破坏党的团结的活动，必须加以反对和禁止。《决议》也是中国共产党取得执政地位之后高度重视政治纪律和政治规矩的重要表征。

（三）改革开放以来党的政治建设为经济改革保驾护航

改革开放以后，中国共产党从社会主义现代化建设的实际出发，首先对党的政治路线进行了纠正并提出了社会主义初级阶段的基本路线，也即以经济建设为中心、坚持四项基本原则、坚持改革开放的基本路线，并强调党的基本路线要管一百年，动摇不得。与此同时，在坚持共产主义远大理想的基础上，在党的十三大上提出了“三步走”的战略设想，明确了党在相当长一段时期内的政治战略目标。1979年3月30日，邓小平代表中共中央在北京召开的理论工作务虚会上作了《坚持四项基本原则》的讲话。讲话中提出必须坚持的四项基本原则，即必须坚持社会主义道路，必须坚持无产阶级专政（后修改为人民民主专政），必须坚持共产党的领导，必须坚持马列主义、毛泽东思想。四项基本原则实质上就是党在整个改革开放时期的最为根本的一项政治纪律。1980年2月29日，党的十一届五中全会正式通过了《关于党内政治生活的若干准则》。1982年9月6日，中共第十二次全国代表大会审议通过了《中国共产党章程》。这部党章为在改革开放新时期加强党的政治建设提供了最为根本的制度保障。

世纪之交，在国内外形势发生重大变化的背景下，江泽民同志提出了“三个代表”重要思想，科学地回答了我们要建设什么样的执政党以及如何建设执政党的根本问题，并提出了党的政治建设的六个关键问题：政治方向、政治立场、政治观点、政治纪律、政治鉴别力、政治敏锐性，更为具体地论述了党的政治建设的内涵。他要求全党在政治问题上，一定要头脑清醒，要善于从政治上提出和处理问题。从1998年开始，中国共产党开展了为期两年的以讲学习、讲政治、讲正气为主要内容的“三讲”教育活动，对于全党加强政治建设起到了积极作用。

进入21世纪，胡锦涛同志提出了科学发展观，确立了以“一个主线、五大建设”为内容的党建工作总体布局，并提出了党的建设科学化的重大命题，要求党的建设必须做到“五个坚持”：第一，必须坚持解放思想、实事求是、与时俱进，大力推进马克思主义中国化时代化大众化，提高全党思想政治水平；第二，必须坚持五湖四海、任人唯贤，坚持德才兼备、以德为先用人标准，把各方面优秀人才集聚到党和国家事业中来；第三，必须坚持以人为本、执政为民理念，牢固树立马克思主义群众观点，自觉贯彻党的群众路线，始终保持党同人民群众的血肉联系；第四，必须坚持标本兼治、综合治理、惩防并举、注重预防的方针，深入开展党风廉政建设和反腐败斗争，始终保持马克思主义政党的先进性和纯洁性；第五，必须坚持用制度管权管事管人，健全民主集中制，不断推进党的建设制度化、规范化、程序化。同时，胡锦涛反复强调全党要讲政治、顾大局、守纪律，持续推进党的政治建设。

党的十八大以来，习近平总书记提出了全面从严治党思想，围绕党的政治建设提出并强调了“政治路线”“政治理想”“政治方向”“政治立场”“党内政治生态”“政治鉴别力”“政治敏锐性”“做政治上的明白人”等一系列党的政治建设方面的概念和要求，并将政治建设纳入党的建设总体布局而且放在首位，为新时代更好地强化党的政治建设提供了重要保障。

二、新时代对加强党的政治建设的要求更为迫切

中国特色社会主义进入新时代，我们党面对前所未有的繁重任务、超乎想象的复杂局面、世所罕见的严峻挑战，需要有非凡的政治勇气、政治胸襟，需要有超强的政治定力和高度的政治清醒，需要有更强的政治敏锐性和政治辨别力，所以对加强党的政治建设提出了更高要求。

（一）面对瞬息万变的国际形势必须加强党的政治建设

当今世界正处于大发展大变革大调整时期，国际形势正发生着极为深刻复杂的变化，和平与发展是时代主题，世界多极化、经济全球化深入发展，但霸权主义和强权政治依然存在，传统安全威胁和不确定性因素有增无减，战争威胁还未根本消除，局部性的地区冲突还此起彼伏。

特别是少数大国奉行单边主义的外交政策，任意干涉别国内政，随意挑战国际规则，给世界增加了很多不稳定、难预测的因素，影响政治安全的威胁性因素也在不断增多。与此同时，科技革命孕育新的突破，社会信息化影响越来越大，国际社会相互联系、相互依存更加紧密，新兴市场国家和发展中国家不断发展壮大，但全球增长动能不足、经济治理滞后、发展失衡等三大矛盾依然突出，建立国际政治经济新秩序的要求日益凸显。与此同时，习近平总书记也指出："尽管单边主义、贸易保护主义、逆全球化思潮不断有新的表现，但'地球村'的世界决定了各国日益利益交融、命运与共，合作共赢是大势所趋。"[1]在全球风云变幻莫测的时候，在世界力量交融震荡的时候，更需要中国共产党自身的坚定坚强，这就要求全党更要有坚强的政治定力，更需要坚持正确的政治方向。

（二）处理应对国内的各种矛盾和挑战必须加强党的政治建设

中国改革开放40年创造了发展的奇迹，中国特色社会主义进入了新时代，但是当前我国改革进入"深水区""攻坚期"，诸多领域中深层次的新情况新问题新挑战在增多，加大了引发局部风险的概率，改革发展任务繁重。如何经受住前进道路上的各种风险和考验？关键是要有一个坚强有力的政党。但是，在党的十八大之前的一段时间里，党内经济腐败和政治腐败相互交织，这些问题的存在严重侵蚀了共产党的执政根基，这就迫切需要我们加强党的政治建设，以坚持党中央权威和集中统

[1]《习近平主席在上合组织青岛峰会上的重要讲话》，《人民日报》2018年6月11日。

一领导作为首要任务，不断增强党驾驭全局的能力和力量，从容应对复杂多变的国内外局势。

党的十八大之后，以习近平同志为核心的党中央坚定不移推进全面从严治党，以大无畏的精神剑指党内存在的突出问题，以一系列重大举措推进全面从严治党，取得了卓著的成效，推动党在革命性锻造中更加坚强。比如，开展群众路线教育实践活动，推动“三严三实”专题教育，推进“两学一做”常态化、制度化；实施“八项规定”并以此作为作风建设的切入点，驰而不息整治“四风”，紧紧盯住隐形“四风”变异问题；坚定不移反对腐败，发挥巡视利剑作用，推进国家监察体制改革，坚持“打虎”“拍蝇”“猎狐”不动摇，反腐败形成压倒性态势；推动全党尊崇党章，执行准则，确立“四个意识”，强化政治纪律和政治规矩的严肃性等。以习近平同志为核心的党中央出台的这一系列管党治党新举措，属于党的政治建设的内容。应该说，党的十九大提出把政治建设摆在首位，是对党的十八大以来全面从严治党基本经验进行系统性梳理进而得出的基本结论，必将有利于巩固和推动党的建设向纵深发展。

（三）应对党内存在的突出问题必须加强党的政治建设

在相当长一个时期内，党员、干部和人民群众主要关注的是党内的腐败问题，对党内存在的政治问题却没有过多的关注和思考，应该说在一定程度上放松了“政治”这根弦。习近平总书记指出：“我们党作为马克思主义政党，讲政治是突出的特点和优势。没有强有力的政治保证，党的团结统一就是一句空话。我国曾经有过政治挂帅、搞‘阶级斗争为纲'的时期，那是错误的。但是，我们也不能说政治就不讲了、少讲了，共产党不讲政治还叫共产党吗？'纪纲一废，何事不生？'在这里，我要十分明确地说，政治纪律和政治规矩这根弦不能松，腐败问题是腐败问题，政治问题是政治问题，不能只讲腐败问题、不讲政治问题。干部在政治上出问题，对党的危害不亚于腐败问题，有的甚至比腐败问题更严重。在政治问题上，任何人同样不能越过红线，越过了就要严肃追究其政治责任。有些事情在政治上是绝不能做的，做了就要付出代价，谁都不能拿政治纪律和政治规矩当儿戏。"[1]正是由于一段时期以来，我们对政治建设的忽视，一些党员、干部忘记了政治信仰、站错了政治立场、违反了政治规矩，其最为鲜明的表象，就是习近平总书记曾经一针见血指出的"七个有之"，而这些问题往往没有引起一些地方和部门党组织的注意，发现了问题也没有上升到党纪国法高度来认识和处理。这是不对的，必须加以纠正。[2]

三、持之以恒推进党的政治建设

党的十九大报告明确指出旗帜鲜明讲政治是我们党作为马克思主义政党的根本要求。党的政治建设是党的根本性建设，决定党的建设方向和效果。因此，可以说党的政治建设是党的建设的根与魂，关系到举什么旗、走什么路，关系到党的性质和宗旨。加强党的政治建设意义重

---

[1][2] 中共中央纪律检查委员会、中共中央文献研究室编：《习近平关于党风廉政建设和反腐败斗争论述摘编》，中央文献出版社、中国方正出版社，2015，第51页、50页。

大，影响深远。习近平总书记在党的十九大报告中进一步把党的政治建设提高到一个新的高度来认识和阐述，特别强调党的政治建设的首要地位及对其他各项建设的统领作用。报告鲜明揭示了党的政治建设的地位与作用，强调党的政治建设是党的根本性建设，决定党的建设方向和效果；深刻阐述了新时代党的政治建设的目标任务，强调保证全党服从中央，坚持党中央权威和集中统一领导，是党的政治建设的首要任务；系统论述了加强党的政治建设的实践要求，强调严格遵守政治纪律和政治规矩、严格执行新形势下党内政治生活若干准则、完善和落实民主集中制的各项制度、不断提高政治觉悟和政治能力等等。这些重要论述既继承了我们党关于政治建设的重要思想，又结合了新时代中国特色社会主义伟大实践为其赋予的新内涵，从而把马克思主义执政党的政治建设理论与实践提升到新的境界。

（一）必须坚守正确的政治方向

政治方向就是全党在政治上的指南针，就是全党各项工作的导航仪。习近平总书记强调，政治方向是党生存发展第一位的问题，事关党的前途命运和事业兴衰成败。我们所要坚守的政治方向，就是共产主义远大理想和中国特色社会主义共同理想、“两个一百年”奋斗目标，就是党的基本理论、基本路线、基本方略。

理想信念标识着政党的价值追求和精神动力，回答了政党因何而来、为何而去的问题。没有远大理想的激励和引领，再崇高的事业也可能会失去精神支撑和强大动力。习近平总书记指出：“中国共产党之所以叫共产党，就是因为从成立之日起我们党就把共产主义确立为远大理想。”[1]正是在这一理想信念的激励和引领下，我们党才具有高度的理论自觉、政治自觉和实践自觉，始终担当起工人阶级的先锋队、中国人民和中华民族的先锋队，带领中国人民谱写了中华民族发展史上不能忘却、不容否定的壮丽篇章。离开具体实践的理想，再远大也容易沦为空想。中国共产党是共产主义最高理想与中国特色社会主义共同理想的统一论者。共产主义是一个需要几代人、十几代人乃至几十代人不懈奋斗才能实现的伟大目标。我们党不因现实复杂而放弃梦想，不因理想遥远而放弃追求。党所做的一切，就是为人民谋幸福、为民族谋复兴、为世界谋大同。习近平总书记在中央政治局就《共产党宣言》及其时代意义的集体学习中强调指出：“《共产党宣言》揭示的人类社会最终走向共产主义的必然趋势，奠定了共产党人坚定理想信念、坚守精神家园的理论基础。我们要把共产主义远大理想同中国特色社会主义共同理想统一起来、同我们正在做的事情统一起来，坚定道路自信、理论自信、制度自信、文化自信，不为任何风险所惧，不为任何干扰所惑，始终坚守共产党人的理想信念，不负共产党人的光荣称号。”[2]

一切伟大的事业，总是在承前启后、继往开来中不断推进。坚守共产党人理想信念在不同历史阶段有不同的实践要求。党的十九大报告对实现“两个一百年”奋斗目标作出全面部署，并对第二个百年奋斗目标

[1] 《习近平在庆祝中国共产党成立95周年大会上的讲话》，《人民日报》2016年7月2日。

[2] 《习近平在中共中央政治局第五次集体学习时强调深刻感悟和把握马克思主义真理力量谱写新时代中国特色社会主义新篇章》，《人民日报》2018年4月25日。

设定了两个具体的发展阶段，明确提出了把我国建成社会主义现代化强国的宏伟目标。这是以习近平同志为核心的党中央在决胜全面建成小康社会关键时刻向全党全国各族人民发出的向着更加宏伟的目标继续奋勇前进的动员令。每一代人有每一代人的长征路，每一代人都要走好自己的长征路。今天，我们这一代人的长征，就是要实现“两个一百年”奋斗目标、实现中华民族伟大复兴的中国梦。在新时代，实现“两个一百年”奋斗目标就是最大的政治，就是各项工作的“灯塔”，所有的党员、干部必须要围绕实现“两个一百年”奋斗目标努力奋斗。

坚持正确的政治方向必须做到理论上清醒、实践上自觉，必须全面贯彻党的基本理论、基本路线、基本方略。科学理论是时代的精华，是引领社会前进的伟大旗帜。中国共产党历来高度重视理论建设和理论指导，在中国共产党100年的历史进程中，我们不断推进理论创新，形成了毛泽东思想和包括邓小平理论、“三个代表”重要思想、科学发展观在内的中国特色社会主义理论体系，实现了指导思想在一脉相承基础上的与时俱进。党的十九大就新时代坚持和发展中国特色社会主义的一系列重大理论和实践问题阐明了大政方针，并将习近平新时代中国特色社会主义思想确立为我们党必须长期坚持的指导思想。在当前，学习掌握党的基本理论的首要政治任务，就是深入学习贯彻习近平新时代中国特色社会主义思想。党的基本路线是党和国家的生命线，坚持党的基本路线是我们能够经受风险考验、顺利实现中国梦的最可靠的保证。历史、现实都告诉我们：只有坚持党的基本路线，才能得到人民的信任和拥护；只有按照党的基本路线坚定不移地干下去，才能把我国建成社会主义现代化强国。在党的基本路线中，以经济建设为中心是兴国之要，四项基本原则是立国之本，改革开放是强国之路，建设社会主义现代化强国是奋斗目标。坚持党的基本路线不动摇，关键是要始终坚持以经济建设为中心，坚持把一个中心和两个基本点统一于发展中国特色社会主义的伟大实践，任何时候都决不能动摇。党的十九大提出了新时代坚持和发展中国特色社会主义的基本方略，即“十四个坚持”。党的基本理论、基本路线、基本方略是我们党带领人民在推进改革开放的历史进程中形成的，并经过党的十九大报告和党章修正案的凝练概括与深刻阐述得到极大的升华。坚持正确的政治方向，就必须不断深化对党的基本理论、基本路线、基本方略的认识，切实增强贯彻落实党的基本理论、基本路线、基本方略的思想自觉和行动自觉。

（二）必须坚持党的政治领导

坚持党的领导是当代中国的最高政治原则，是实现中华民族伟大复兴的关键所在。习近平总书记指出，中国特色社会主义最本质的特征是中国共产党领导，中国特色社会主义制度的最大优势是中国共产党领导，党是最高政治领导力量。

没有中国共产党的领导，就没有中华民族的今天，更没有中华民族的未来。正如党的十九大报告所指出的，历史已经并将继续证明，没有中国共产党的领导，民族复兴必然是空想。近代以来，面对日益衰弱的国家，面对西方列强的侵略欺凌，面对陷入深重灾难的民族，在中国共产党成立之前，众多仁人志士曾为中华民族复兴而顽强奋斗，但都没有找到一条能使中华民族走出积贫积弱、不断强大起来的道路。历史把中国共产党推到了时代潮头。中国共产党以马克思主义为行动指南，找到了一条能使中华民族获得独立、中国人民获得解放的正确道路，并为实现中华民族伟大复兴进行了不懈奋斗。在中国共产党的领导下，中华民族迎来了从站起来、富起来再到强起来的伟大飞跃。“没有共产党就没有新中国。”“办好中国的事情，关键在党。”“坚持和完善党的领导，是党和国家的根本所在、命脉所在。”这些都是历史的结论，也是现实的呼声，充分说明了坚持和加强党的全面领导的历史必然性和现实必要性。

坚持党的政治领导，最重要的是坚持党中央权威和集中统一领导。党的十八大以来，我们党之所以能够有效解决党内存在的突出问题，推动党和国家事业发生历史性变革，一个重要原因就是形成并确立了习近平总书记在党中央和全党的核心地位，确保了党中央权威和集中统一领导。党的政治建设就是要引导全党增强“四个意识”，自觉在思想上政治上行动上同党中央保持高度一致，把维护习近平总书记核心地位、维护党中央权威和集中统一领导作为重大政治责任和根本政治任务，保证全党思想统一和步调一致。

坚持党的政治领导，必须严肃党的政治纪律和政治规矩。政治纪律和政治规矩是坚持党中央权威和集中统一领导的根本保证。习近平总书记指出：“党的纪律是多方面的，政治纪律是最重要、最根本、最关键的纪律，遵守党的政治纪律是遵守党的全部纪律的重要基础。”[1]我

[1]　中共中央文献研究室编：《十八大以来重要文献选编（上）》，中央文献出版社，2014，第131—132页。

们必须牢记“五个必须”、严防“七个有之”，不搞小山头、小圈子、小团伙，严禁拉私人关系、培植个人势力、结成利益集团，自觉形成尊崇党章、遵守党纪的良好习惯，以实际行动保证全党统一意志、统一行动、步调一致向前进。要坚决防止和纠正自行其是、各自为政，有令不行、有禁不止，上有政策、下有对策等行为。全党只有党中央权威，党和国家重大决策部署的决定权在党中央，必须以实际行动维护党中央的权威。党的任何组织和成员，无论处在哪个领域、哪个层级、哪个单位，都要服从党中央集中统一领导；凡属部门和地方职权范围内的工作部署，都要以坚决贯彻党中央决策部署为前提，做到令行禁止，决不允许背着党中央另搞一套。

（三）必须牢记民心是最大的政治

习近平总书记强调，加强党的政治建设，要紧扣民心这个最大的政治，把赢得民心民意、汇集民智民力作为重要着力点。“得众则得国，失众则失国。”“天下何以治？得民心而已！天下何以乱？失民心而已！”人心向背关系党的政权得失、生死存亡，这是一条铁律。中国共产党把民心作为最大政治，把人民对美好生活的向往作为自己的奋斗目标，这既是对历史上政治发展经验的总结，也是对执政规律认识的深化。旗帜鲜明讲政治，很重要的一条就是坚持以人民为中心的发展思想，努力使各项政策符合实际、体现民意、顺应民心。

紧扣民心这个最大的政治，就是要求全党要站稳人民立场。党员、干部一定要搞清楚“我是谁、为了谁、依靠谁”这个根本性问题，自觉贯彻党的群众路线，同人民想在一起、干在一起，把赢得民心民意、汇集民智民力作为重要着力点，驰而不息反对“四风”特别是形式主义、官僚主义，凡是群众反映强烈的问题都要严肃认真对待，凡是损害群众利益的行为都要坚决纠正。

紧扣民心这个最大的政治，必须坚持人民主体地位，坚持立党为公、执政为民。党员、干部要践行全心全意为人民服务的根本宗旨，锐意进取、奋发有为，把精力和心思用在稳增长、促改革、调结构、惠民生、防风险上，用在破难题、克难关、着力解决人民群众最关心最直接最现实的利益问题上，实现好、维护好、发展好最广大人民的根本利益。

（四）必须抓好政治生态建设

做好各方面工作，必须有一个良好政治生态。政治生态污浊，从政环境就恶劣；政治生态清明，从政环境就优良。政治生态和自然生态一样，稍不注意，就很容易受到污染，一旦出现问题，再想恢复就要付出很大代价。习近平总书记指出，营造良好政治生态是一项长期任务，必须作为党的政治建设的基础性、经常性工作，浚其源、涵其林，养正气、固根本，锲而不舍、久久为功。

抓好政治生态建设，必须严肃党内政治生活。营造风清气正的良好政治生态，要从党内政治生活严起，烧旺锤炼党性的“大熔炉”，真正让党内政治生活严起来、实起来、活起来。全党要尊崇党章，严格执行新形势下党内政治生活若干准则，增强党内政治生活的政治性、时代性、原则性、战斗性，自觉抵制商品交换原则对党内生活的侵蚀。党员、干部要敢于坚持原则，勇于开展批评和自我批评，带头弘扬正气、抵制歪风邪气。

抓好政治生态建设，必须突出政治标准，树立正确选人用人导向。突出政治标准，树立选拔干部的正确导向，就是要贯彻习近平新时代中国特色社会主义思想，贯彻党的十九大对干部队伍建设提出的新要求，以党章为根本遵循，用《关于新形势下党内政治生活的若干准则》来衡量，从五个方面进行把握，即要看政治忠诚，是否牢固树立“四个意识”；要看政治定力，是否坚定“四个自信”；要看政治担当，是否坚持原则、敢于斗争；要看政治能力，是否善于从政治上观察和处理问题；要看政治自律，是否严格遵守党的政治纪律和政治规矩。

抓好政治生态建设，要发展积极健康的党内政治文化。党内政治生活、政治生态、政治文化是相辅相成的。政治文化是政治生活的灵魂，对政治生态具有潜移默化的影响。党内政治文化积极健康，政治生态就会风清气正；党内政治文化出了问题，政治生态必然受到污染。要进一步坚定“四个自信”，大力加强党内政治文化建设，不断培厚良好政治生态的土壤。要大力倡导和弘扬正确价值观，深入继承和发扬中华优秀传统文化，坚决抵制和反对庸俗腐朽的政治文化。加强党内政治文化建设，既要坚持正面引导，又要祛除沉疴毒瘤。坚决抵制和反对关系学、厚黑学、官场术、“潜规则”等庸俗腐朽的政治文化，反对当面一套、背后一套的“两面人”做派，反对拉帮结派的圈子文化、码头文化，反对明哲保身的“官场哲学”，不断涤荡歪风邪气。

（五）必须把反腐败斗争进行到底

腐败是社会毒瘤，对我们党伤害最大。坚决反对腐败、建设廉洁政治，是党一贯坚持的鲜明政治立场，是人民关注的重大政治问题，是我们必须抓好的重大政治任务。习近平总书记指出，加强党的政治建设，必须以永远在路上的坚定和执着，坚决把反腐败斗争进行到底，使我们党永不变质、永不变色。

党的十八大以来，反腐败斗争压倒性态势已经形成，但党内存在的思想不纯、组织不纯、作风不纯等突出问题尚未得到根本解决，反腐败斗争形势依然严峻复杂。党中央夺取反腐败斗争压倒性胜利的决心坚如磐石，全面从严治党的“严”必须长期坚持。要提高政治站位，保持战略定力，坚持无禁区、全覆盖、零容忍，以永远在路上的决心和恒心，坚定不移推进标本兼治，强化不敢腐的震慑，扎牢不能腐的笼子，增强不想腐的自觉，通过不懈努力换来海晏河清、朗朗乾坤。要推动全面从严治党向基层延伸，让人民群众真正感受到清正干部、清廉政府、清明政治就在身边、就在眼前。

总之，在党的建设各项工作中，政治建设是第一位的、根本性的。党的政治建设决定党的建设的方向和效果，也就是说，中国共产党要建成一个什么样的党、要朝着什么方向去发展，是由党的政治建设所决定的。加强党的政治建设是一个永恒的课题，中国共产党既要深刻洞察政治形势、不断与时俱进，也要始终坚定政治方向、保持政治定力，还需要始终站稳政治立场、严肃政治规矩。

《中国共产党纪律处分条例》背后的案例故事[1]

政治纪律是各级党组织和全体党员在政治方向、政治立场、政治言论和政治行为方面必须遵守的规则，是维护党的团结统一的根本保证。政治纪律严明，全党才能在政治上高度统一、行动上步调一致，才能团结带领全国人民全面建成小康社会、夺取中国特色社会主义新胜利。

新修订的《中国共产党纪律处分条例》的一个突出特点，就是把遵守政治纪律和政治规矩放在首要位置，以政治纪律为纲，带动其他纪律的执行，体现全面从严治党的要求。

《条例》第六章《对违反政治纪律行为的处分》依次对发表危害党的言论、破坏党的团结统一，损害中央权威、妨碍党和国家政策实施，对抗组织审查，组织和参加迷信活动，叛逃及在涉外活动中损害党和国家尊严利益，违反政治规矩等违反政治纪律行为作出了明确的处分规定，充分体现了党的十八大以来管党治党的成果。

（一）损害中央权威、妨碍党和国家方针政策实施行为

《条例》第五十三条：有下列行为之一的，对直接责任者和领导责任者，给予严重警告或者撤销党内职务处分；情节严重的，给予留党察看或者开除党籍处分：（一）拒不执行党和国家的方针政策以及决策部署的；（二）故意作出与党和国家的方针政策以及决策部署相违背的决

[1]　节选自《纪律处分条例背后的案例故事》，中央纪委监察部网站，2015年10月22日。

定的；（三）擅自对应当由党中央决定的重大政策问题作出决定和对外发表主张的。

山西某县县委书记：探头对准举报箱 干扰巡视被严处

2014年9月，山西省某县委接到了关于山西省委巡视组即将进驻的通知。该县委书记在安排巡视进驻准备工作时竟强调“要能保证举报箱的位置在监控可视范围内”，以此掌握举报人和举报情况。10月中旬，省委巡视组按时进驻该县开展巡视，该县公安局把县委和信访局附近的2个摄像头，对准省委巡视组设立的2个举报箱，并安排人巡逻值守县宾馆的举报箱。后来，省委巡视组根据群众反映到实地查看，发现这一情况后，责令该县委立即改正。该县委书记擅自安排将巡视组举报箱置于监控探头可视范围内，影响了干部群众依法行使检举权，干扰了巡视工作的正常开展，严重违反了党的政治纪律和政治规矩，于2014年底受到严肃处理。

（二）对抗组织审查行为

《条例》第五十七条：对抗组织审查，有下列行为之一的，给予警告或严重警告处分；情节较重的，给予撤销党内职务或者留党察看处分；情节严重的，给予开除党籍处分：（一）串供或者伪造、销毁、转移、隐匿证据的；（二）阻止他人揭发检举、提供证据材料的；（三）包庇同案人员的；（四）向组织提供虚假情况，掩盖事实的；（五）有其他对抗组织审查行为的。

深圳市水务局原局长张某某：订立攻守同盟 财产证据转藏老家

2015年7月22日下午，深圳市纪委在对原深圳市水务局局长张某某案重要涉案人员、包工头蔡某某进行调查时发现，蔡某某与一男子谈笑风生地走出大楼，当调查人员迎面向蔡某某亮明身份时，发现与蔡把手言欢的男子竟然就是张某某！事后，二人交代，他们当时聊得那么高兴，是因为刚刚订立完攻守同盟，蔡某某表示“打死也不会出卖兄弟”，张某某认为蔡某某“靠得住”。当蔡某某在市纪委协助调查后，张某某还是担心自己违纪违法的行为暴露。他从办公室保险柜中将大量银行卡、存折、对外借款借条、投资协议、相关银行凭证、股票账户信息等财产证据材料取出，用文件袋密封好，专程移送至广东河源紫金老家，安置在老家的金属箱内，并交代弟弟妥善保管。后来，弟弟将上述证据材料藏匿于岳母家中卧房的床底下。

随着调查的进一步深入，发现多年前张某某就在老家通过伪造材料骗取公安机关办理了另一个身份“张润成”。7月28日，当调查人员再次出现在张某某办公室时，他自知情况不妙，在将自己的常用手机交给调查人员后，又偷偷将自己口袋中的另一部手机丢到走廊的花盆之中。而这一切并没有逃过调查人员的眼睛，调查人员将张某某丢弃的手机打开一看，其中有一条发出的信息：“我怕我顶不住，要做好走的准备。”张某某后来交代，该手机专门用来“搞关系”“找门路”，他当时已经考虑用张润成的身份出逃了。2015年7月，深圳市纪委对张某某严重违纪问题进行立案审查。

（三）搞无原则一团和气等行为

《条例》第六十一条：党员领导干部对违反政治纪律和政治规矩等错误思想和行为放任不管，搞无原则一团和气，造成不良影响的，给予警告或者严重警告处分；情节严重的，给予撤销党内职务或者留党察看处分。

原湖北省地税局党组书记、局长许某某：不动真碰硬 自己就要被处理

近年来，湖北省地税系统的党风廉政建设频频亮红灯。所属有的地税局违规发放节日补助被通报，有的地税局兴建豪华办公楼被曝光，甚至还有一位地税局的干部在陪领导喝酒后猝死。因地税系统问题频发，省纪委监察厅有关领导对许某某进行约谈，督促其切实担负起主体责任。

2015年4月至5月，湖北省落实中央八项规定精神检查组在抽查中发现，全省地税系统领导班子成员办公用房面积超标问题十分突出，超标率竟然超过60%！中央和湖北省委三令五申要求清理整改办公用房面积超标问题。而原湖北省地税局党组书记、局长许某某，也曾做出了一些表面反应，会也开、话也讲；对于系统内的一些问题，他也批评教育、诫勉谈话，但是板子高高举起，每每轻轻放下。许某某是个学者型官员，在工作业务上他的能力被认可，但是在对税务系统党员、干部的监督管理上，却睁一只眼闭一只眼，对有问题的领导干部放任不管，有了问题不严肃处理，搞无原则一团和气，班子组织涣散、纪律松弛，影响极坏。

2015年6月26日，许某某因落实主体责任不力，执行中央全面从严治党精神不到位，被免去职务。

第六章　全面从严抓思想建设

理论上清醒，政治上才能坚定。思想上的高度一致是组织上巩固团结的基础。马克思主义政党从来都很重视对党员的理论武装和思想教育。毛泽东继承和发展了马列主义的建党思想，形成和确定了中国共产党思想上建党的原则。所谓思想建党，主要是通过加强理论武装和思想教育，使党员不但从组织上入党，更从思想上入党，永葆党的先进性和纯洁性。中国共产党成立100年来，始终坚持把思想理论建设放在极其重要的位置，注重从思想上建党。思想上建党是中国共产党作为马克思主义政党加强自身建设的一条基本经验，是我们党的传统和优势。

一、思想建设的重大意义

中国共产党在革命、建设和改革的伟大实践中，始终把思想建设放在党的建设的重要位置，以思想建设推动和促进政治建设、组织建设、作风建设、纪律建设、制度建设。理论和实践证明，着重从思想上建设党，是在实践中加强党的建设的经验总结，也是我们党永葆马克思主义政党本色的根本保证。因此，全面从严治党抓思想建设对党的发展壮大，保持党的先进性和纯洁性，更好地完成党所肩负的历史使命具有极其重大的意义。

（一）思想建设是马克思主义政党建设的基本原则

恩格斯指出："我们党有个很大的优点，就是有一个新的科学的世界观作为理论的基础。"[1]马克思、恩格斯在批判继承德国古典哲学、英国古典政治经济学、法国空想社会主义的基础上创立了马克思主义，科学社会主义由此诞生。在马克思、恩格斯的指导下，世界上第一个无产阶级政党——共产主义者同盟创建。马克思、恩格斯虽然没有明确提出要从思想上建党，但共产主义者同盟的建设本身就是工人阶级接受马克思主义而结出的硕果。马克思明确指出："批判的武器当然不能代替武器的批判，物质力量只能用物质力量来摧毁，但是理论一经掌握群众，也会变成物质力量。理论只要说服人，就能掌握群众；而理论只要彻底，就能说服人。所谓彻底，就是抓住事物的根本。但人的根本就是人本身。"[2]从共产主义者同盟成立开始，马克思、恩格斯就非常注意并高度重视用科学社会主义来提高盟员的思想水平，并不断与影响工人阶级运动的各种错误思潮做坚决的不调和的斗争。

列宁认为革命的理论是革命行动的前提，"没有革命的理论，就

[1]　《马克思恩格斯选集（第二卷）》，人民出版社，1995，第39—40页。
[2]　《马克思恩格斯选集（第一卷）》，人民出版社，1995，第9页。

不会有革命的运动”[1]，“只有以先进理论为指南的党才能实现先进战士的作用”[2]。列宁尤其强调思想上的“制脑权”，说：“问题只能是这样：或者是资产阶级的思想体系，或者是社会主义的思想体系。这里中间的东西是没有的（因为人类没有创造过任何第三种思想体系，而且在为阶级矛盾所分裂的社会中，任何时候也不可能有非阶级的或超阶级的思想体系）。因此，对社会主义思想体系的任何轻视和任何脱离，都意味着资产阶级思想体系的加强。”[3]而工人恰恰存在着“两个不会自发”：一个是科学理论不会在工人中自发产生，二是工人也不会自发地在头脑中形成社会主义觉悟，所以为了加强工人的社会主义思想，需要由掌握马克思主义理论的无产阶级政党来对工人进行有效宣传、教育和外部灌输。列宁所提出的灌输理论，深刻阐明了马克思主义政党进行思想建设的必要性和可能性。

中国共产党的创建是马克思主义在中国传播的成果。毛泽东指出：“我们党从它一开始，就是一个以马克思列宁主义的理论为基础的党，这是因为这个主义是全世界无产阶级的最正确最革命的科学思想的结晶。”[4]在中国共产党的建设史上，面对中国农民阶级和小资产阶级人数众多的实际，毛泽东明确提出了思想上建党的原则，始终注重党的思想政治教育，把理论创新和理论武装紧密结合起来；提出了“马克思主义中国化”的重大命题，由此形成了毛泽东思想和中国特色社会主义理

[1]　《列宁全集（第二卷）》，人民出版社，1984，第23页。
[2][3]　《列宁全集（第六卷）》，人民出版社，1984，第24页、38页。
[4]　《毛泽东选集（第三卷）》，人民出版社，1991，第1093页。

论体系。在党的十八之后以习近平同志为核心的党中央又结合新时代的实践特点和要求，形成了习近平新时代中国特色社会主义思想。在理论创新的过程中，中国共产党始终不忘用先进的思想和理论来教育全党、指导实践，在革命建设改革的各个历史时期，都把集中性教育和经常性教育结合起来，用科学的理论武装了党员干部头脑，从而也推动了事业的进步和发展。无数的实践证明，什么时候重视思想上建党，党自身建设和党领导的事业就能顺利发展。重视思想建党是从共产主义同盟建立到中国共产党建党的一贯原则。这一基本原则在中国共产党百年的党建实践中得以丰富和发展。

（二）抓思想建党是党的性质和宗旨决定的

思想建党是由我们党的先锋队性质以及党全心全意为人民服务的根本宗旨所决定的。中国共产党在建党伊始，就规定了“中国共产党为代表中国无产阶级及贫苦农人群众的利益而奋斗的先锋军”；“共产党是所有阶级觉悟的无产阶级分子的组合，是无产阶级的先锋军”；在中国“只有共产党是工人的先锋，是工人的政党”。[1]党的七大党章把党的先锋队性质明确表述为“中国共产党，是中国工人阶级的先进的有组织的部队，是它的阶级组织的最高形式。中国共产党代表中国民族与中国人民的利益”。从七大党章到十五大党章都体现了“中国共产党是中国工人阶级的先锋队”。党的十六大在十二大党章的基础上，重新界定了党的性质：“中国共产党是中国工人阶级的先锋队，同时是中国人民和中

[1]　石仲泉：《论思想建党》，《北京日报》2015年2月22日。

华民族的先锋队，是中国特色社会主义事业的领导核心，代表中国先进生产力的发展要求，代表中国先进文化的前进方向，代表中国最广大人民的根本利益。党的最高理想和最终目标是实现共产主义。”此后至十九大党章，都坚持中国共产党的这个先锋队性质不变。

思想理论先进是政治组织先进的基础。党的先锋队性质如何保持，科学的思想理论是前提。如果党的理论基础或者说指导思想落后了，党的先进性也就不复存在了；如果党的旗帜或者说指导思想变了，那么党的性质也就发生了根本的改变。理论是时代问题的回应，思想是时代精神的精华。理论和思想上的先进性关键在于能够做到在科学的世界观和方法论指导下不断与时俱进。这就对理论创新提出了要求。如果理论总是停滞不前，如果党的指导思想不能回应实践提出的问题与时代发出的呼声，对现实世界缺乏应有的解释力，对客观问题提不出解决的思路和办法，那么理论上的先进性就不复存在了。但是提出理论、创新理论仅仅是问题的第一步。对于马克思主义政党而言，解决问题才是创新理论的最终归宿。如何通过理论上的创新达到实践中的飞跃？唯有用先进的理论武装党员、干部头脑，唯有把先进的理论转化为党员、干部的生动实践，理论的作用才能真正体现，思想理论的先进性才能转化为政治组织的先进性。

（三）全面从严抓思想建设是由客观现实决定的

党的十九大报告既擘画了把我国建设成为富强民主文明和谐美丽的社会主义现代化强国的宏伟蓝图，也客观分析了当前的现实：“我们的工作还存在许多不足，也面临不少困难和挑战。主要是：发展不平衡不充分的一些突出问题尚未解决，发展质量和效益还不高，创新能力不够强，实体经济水平有待提高，生态环境保护任重道远；民生领域还有不少短板，脱贫攻坚任务艰巨，城乡区域发展和收入分配差距依然较大，群众在就业、教育、医疗、居住、养老等方面面临不少难题；社会文明水平尚需提高；社会矛盾和问题交织叠加，全面依法治国任务依然繁重，国家治理体系和治理能力有待加强；意识形态领域斗争依然复杂，国家安全面临新情况；一些改革部署和重大政策措施需要进一步落实；党的建设方面还存在不少薄弱环节。这些问题，必须着力加以解决。”[1]客观问题的存在决定了理论创新的必要性，也决定了思想建党的迫切性。而即使有了正确的革命纲领仍然需要广大的党员、干部具备科学的马克思主义理论素养、坚定的共产主义理想信念、科学的世界观人生观价值观、正确的政治立场和政治观点、自觉的党性锻炼和自我改造，实现从组织上入党到真正从思想上入党的转变。但是从党员、干部的思想实际来看，精神懈怠的危险突出存在，主要表现在部分党员、干部“不信马列信鬼神”，对马克思主义缺乏信仰，动摇了对社会主义、共产主义的信念，部分党员、干部世界观、人生观、价值观扭曲，背离了为人民服务的宗旨，导致“四风”问题泛滥、腐败问题严重。特别是党员队伍新陈代谢、新老交替加快，许多年轻党员缺乏严肃的党内政治生活锻炼，马克思主义“看家本领”练得不精。这都迫切需要进一步加

[1]　习近平：《决胜全面建成小康社会　夺取新时代中国特色社会主义伟大胜利——在中国共产党第十九次全国代表大会上的报告》，转引自《党的十九大报告辅导读本》，人民出版社，2017，第9页。

强思想建党的力度。

二、中国共产党思想建设的发展历程

中国共产党在土地革命时期提出了思想建党的原则，且在实践过程中逐步成熟，并贯穿于党的发展壮大全过程，为党及党的事业的健康发展起到了夯基固本的重要作用。

（一）思想建党原则在党内的提出和发展

十月革命一声炮响给中国送来了马克思主义。中国共产党的诞生本身就是马克思主义思想在中国传播的结果，就是中国人接受先进的马克思主义的结果。在中国共产党成立之后，进行马克思主义的研究、宣传和教育就成为党的一项重要工作。中共一大通过的《中国共产党第一个决议》就规定“党应在工会里灌输阶级斗争的精神”，要成立“工会组织的研究机构”，“成立这种机构的主要目的应为教育工人使其在实践中能够实现共产党的思想”。[1]毛泽东清醒地认识到在农民阶级占多数的国家里建设无产阶级政党必然存在思想领导的问题，鲜明指出“无产阶级思想领导的问题，是一个非常重要的问题”，当前“几乎完全是农民成分的党，若不给以无产阶级的思想领导，其趋向是会发生错误的”。[2]在1927年大革命失败以后，党被迫转入农村开展武装斗争，因此存在党内非无产阶级思想大量滋生的阶级土壤。正是基于这样的

[1] 《建党以来重要文献选编（第一册）》，中央文献出版社，2011，第4页、5页。

[2] 《毛泽东选集（第一卷）》，人民出版社，1991，第35页。

现实，1929年，在古田会议上毛泽东提出了“着重从思想上建党”的原则。《古田会议决议》指出：“红军第四军的共产党内存在着各种非无产阶级，这对于执行党的正确路线，妨碍极大。不彻底纠正，则中国伟大革命斗争给予红军第四军的任务，是必然担负不起来的”[1]，要求“教育党员用马克思列宁主义的方法去作政治形势的分析和阶级势力的估量”，“注意社会经济的调查和研究，由此来决定斗争的策略和工作的方法”。[2]《古田会议决议》既指明了思想建设的重要性，也指明了思想建设的基本途径。1935年12月召开的瓦窑堡会议，毛泽东系统论述了思想建党的基本原则和基本方法，明确提出“应该使党变为一个共产主义的熔炉”，确定了从思想上建党的方针，这标志着毛泽东关于从思想上建党理论的形成。

（二）思想建党在党内的成熟完善

1938年10月，毛泽东在《中国共产党在民族战争中的地位》中指出：“指导一个伟大的革命运动的政党，如果没有革命理论，没有历史知识，没有对于实际运动的深刻了解，要取得胜利是不可能的。”[3]强调革命的理论对无产阶级革命政党的重要性，这是我们党对思想建党原则的坚持和深化。1939年10月，毛泽东为中共中央主办的党内刊物《共产党人》撰写发刊词，系统总结了建党以来党的建设的历史经验，阐述了党的建设的指导思想，强调党的建设是一项“伟大的工程”，提出了“建立一个全国范围的、广大群众性的、思想上政治上组织上完全巩固的布尔

[1][2]　《毛泽东文集（第一卷）》，人民出版社，1991，第84页、116页。
[3]　《毛泽东选集（第二卷）》，人民出版社，1991，第533页。

什维克化的中国共产党”的重大任务。[1]为了更好地解决党内存在的教条主义和经验主义，中国共产党进行了延安整风。延安整风运动不仅确立了实事求是的思想路线，而且创造了通过整风的形式解决党内思想矛盾的新途径，提出“团结—批评—团结”的原则和“惩前毖后、治病救人”的方针，达到了既搞清楚思想认识问题又增进党的团结统一的目的。中国共产党六届七中全会《关于若干历史问题的决议》深刻分析了建党以来错误思想的社会根源，提出了开展党内斗争的正确原则和方法，使从思想上建党的理论更加完备、成熟。1945年中共七大通过的《中国共产党章程》把毛泽东思想作为党的指导思想郑重地写在党的旗帜上，既实现了马克思主义中国化的第一次飞跃，也为党的思想建设提供了最为鲜活的元素。毛泽东在《论联合政府》的报告中总结：“掌握思想教育，是团结全党进行伟大政治斗争的中心环节。如果这个任务不解决，党的一切政治任务是不能完成的。”[2]这一重要的总结性论述，进一步阐明了思想建设的重要地位和根本作用。

（三）思想建设的持续开展和曲折挫折

中华人民共和国成立以后，毛泽东仍不断强调党员不但要在组织上入党，而且要在思想上入党，要经常克服各种非无产阶级思想，以无产阶级思想改造自己。在社会主义革命和社会主义建设时期，中国共产党不断用马克思主义来研究新情况、解决新问题、提出新思想，不断推进马克思主义中国化、时代化、大众化，并注重用新的理论创新成果武

[1] 《毛泽东选集（第二卷）》，人民出版社，1991，第599页。
[2] 《毛泽东选集（第三卷）》，人民出版社，1991，第1079页。

装全党、教育党员，起到了统一全党思想、凝聚全党力量，团结一致进行社会主义革命和建设的作用。中华人民共和国成立前夕，毛泽东向全党提出了保持“两个务必”的谆谆告诫。中华人民共和国成立以后，党相继开展了以共同纲领为主要内容的关于社会主义新民主主义制度、恢复国民经济总方针、抗美援朝、过渡时期总路线、宪法等的思想理论教育。但是随着形势的发展，思想建设中“左”的倾向逐步出现并不断发展，把思想上的分歧视为阶级斗争的表现，把正常的思想斗争上升为阶级斗争，无论是思想建设的内容还是思想建设的方式都日益偏左，最终造成了“文化大革命”这一全局性的、长时间的“左”倾严重错误。

（四）改革开放以后思想建设不断深化

党的十一届三中全会实现了对思想路线的拨乱反正，冲破了党指导思想上存在的教条主义和个人崇拜的束缚，重新确立了解放思想、实事求是的思想路线，推动了党的建设新的伟大工程的深入发展。几十年来，中国共产党始终坚持思想建党原则，既不断推进理论创新，形成了中国特色社会主义理论体系这一重大理论创新成果，也注重加强党的思想建设，不断用马克思主义中国化最新成果武装全党、教育人民，弘扬理论联系实际的马克思主义学风，逐步完善了党内思想教育长效机制，相继围绕学习党的基本路线、邓小平理论及“讲学习、讲政治、讲正气”“保持党的先进性”、“三个代表”重要思想、科学发展观、“创先争优”等开展了党内的集中性教育活动，及时组织全党学习历次代表大会、中央全会精神和相关文件等，持续推进各级党校和行政学院建设，完善了干部培训调训制度，干部的思想教育实现了常态化、制度化。这些思想建设的重大举措确保了党员、干部队伍总体上能够紧跟中国共产党理论创新的步伐，能够把中央的重大决策部署贯彻执行下来，也总体上促进全体党员保持了较为坚定的理想信念和较好的精神风貌，从而为深入推进改革开放打下思想认识基础。

（五）党的十八大以来思想建党的深入推进

党的十八大以后，习近平总书记更加重视思想建党在全面从严治党中的重要地位，强调思想建设是党的基础性建设、理想信念是共产党员精神上的钙，告诫全党思想上的滑坡是最严重的病变。“总开关”没拧紧，各种出轨越界、跑冒滴漏就在所难免了，所以要把坚定理想信念作为党的思想建设的首要任务，教育引导全党牢记党的宗旨，挺起共产党人的精神脊梁，解决好世界观、人生观、价值观这个“总开关”问题，自觉做共产主义远大理想和中国特色社会主义共同理想的坚定信仰者和忠实实践者。党的十八大以来，以习近平同志为核心的党中央把马克思主义基本原理和当代中国发展实际紧密结合起来，围绕新时代坚持什么样的中国特色社会主义、怎样坚持中国特色社会主义在内政国防外交、治党治国治军等方面全方位推进党的理论创新，形成了习近平新时代中国特色社会主义思想这一马克思主义中国化的最新理论成果，从而使党的思想建设达到了一个新的境界。

以习近平总书记关于思想建设的重要思想为遵循，党的十八大之后中国共产党把经常性教育和集中性教育有机融合，党内相继开展了群众路线教育实践活动、“三严三实”专题教育，推进“两学一做”常态化、制度化。尤为重要的是，以党内法规的形式更加明确了党内理论学习的途径和载体，比如进一步健全完善了党委理论学习中心组制度，进一步严肃了基层党组织“三会一课”制度，从而使全党的日常教育活动更加有章可循，使党的思想建设更加有力有效。这些集中性和经常性教育活动，学习内容聚焦，目标指向明确，环节配套协调，找准了党员、干部思想认识上的短板和软肋，不搞花拳绣腿、不搞虚头巴脑，让党员、干部切切实实经受了思想的洗礼，从而理想信念进一步坚定、政治立场更加牢固、“四个意识”牢固树立，取得了显著成效。

三、党的思想建设的重要内容

在今后相当长一段时间内，党的思想建设要以习近平新时代中国特色社会主义思想为根本指南，以党的十九大关于党的建设的重要部署为重点任务，做好如下几个方面的工作：

（一）坚定理想信念

在新的历史条件下，我们党面临的“四大考验”“四种危险”越来越突出、越来越严峻，精神懈怠的危险是最大的危险，理想信念动摇是最根本的动摇。可以说，中国共产党的党员是否具备坚定理想信念直接关乎国家和民族的前途命运。党的十八大以来，习近平总书记反复强调理想信念的重要性。2012年，在十八届中央政治局第一次集体学习时，习近平同志指出：“坚定理想信念，坚守共产党人精神追求，始终是共产党人安身立命的根本。”[1]对于任何一个组织而言，价值观的缺失往

[1] 《习近平关于“两学一做”学习教育重要论述摘编》，人民网-中国共产党新闻网，http://cpc.people.com.cn/xuexi/n1/2016/0814/c385474-28634283.html。

往是组织崩溃的开始。特别是在全球化背景下，多元价值观念激荡，多种文化思潮交锋，理想信念和道德价值越来越成为一个国家、一个民族、一个政党生存、发展的核心支撑。中国共产党领导的中国既要走向全球、融入世界，也要保持自己的文化基因和文化特性。习近平总书记指出：“一个民族、一个人能不能把握自己，很大程度上取决于道德价值……如果没有自己的精神独立性，那政治、思想、文化、制度等方面的独立性就会被釜底抽薪。”[1]中国共产党既要“开眼看世界”，博采众长，充分吸收世界文明的优秀成果，又要保持马克思主义政党的精神特质、坚守马克思主义政党的政治价值。

理想信念关乎党员、干部的精神追求。理想信念是共产党人的政治灵魂，是共产党人经受任何考验的精神支柱。从现实情况来看，党员、干部的理想信念总体上是坚定的，政治立场总体上是正确的，但是我们也要看到不少领导干部之所以出问题，从根本上来说还是理想信念出了问题，还是没有站稳共产党员的政治立场。比如，部分党员、干部表面信马列实际信鬼神，热衷于求签问卦、寻神问仙；部分党员盲目崇尚西方，认为“西方的月亮比东方的圆”，国外一切都好、国内一切都糟；还有少数党员、干部对社会主义悲观失望，认为社会主义没有前途、没有希望；还有党员、干部宗旨意识淡薄，追名逐利陷入拜金主义、高高在上崇尚官僚主义，追求享受奢靡之风盛行；也还有不少的党员、干部组织意识淡化，纪律意识缺失，存在无组织、无纪律现象；等等。党的

[1] 韩庆祥、唐爱军：《坚守共产党人安身立命的根本》，《解放军报》2017年6月23日。

十八大之后，大量党员、干部甚至部分是高级领导干部被查处的现实也表明，理想信念出了问题的干部不在少数。而所有出了问题的党员、干部在深刻反思自己的罪过时，也把理想信念动摇作为最根本的原因提了出来。我们必须清醒认识到，一个人的理想信念不是一成不变的，可能会随着时间、地点的变化而变化。所以，针对党的建设实际，着眼于长远加强党的建设，都必须把理想信念作为党的思想建设的首要任务，教育引导全党牢记党的宗旨，挺起共产党人的精神脊梁，解决好世界观、人生观、价值观这个“总开关”问题，自觉做共产主义远大理想和中国特色社会主义共同理想的坚定信仰者和忠实实践者。

（二）用习近平新时代中国特色社会主义思想武装头脑

理论创新每前进一步，理论武装就要跟进一步。马克思主义的理论创新从来都是为了更好地改造世界。加强党的思想建设不仅在于通过持续不断的教育灌输使全体党员始终保持理想信念的坚定性，还在于不断结合新的时代特点、新的实践发展要求不断推进党的理论创新，更在于不断把党的理论创新成果转化为全体党员、干部的生动实践。这就要求把党的最新理论创新成果尽快让党员、干部入心入脑，尽快让党员、干部吃透掌握，从而尽快把党的创新理论变为推动社会革命和自我革命的有力武器。所以，从历史上看，中国共产党每一次的理论大创新，都有全党大学习随之跟进。

党的十八大以来，以习近平同志为核心的党中央坚持以马克思列宁主义、毛泽东思想、邓小平理论、“三个代表”重要思想、科学发展观为指导，坚持解放思想、实事求是、与时俱进、求真务实，坚持辩证唯物主义和历史唯物主义，紧密结合新的时代条件和实践要求，以全新的视野深化对共产党执政规律、社会主义建设规律、人类社会发展规律的认识，进行艰辛理论探索，取得重大理论创新成果，创立了习近平新时代中国特色社会主义思想，其中最重要、最核心的内容就是党的十九大报告概括的“八个明确”：明确坚持和发展中国特色社会主义，总任务是实现社会主义现代化和中华民族伟大复兴，在全面建成小康社会的基础上，分两步走在本世纪中叶建成富强民主文明和谐美丽的社会主义现代化强国；明确新时代我国社会主要矛盾是人民日益增长的美好生活需要和不平衡不充分的发展之间的矛盾，必须坚持以人民为中心的发展思想，不断促进人的全面发展、全体人民共同富裕；明确中国特色社会主义事业总体布局是“五位一体”、战略布局是“四个全面”，强调坚定道路自信、理论自信、制度自信、文化自信；明确全面深化改革总目标是完善和发展中国特色社会主义制度、推进国家治理体系和治理能力现代化；明确全面推进依法治国总目标是建设中国特色社会主义法治体系、建设社会主义法治国家；明确党在新时代的强军目标是建设一支听党指挥、能打胜仗、作风优良的人民军队，把人民军队建设成为世界一流军队；明确中国特色大国外交要推动构建新型国际关系，推动构建人类命运共同体；明确中国特色社会主义最本质的特征是中国共产党领导，中国特色社会主义制度的最大优势是中国共产党领导，党是最高政治领导力量，提出新时代党的建设总要求，突出政治建设在党的建设中的重要地位。这“八个明确”，高度凝练、提纲挈领地点明了习近平新时代中国特色社会主义思想的主要内容，构成了系统完备、逻辑严密、内在统一的科学体系。[1]

习近平新时代中国特色社会主义思想是当代中国最鲜活的马克思主义，是全党必须长期坚持的指导思想，是全党做好各项工作的根本遵循。全体党员要增强政治定力、提高工作能力，必须要学懂弄通习近平新时代中国特色社会主义思想。所以，在今后相当长一段时间内，学习习近平新时代中国特色社会主义都是全党重大的政治任务，都是党的思想建设的重要内容。

（三）推进“两学一做”学习教育常态化制度化

“两学一做”学习教育是党的十八大以来党中央推进党内学习教育经常化、制度化的重要举措。推进“两学一做”学习教育常态化制度化，是坚持思想建党、组织建党、制度治党紧密结合的有力抓手，是不断加强党的思想政治建设的有效途径，是全面从严治党的战略性、基础性工程；对于进一步用习近平总书记系列重要讲话精神武装全党，确保全党更加紧密地团结在以习近平同志为核心的党中央周围，不断开创中国特色社会主义事业新局面，具有重大而深远的意义。

“两学一做”，“学”是基础，“做”是目的。“两学一做”学习教育常态化制度化，首先是“学”的常态化制度化，必须解决好“怎么学”的问题。各级党委（党组）要以理论学习中心组学习为主要形式，采取个人自学、分头领学、集中研讨等办法深入学习。将“两学”内容纳入各级党校、行政学院、干部学院主体班次，党员领导干部要带头联

[1] 刘云山：《深入学习贯彻习近平新时代中国特色社会主义思想》，《人民日报》2017年11月6日。

系实际学、带着问题学、不断跟进学，坚持读原著、学原文、悟原理，掌握贯穿其中的马克思主义立场观点方法；带头讲专题党课，把自己摆进去，把本地区本部门本单位工作实际和党员思想实际摆进去；带头以普通党员身份，参加所在党支部的学习。党支部书记要领着党员学，带动所有党员都真正学起来。在组织学习中，要重视抓好青年党员、高知识群体党员、流动党员的学习教育，确保每一名党员都受教育、有提高。各级党组织要注意为党员提供学习资料，推动跟进学、深入学。

“两学一做”学习教育常态化制度化，落脚点是“做”的常态化制度化，必须解决好“怎么做”的问题。《关于推进“两学一做”学习教育常态化制度化的意见》中明确提出了“做”的总要求：做到政治合格，重点是坚定理想信念，正确把握政治方向，坚定站稳政治立场，坚决维护以习近平同志为核心的党中央权威，不断增强中国特色社会主义道路自信、理论自信、制度自信、文化自信；做到执行纪律合格，重点是增强组织纪律性，执行党的决定，服从组织分配，严守党的纪律特别是政治纪律和政治规矩；做到品德合格，重点是继承发扬党的优良传统和作风，大力弘扬忠诚老实、光明坦荡、公道正派、实事求是、艰苦奋斗、清正廉洁等共产党人价值观，带头践行社会主义核心价值观；做到发挥作用合格，重点是牢记党的根本宗旨，爱岗敬业、履职尽责，服务群众、奉献社会，敢担当、敢负责、敢作为，在促进改革发展稳定中作表率、当先锋。“做”的关键是一定要坚持学思践悟、学做结合、知行合一，解决好世界观、人生观、价值观这个总开关问题，学会用马克思主义立场观点方法观察、分析、解决问题，做合格党员、做合格领导干部。总之，激发各级党组织和广大党员、干部意气风发地“做起来”，带领人民群众实现党确定的宏伟目标、不断增强人民群众的获得感，这是“两学一做”学习教育常态化制度化应牢牢把握的价值取向。

当然，党的思想建设的任务还有很多，比如抓好党员干部的党性修养教育、提升党员干部的思想道德素质、提高党员干部的科学文化素养等等。

毛泽东的攻书到“底”[1]

事业发展没有止境，学习也没有止境。毛泽东在1939年说过一句话：“我如果再过10年死了，那么就要学9年零359天（按农历计——引者注）。”1959年，他再次讲：“很有些时候，我也不喜欢自己。马克思主义各个部门的学问我没有学好。学一种外国文吧，也没有学好。经济工作现在刚刚开始学习。但是，我决心学习，除死方休。”讲这些话，是希望领导干部们抓紧时间读书学习，以适应新的形势，学会新的本领，同时也传达出他自己生命不止、探索不止、读书不止的执着信念。

求知的欲望和理论探索的使命感，使毛泽东的阅读似乎一刻也不能停下来。从20世纪60年代起，年纪的原因，他不断让人把一些经典图书印成大字本来读。1972年会见日本首相田中角荣时，毛泽东指着堆积在书房里的书说：“我有读不完的书。每天不读书就无法生活。”1975年，他眼睛不好了，还专门请一位大学老师给他念书。逝世前，他已经说不出话来，但脑子清醒，仍然坚持看书。

毛泽东读书，是发自内心地对知识、对真理追求的一种渴望。有这种渴望，才可能用心用脑去真读、真学、真思考，而非浅尝辄止。用他的话来说，就是“攻书到底”。

---

[1] 陈晋：《毛泽东读书笔记精讲》，广西人民出版社，2017，本文根据《毛泽东读书笔记精讲》序言编辑，转引自党建网http：//www.dangjian.cn/djw2016sy/djw2016wkztl/djzjk/djzkcj/201706/t20170626_4312655.shtml。

把阅读视为“攻书”，是古人的说法。1938年3月15日，毛泽东在抗大的演讲中提出：“我看这个‘攻’字是有大道理的，就是把书当敌人看，一字一句地攻读。”攻读的目的，是对知识精通探底。对此，他于1939年5月20日在中央干部教育部召开的学习运动动员大会上做过解释，他说：“学习一定要学到底，学习的最大敌人是不到‘底’。自己懂了一点，就以为满足了。”攻书到“底”之法，在挤和钻，一遍一遍地用心去读。1945年5月31日，他在中共七大总结讲话中向大家推荐五本马列著作，又形象地解释了应该如何去挤和钻：“我们可以把这五本书装在干粮袋里，打完仗后，就读它一遍或者看它一两句，没有味道就放起来，有味道就多看几句，七看八看就看出味道来了。一年看不通看两年，如果两年看一遍，十年就可以看五遍，每看一遍在后面记上日子，某年某月某日看的。”这是毛泽东的经验之谈，他也是这样做的。在他留存的一些书上，便写有某年某月“起读”“再读”这样的字迹。

毛泽东的攻读之法，具体表现为以下几种：

一是经典的和重要的书反复读。对马列著作，毛泽东是常读常新。在延安，他对曾志说到自己读《共产党宣言》的情况：“我看了不下100遍，遇到问题，我就翻阅马克思的《共产党宣言》，有时只阅读一两段，有时全篇都读，每阅读一次，我都有新的启发。我写《新民主主义论》时，《共产党宣言》就翻阅过多少次。读马克思主义理论就在于应用，要应用就要经常读、重点读，读些马列主义经典著作。”对喜欢的文史哲经典，他同样经常读。20世纪50年代，他对人说已经读了5遍《红楼梦》。此后，他又15次索要过《红楼梦》，这在工作人员的记录中有明确记载。同一本书，反复读，因每次阅读背景不同、任务不同、心境不同，理解和发现也会有所不同，这样书的价值也就得到最大限度的发掘。

二是相同题材内容的书，毛泽东习惯把叙述不同甚至观点相反的著述，对照起来读。例如，他读美国历史，就让人到北京图书馆、北大图书馆去借，专门写条子说，不光是马克思主义学者写的，也要有资产阶级学者写的。关于研究拿破仑的书，他同样找来苏联、法国和英国学者写的《拿破仑传》和有关著述，对照起来读。关于《楚辞》，1957年12月他一次就要了50余种古今对《楚辞》有价值的注释和研究著作。关于研究《老子》的著作，他在1959年10月23日外出时带走的图书中，就有“关于《老子》的书十几种”。

与此相关，毛泽东还一直强调，要阅读一些和自己的观点相反的书，包括反面的书。1957年，他对领导干部讲要读蒋介石的书这些反面的东西。我们有些共产党员、共产党的知识分子的缺点，恰恰是对于反面的东西知道得太少。读了几本马克思的书，就那么照着讲，比较单调。讲话、写文章，缺乏说服力。1965年，他让中宣部编辑出版蒋介石的全集，中宣部根据这个意见编辑了《蒋介石言论集》系列，准备每本印5000册。毛泽东批示：“5000册太少，应出1万册。”20世纪60年代，他多次讲，不读唯心主义和形而上学的书，就不能真正懂得唯物主义和辩证法，并说“这是我的经验，也是列宁的经验，也是马克思的经验”。

三是读书习惯于“手到”并注重讨论。古人强调读书要眼到、口到、手到、心到。“眼到”好理解。毛泽东的“口到”，不光是自己吟诵，还经常在一些场合，给人讲书，直接宣达自己的阅读体会和收获。所谓“手到”，就是动手写笔记、写批注，由此体现“心到”。目前编辑出版的毛泽东读书批注方面的图书有《毛泽东哲学批注集》，收了他读10本哲学书的批注和1篇读书摘录；《毛泽东读文史古籍批语集》，收了他读39部文史古籍和范仲淹两首词的批语；《毛泽东评点二十四史》（评文全本），共5卷，收录了他在“二十四史”中的一些书里做的圈画和批注；《毛泽东手书古诗词选》《毛泽东手书历代诗词曲赋典藏》等，则反映了他读古代文学作品时随手书录的情况；13册《建国以来毛泽东文稿》，收了他读各种书刊和文章的批示、批注和批语，数量很多。

毛泽东读书，还有一个“耳到”，即组织读书小组由人念，大家听，再一起讨论。比如青年时代，他组织过读书小组；延安时期，他组织过关于克劳塞维茨《战争论》的读书小组；1959年底，他又组织读书小组到杭州等地研读苏联的《政治经济学（教科书）》。晚年眼睛不好，他就请人读给他听，边听边议。

第七章　全面从严抓组织建设

中国共产党是一个组织。党的力量就在于组织。党的组织建设无疑是党的建设的一个重要方面。党的组织建设主要以党的组织制度建设、党的各级组织（包括中央组织、地方组织以及基层组织）以及党员干部队伍建设等多方面建设为主要内容。从中国共产党发展的历史来看，经历了一个组织原则逐步确立、党员队伍从少到多、组织体系从不完善到完善的过程。在中国共产党五大后的中央政治局会议修订通过《中国共产党第三次修正章程决案》中，第一次明确提出了党的组织系统分为全国、省、市或县、区、生产单位五个层级，并明确规定党部的指导原则为民主集中制。“三湾改编”确立的把“支部建设在连上，班排设立党小组”，为强化党的基层组织建设起了非常重要的推动作用。经过长期的发展，党的组织原则已经明晰，组织体系基本完善，需要进一步在补齐短板、解决弱项上下功夫。在2018年7月3日至4日北京召开的全国组织工作会议上，习近平总书记科学系统阐述了新时代党的组织路线：全面贯彻新时代中国特色社会主义思想，以组织体系建设为重点，着力培养忠诚干净担当的高素质干部，着力集聚爱国奉献的各方面优秀人才，坚持德才兼备、以德为先、任人唯贤，为坚持和加强党的全面领导、坚持和发展中国特色社会主义提供坚强组织保证。这一重要论述指明了当前党的组织建设的重点，对丰富和发展马克思主义党建学说，深化认识马克思主义执政党建设规律，具有重要开创性意义。全面从严抓组织建设，必须坚决贯彻新时代的组织路线。

一、以组织体系建设为重点

组织体系主要包括党的各级组织和党员队伍。习近平总书记强调，党的力量来自组织。党的全面领导、党的全部工作要靠党的坚强组织体系去实现。党组在党的组织体系中具有特殊地位，要贯彻落实党中央和上级党组织决策部署。每个党员特别是领导干部都要强化党的意识和组织观念，自觉做到思想上认同组织、政治上依靠组织、工作上服从组织、感情上信赖组织。

（一）维护党中央的权威，确保党中央有定于一尊、一锤定音的权威

党的十八大以来，习近平总书记反复强调必须维护党中央权威，党的历史、新中国发展的历史都告诉我们：要治理好我们这个大党、治理好我们这个大国，保证党的团结和集中统一至关重要，维护党中央权威至关重要。坚决维护党中央权威、保证全党令行禁止，是党和国家前途命运所系，是全国各族人民根本利益所在。党中央权威，全党都必须自

党维护，并具体体现在自己的全部工作中。之所以要把维护党中央权威作为当前的重点，是综合考虑制度与理论、历史与现实而得出的科学结论。

首先，这是有制度依据的。党章规定党的最高领导机关是党的全国代表大会和它所产生的委员会。中央政治局和它的常务委员会在中央委员会全体会议闭会期间，行使中央委员会的职权。全党各个组织和全体党员服从党的全国代表大会和中央委员会是党的民主集中制的基本原则。党的最高领导机关自然应该具备定于一尊的权威。这就在制度层面上，对维护党中央权威作出了明确规定、提出了明确要求。

其次，这是有理论依据的。任何一个组织都不能离开一定的权威而存在。早在第一国际时期，恩格斯就在其著作《论权威》中深刻指出权威和服从不是由人的主观愿望确立的，而是社会发展的客观要求。列宁在继承这一思想的基础上对其进行了丰富发展，更加强调领袖集团对于无产阶级政党的重要性。他认为在历史上，任何一个阶级如果不推举出自己的善于组织运动和领导运动的政治领袖和先进代表，就不可能取得统治地位，自资产阶级民主政治以来，阶级通常是由政党来领导的，而政党通常是由最有威信、最有影响、最有经验、被选出担任最重要职务而称为领袖的人们所组成的。没有权威的彻底的无政府主义根本就谈不上任何组织性，这一组织也就没有任何力量。

第三，这是有历史依据的。中国共产党成立之初，就强调中央的权威性。在党发展壮大的过程中，中国共产党把民主与集中统一起来，特别强调中央权威的重要性，而事实上也正是由于中央有权威才使各级党组织和所有党员干部都能心往一处想、劲往一处使。中国共产党百年的历史证明，正是有了中央权威和全党的团结统一，党才领导着全国人民战胜了帝国主义、封建主义和官僚资本主义，完成了新民主主义革命，建立了中华人民共和国，建立了社会主义制度，大力推进改革开放，取得了社会主义建设的伟大成就。历史也反复证明，对于中国共产党这样的使命型政党而言，如果存在各路诸侯，如果议而不决、决而不行，就不可能担负起历史赋予的重任，就不可能完成历史使命。

第四，这是有现实依据的。经过长期努力，中国特色社会主义进入新时代，我们比历史上任何时期都更接近中华民族伟大复兴的目标，但行百里者半九十，近代中国追求现代化的历程多次被迫中断的历史也告诉我们，越接近伟大复兴的目标的时候越要有忧患意识、风险意识。应对风险、攻坚克难，更需要有定于一尊的权威。当前，我国社会主要矛盾已经转化为人民日益增长的美好生活需要和不平衡不充分的发展之间的矛盾。解决好这一矛盾需要以更大的勇气、更协调的举措、更系统的思路推进改革。同时，改革的关键时期必然也是分歧较多、矛盾较多的时期，所以要比过去任何一个历史时期更坚决维护党中央权威和集中统一领导。但是我们也看到，在当前的党内政治生活中，不尊重中央权威搞有令不行、有禁不止的大有人在，甚至还出现了政治野心膨胀、妄图窃取政治权力的野心家、阴谋家，所以在当前强调维护中央权威具有很强的现实针对性。

（二）加强党的地方组织建设，确保党中央决策部署能够贯彻落实

依据党章，党的地方组织是指党的省、自治区、直辖市，设区的

市、自治州、县（旗）、自治县、不设区的市、市辖区的代表大会和它们所产生的委员会。党的地方组织在党的组织架构体系中有着至关重要的地位，是联结党的中央组织和基层组织的纽带，是特定地区的领导核心，在贯彻落实中央决策部署、推动党的奋斗目标实现上居于关键位置、负有重大责任。由此，加强地方党组织建设就成为组织体系建设的重要方面。

首先，加强党的地方组织建设必须要把政治建设放在首位。地方党组织在本地区发挥总揽全局、协调各方的领导核心作用。这就要求地方党组织必须坚持正确的政治方向和政治原则，唯有如此才能确保党的路线方针政策得到全面的贯彻落实。特别是党的地方组织必须严格遵守政治纪律和政治规矩，必须严格按照党章和党内政治生活准则中对组织原则的规定，本身必须坚持下级服从上级、各级服从中央的基本原则，同时还要对下级党组织执行政治纪律和政治规矩的情况进行监督检查。

其次，加强党的地方组织建设必须提高把方向、管大局、作决策、保落实的能力。《中国共产党地方委员会工作条例》明确规定党的地方委员会主要实行政治、思想和组织领导，把方向、管大局、作决策、保落实。对于地方党组织建设而言，由于所处的地方和所担负的职责必须要特别注重提高各项能力，特别是将要把方向、管大局、作决策、保落实作为核心能力，既要保证本地区党的组织和党员干部能坚持正确的政治方向，又要确保本地经济社会发展能贯彻落实党的路线方针政策，还要通过正确的决策把中央的决策部署转化为本地的生动实践。特别是要高度重视县一级党委建设，县级党委属于兵头将尾，既是领导机关又是执行机关，更要注重能力建设。

再次，加强党的地方党组织建设必须注重加强地方党委领导班子建设。领导班子是一个地方、一个单位的“火车头”，建设好领导班子是夯实党执政的组织基础的关键，也是抓好改革发展稳定各项工作的关键。在坚持原则基础上的团结是领导班子建设的重要问题。习近平总书记指出：“一个好的领导班子，要善于团结协作。大事讲原则，小事讲风格，遇事多通气、多交心、多谅解，真正做到讲团结、会团结。讲团结不是不要原则，而恰恰是要坦诚相见，勇于直率地开展批评与自我批评。在一个班子里就像是在同一条船上，开展工作就好比划船。大家同舟共济、目标一致，心往一处想、力往一处使，形成了合力，这船就能往预定的目标快速前进。”[1]提高领导班子成员的能力是领导班子建设的重点。要把调查研究作为提高能力的基本途径，善于从群众中汲取智慧和力量，要掌握“弹钢琴”的工作方法，更要具备“钉钉子”的精神，以“一张蓝图绘到底”的精神抓紧抓实。

二、推动基层组织全面进步、全面过硬

基层党组织的巩固与发展对党的事业的发展意义重大。实践表明，党自身的发展、党的执政都离不开基层党组织的发展。习近平总书记指出，加强党的基层组织建设，关键是从严抓好落实。要以提升组织力为重点，突出政治功能，健全基层组织，优化组织设置，理顺隶属关系，

[1]　《大事讲原则，小事讲风格》（2003年7月18日，《之江新语》第8页），转引自《中国纪检监察报》，2016年3月2日。

创新活动方式，扩大基层党的组织覆盖和工作覆盖。要加强企业、农村、机关、事业单位、社区等各领域党建工作，推动基层党组织全面进步、全面过硬。要加强社会组织党的建设，探索加强新兴业态和互联网党建工作。要加强支部标准化、规范化建设。基层党组织要在贯彻落实中发挥领导作用，强化政治引领，发挥党的群众工作优势和党员先锋模范作用，引领基层各类组织自觉贯彻党的主张，确保基层治理正确方向。

（一）基层组织建设的历史过程[1]

第一个阶段，中国共产党成立到抗日战争全面爆发，党的基层组织从无到有到粗具规模。中国共产党第一次全国代表大会没有对基层组织作过多的讨论和规定。1922年7月中国共产党的二大通过了《中国共产党章程》，其中第四条对党的基层组织做了规定："农村、工厂、铁路、矿山、兵营、学校等机关及附近，凡有党员三人至五人均得成立一组，每组公推一人为组长，隶属地方支部（如各组所在地尚无地方支部时，则由区执行委员会指定隶属邻近之支部或直属区执行委员会；未有区执行委员会之地方，则直接受中央执行委员会之指挥监督）。"[2]"组"成为当时党的最基本单位。1923年6月中共三大又通过了《中国共产党第一次修正章程》，其中规定："凡有党员五人

[1]　本部分内容重点参考了张明楚著《中国共产党基层组织建设史》（福建人民出版社，2008）。

[2]　《中共中央文献选集（第一册）》，中共中央党校出版社，1989，第93—94页。

至十人均得成立一个小组。”[1]党的基层组织由“组”改为“小组”。1925年1月中共四大通过的《对于组织问题之议决案》强调“我们党的基本组织，应是以产业和机关为单位的支部组织”[2]，并要求将原来章程上“有五人以上可组织一小组”改为“有三人以上即可组织支部”。[3]至此，“支部”作为党的基层组织的名称得以确立。但是这个时期基层组织建设并没有全面开展。土地革命时期，党在军队中的基层组织建设表现为明确了党对军队的绝对领导，在城市中党的基层组织建设着重在工厂建立坚强有力的支部，在中央苏区，用法规保证支部的建设，明确了新党员入党的政治要求。长征中，党多次对红军进行整编和缩编并在连队建立党支部、列宁青年组、政治战士、十人团等组织，以最大的力量、在最短时间建立起连队中的支部工作，加强党的基层组织建设，推动连队对党的路线与策略的执行，奠定了执行正确路线的组织基础。为了制定正确的革命策略和组织发展路线，1935年12月15日至27日，中共中央在陕北安定县瓦窑堡召开政治局会议。这次会议要求，党的建设要克服组织发展中的关门主义倾向，大量发展党的组织，社会成分应注意但不应是主要依据，要把能够为党的主张而坚决奋斗作为吸收党员的主要标准，标志着党的组织路线已经开始从过去“左”的错误中走出来，对于以后征收党员、开展基层党

---

[1][2][3]　《中共中央文献选集（第一册）》，中共中央党校出版社，1989，第159页、380页、12页。

组织建设产生了深远的影响。[1]

第二个阶段，抗日战争时期，党的基层组织理论与实践渐趋成熟。在这一党的队伍和党的组织大发展的时期，中国共产党成为拥有100多万党员，在全国范围内建立了近千个县委和几万个支部的大党，党的基层组织建设得到了很大的发展。1939年担任中共中央组织部部长的陈云在中共中央机关刊物《解放》上相继发表了《怎样做一个共产党员》《支部》两篇文章，重点阐述了有关基层党组织的一些观点。比如党支部是党团结群众的核心，党支部是党的力量增长源泉，群众的满意和支持是测量支部工作的标尺，基层党组织建设必须按照党的政治路线进行。[2]1945年4月23日至6月11日，党的七大召开，在这次大会上，中国共产党独立自主制定了自己的第一部党章。该党章对党的基层组织建设实践进行了总结，对党员条件、入党手续、党员的权利和义务、党的基层组织的设置原则及任务等方面都做了明确的规定。比如对入党年龄有了明确规定，须年满18周岁，政治上成熟才能入党；对成分不同的新入党者针对成分不同有不同的要求和规定。七大党章第一次规定了党员所必须履行的四项义务和享有的四项权利，表明党对党员的要求更高、党内民主更加充分，而且表明了党的成熟。七大党章对党的基层组织的设置原则及任务也有了明确的规定，即按照生产单位、工作单位来建立，

[1] 高新民、张希贤主编：《中国共产党建设史》，中共中央党校出版社，2009，第35页。

[2] 李庆刚：《论陈云党的基层组织建设思想》，《中共云南省委党校学报》2005年第3期。

任务则包括对人民群众宣传党的主张，严格执行党的纪律，对党员审查、鉴定，教育党员等。党的七大总结了中国共产党建党以来基层组织建设的经验，论述了党的基层组织建设理论，标志着党的基层组织建设在理论上和实践上渐趋成熟。

第三个阶段，解放战争到10年社会主义建设时期，党的基层组织建设稳步发展。随着党所处的环境和条件发生很大的变化，“公开党的支部”成为党的基层组织建设在解放战争时期的一个重大转折。城市的收复使得城市工作和经济建设工作越来越成为党工作的重点，开展城市中党的基层组织建设的需求日渐明显。在党召开的七届二中全会上，任弼时、刘少奇等人都谈到了在城市中建立党的基层组织的问题。党开始在城市中公开建党并以基层组织为载体对工人加强政治教育，提高他们的政治觉悟。中华人民共和国成立以后针对部分党员思想作风不纯等问题，1950年5月21日，中共中央发出《关于发展和巩固党的组织的指示》。该指示指出，党的发展工作必须采取严格审查的方针和稳步前进的办法。发展的重点应放在城市，首先是工人阶级上。在老区农村，一般停止吸收党员，在新解放区农村也暂不发展党组织，而要集中力量在各种斗争中组织、教育广大农民，发现与培养积极分子，待土改完成后再进行发展党的工作。随后党的七届三中全会再次强调发展党员要注意平衡，注意地区分布和阶级分布的平衡，大力克服党员发展工作中的盲目性，在很大程度上纯洁和巩固了党的组织，为党组织的发展奠定了良好的基础。三年社会主义改造时期，党的基层组织建设在理论和实践上都获得了很大程度的发展。1956年9月中共八大通过的党章首次明确规定企业党组织在企业中的领导地位。同时对党的基层组织这个概念做了明确规定，并在此基础上对党的基层组织进行了分类。在七大党章对党的基层组织的任务以及党员义务和权利规定的基础上，针对党夺取政权后执政党的特点，扩充了基层组织的任务及党员的义务和权利。1958年8月中共中央在北戴河召开的政治局扩大会议上通过了《关于农村建立人民公社的决议》，决定在全国农村普遍建立政社合一的人民公社，随后人民公社化运动迅猛发展，农村的管理体制和党的基层组织设置由此发生了很大的变化。这个时期，农村党组织的发展取得了很大的成绩，但同时也出现了诸多严重的问题。很多地方片面追求党员的数量，采取突击的办法发展党员，严重降低了党员的质量。1962年9月，中共八届十中全会通过的《农村人民公社工作条例修正草案》第五十五条规定，人民公社根据规模的大小和党员的多少，设立党委员会、总支部委员会或者支部委员会。生产大队根据规模的大小和党员的多少，设立总支部委员会或者支部委员会。在人民公社内的党委员会、总支部、支部，是中国共产党在农村中的基层组织，是农村工作的领导核心。《草案》结合人民公社作为一个经济、政治、文化、军事统一体的特点，对农村党的基层组织的职能作出一定的调整。由此，在公社设立党委、在生产大队设立支部的组织设置形式被确定下来，一直延续到人民公社体制的解体。

第四个阶段，“文化大革命”的10年，党的基层组织建设遭受到严重挫折，其作用、组织原则、作风都受到了强烈冲击，领导作用一度削弱，没有充分发挥基层党组织领导人民群众进行社会主义建设的作用，在发展党员、选拔干部中派性、随意性占据了主导作用，也造成了党员队伍和党的干部队伍的严重不纯。

第五个阶段，十一届三中全会后党的基层组织的新发展。十一届三中全会实现了党的思想路线、政治路线和组织路线的拨乱反正。1982年9月党的十二大通过的《中国共产党章程》明确规定党的基层组织是党在社会基层组织中的战斗堡垒，并规定了党的基层组织的八项基本任务，且对各类基层组织的功能进行了划分。1984年全国完成了公社撤销建立乡政府的工作，管理体制的变革为乡村基层党组织发展打下了基础。1987年10月党的十三大强调了基层组织领导成员年轻化，党内民主与保障党员权利，基层党组织委员、书记要民主选举等问题。随着社会主义市场经济体制的逐步确立，党对基层组织建设更为强调和关注，更加强调要加强改进党的基层组织建设，充分发挥党员的先锋模范作用。1994年9月28日召开的党的十四届四中全会通过的《中共中央关于加强党的建设几个重大问题的决定》将加强和改进党的基层组织建设单独列为一部分，分析了基层组织建设存在的问题，指出基层党组织建设的指导方针。党的十五大报告指出："党的基层组织是党的全部工作和战斗力的基础。加强和改进党的基层组织建设，要围绕党的基本路线，为党的中心任务服务；用改革的精神研究新情况新问题，改进工作方法、工作作风和活动方式；认真做好对党员的教育、管理和监督，增强解决自身矛盾的能力。党的基层组织都要从各自的特点出发，认真履行党章规定的职责，努力成为贯彻党的路线方针政策、团结和带领群众完成本单位任务的坚强战斗堡垒。”[1]党的十六大后，中央先后下发有关农村、街道社区、中央企业党建的意见的文件，对加强基层组织建设提出了明确要求，加强了各类基层组织建设。中国共产党十七届四中全会通过了《中共中央关于加强和改进新形势下党的建设若干重大问题的决定》，明确了加强党的基层组织建设的任务和方向：任务是必须坚持围绕中心、服务大局、拓宽领域、强化功能，进一步巩固和加强党的基层组织，着力扩大覆盖面、增强生机活力，使党的基层组织充分发挥推动发展、服务群众、凝聚人心、促进和谐的作用，使广大党员牢记宗旨、心系群众；“五个努力方向”即扩大组织覆盖面、推进基层党组织工作创新、增加党员队伍的生机与活力、建设高素质党组织带头人队伍、构建城乡统筹党建新格局。[2]党的十八大以来，以习近平同志为核心的党中央强调要树立党的一切工作到支部的鲜明导向，党的十九大之后出台了《中国共产党支部工作条例》《中国共产党农村基层组织工作条例》，使基层党组织建设进入一个历史的飞跃期。

（二）提升基层组织组织力，强化政治功能

党的基层组织是确保党的路线方针政策和决策部署贯彻落实的基础。党的力量来自组织，组织力是组织生命力的具体体现。“基层党组织的组织力，主要指基层党组织为完成其承担的职责任务、实现党组织

[1] 中共中央文献研究室编：《江泽民论有中国特色社会主义（专题摘编）》，学习出版社，2002，第603页。

[2] 韩强：《党的十六大以来基层组织建设的创新与启示》，载《中共杭州市委党校学报》2012年第1期。

的工作目标而组织凝聚动员影响基层社会各方面力量的能力。基层党组织的组织力主要由政治领导力、组织覆盖力、群众凝聚力、社会号召力、发展推动力和自我革新力组成。”[1]

突出政治功能、提升基层组织的组织力，首先要求基层组织在政治立场、政治方向、政治原则、政治道路上坚定正确，这就要求基层党组织特别是基层党组织负责人要能准确把握党的政治路线，始终站稳政治立场，坚决贯彻中央和上级党委的决策部署，能紧扣“民心这个最大的政治”，能有效对社会领域各基层组织实施政治领导和政治引导。突出政治功能、提升基层组织的组织力，基础是要提高基层组织的覆盖面。当前社会分层分化明显，党员流动性加大，新行业、新领域不断涌现，党组织覆盖的空白点有所增多，所以要扩大基层组织覆盖面，形成纵向到底、横向到边、严密完善、坚强有力的组织体系，实现“哪里有群众哪里就有党的工作，哪里有党员哪里就有党的组织，哪里有党的组织哪里就有党组织作用的充分发挥”的目标。突出政治功能、提升基层组织的组织力，落脚点是要充分落实基层党组织的各项职责任务。基层党组织的职责可以分为内外两个层面，对内就是要教育、管理、监督党员，对外就是要组织、宣传、凝聚、服务群众。基层党组织既要履行全面从严治党的主体责任，扎实有效地开展好教育、管理、监督党员各项工作，同时要积极践行党的群众路线，把做好组织、宣传、凝聚、服务群众作为分内职责。

---

[1] 黄海清：《基层党组织组织力初探》，《党建研究》2018年第2期。

（三）要加强社会组织党的建设，探索加强新兴业态和互联网党建工作

习近平总书记明确指出，社会组织面大量广，加强社会组织党的建设十分重要。针对有些社会组织党建工作比较薄弱的状况，习近平总书记特别强调，越是情况复杂、基础薄弱的地方，越要健全党的组织、做好党的工作，确保全覆盖，固本强基，防止“木桶效应”。加强社会组织党建工作，根本目的是加强党对社会组织的领导，促进社会组织健康发展、激发社会组织活力，从而进一步推动社会组织更好参与国家治理，汇聚起全面深化改革的强大正能量。社会组织要本着应建尽建的原则加大党组织组建力度，或者按单位建立党组织，或者按行业建立党组织，或者按区域建立党组织。对暂不具备组建条件的社会组织，可以通过选派党建工作指导员、联络员或建立工会、共青团组织等途径，开展党的工作，条件成熟时及时建立党组织。社会组织基层党组织要紧紧围绕社会组织健康发展开展活动，必须要贴近职工群众需求，突出社会组织特点、紧扣党员实际来开展党组织的各项工作。

大力探索和加强新兴业态和互联网党建工作。随着经济发展日益多元和信息化水平快速提高，新兴业态和互联网产业快速崛起，大量社会从业者从传统产业转移到这些新兴产业中来，传统的基层组织设置难以全面覆盖新兴业态，对新兴业态从业人员难以精准影响，所以产业的变动带来的是就业方式的变动和价值观念的变动，必然要对党的执政环境和执政根基产生深层次影响。深入探索新兴业态和互联网产业党建新模式、坚持和加强党对新兴产业的全面领导，是推动新兴业态蓬勃向上、

持久发展的根本政治保证，也是体现党的全面领导的重要方面。推动党的基层组织全面覆盖新兴业态和互联网产业，必须要立足于新兴产业、互联网产业的发展特点和就业人群的群体特点，进一步创新组织设置方式、党建工作方式和活动方式，以最大包容度和吸引力将新兴产业领域的从业者紧密聚拢在党组织周围，不断筑牢党在新兴产业和互联网产业的群众根基和社会根基，为党的长期执政、全面领导奠定更加坚实的组织基础。

（四）要加强支部标准化、规范化建设

支部党建标准化、规范化是通过制定和实施标准对支部建设的目标、制度、流程、载体、方法等形成统一的要求和规范，从而使支部建设中重复性强、共性程度高的一些活动能够实现常态化、可复制、能测度。推进基层党组织标准化规范化建设，规范了党建工作的程序和方法，立起了检验党建工作成效的标尺，明晰了党建考核的具体指标，有助于进一步明确抓党建工作的科学化路径和方法，从而推进基层党组织全面过硬、全面加强。加强支部标准化、规范化建设，既要统一标准和规范，又必须实事求是、因地制宜。要深入分析支部组织活动中的共性程度高、可重复的诸如“三会一课”等设计出统一的标准和规范，以统一所有基层党组织的同类活动。要深入分析不同性质、不同领域支部的性质定位和组织活动的特点，差别化地设计指标，不能简单“一刀切”。

总之，要树立“党的一切工作到支部”的鲜明导向，要树立“大抓基层大建支部”的鲜明导向，确保党组织和党员用党的创新理论武装起

来、统一起来，不断凝聚信仰的力量、组织的力量。加强基层组织建设的目的在于不断加强党组织对各领域社会基层组织的政治领导，善于引领各类组织坚持在党的领导和中国特色社会主义旗帜下行动，善于把党组织意图变成各类组织参与基层治理的有效举措，善于引导各类组织做好群众工作，把党员、群众动员起来、组织起来，确保党的路线方针政策和决策部署在基层落地生根，坚定不移地把党的领导落实到基层，汇聚起决胜全面建成小康社会、夺取新时代中国特色社会主义伟大胜利的磅礴力量。

三、建设高素质干部队伍

习近平总书记指出，贯彻新时代党的组织路线，建设一支忠诚干净担当的高素质干部队伍是关键，重点是要做好干部培育、选拔、管理、使用工作。要建立源头培养、跟踪培养、全程培养的素质培养体系，教育引导干部加强党性修养、筑牢信仰之基，加强政德修养、打牢从政之基，严守纪律规矩、夯实廉政之基，健全基本知识体系、强化能力之基，增强干部素质培养的系统性、持续性、针对性。要建立日常考核、分类考核、近距离考核的知事识人体系，强化分类考核，近距离接触干部，使选出来的干部组织放心、群众满意、干部服气；要建立以德为先、任人唯贤、人事相宜的选拔任用体系，坚持好干部标准，把政治标准放在第一位，坚持五湖四海、任人唯贤，广开进贤之路，坚持事业为上，以事择人、人岗相适；要建立管思想、管工作、管作风、管纪律的从严管理体系，加强全方位管理，加强党内监督，管好关键人、管到关键处、管住关键事、管在关键时，特别是要把“一把手”管住管好。要建立崇尚实干、带动担当、加油鼓劲的正向激励体系，树立体现讲担当、重担当的鲜明导向；要真情关爱干部，帮助解决实际困难，关注身心健康，对基层干部特别是困难艰苦地区和奋战在脱贫攻坚第一线的干部要给予更多理解和支持。

（一）建设高素质干部队伍是组织体系建设的重点

习近平总书记指出：“实现党的十八大确定的各项目标任务，进行具有许多新的历史特点的伟大斗争，关键在党，关键在人。关键在党，就要确保党在发展中国特色社会主义历史进程中始终成为坚强领导核心。关键在人，就要建设一支宏大的高素质干部队伍。”[1]党员干部是党的肌体和细胞，中国共产党的执政最终是要通过干部队伍来完成的，全面从严治党必须要管好党员干部队伍。所以如何造就一支政治坚定、能力过硬、作风优良、奋发有为、为民务实清廉的高素质执政骨干队伍，事关党的事业兴衰、执政成败。对此，党的三代领导集体都有过深刻的论述。早在革命时期，毛泽东就指出政治路线确定之后，干部就是决定的因素。邓小平在1962年《执政党的干部问题》中更加直接地指出：“党要管党，一管党员，二管干部。对执政党来说，党要管党，最关键的是干部问题，因为许多党员都在当大大小小的干部。”[2]党的十八大以来，习近平总书记强调：“党要管党，首先是管好干部；从严

[1]　中共中央文献研究室编：《十八大以来重要文献选编（上）》，中央文献出版社，2014，第336页。

[2]　《邓小平文选（第一卷）》，人民出版社，1994，第345页。

治党，关键是从严治吏；关键是坚持好干部标准，把从严管理干部贯彻落实到干部队伍建设全过程，坚持从严教育、从严管理、从严监督，让每一个干部都深刻懂得，当干部就必须付出更多辛劳、接受更严格的约束。”[1]治国安民、经纬天下，关键在党、关键在人。党的十八大以来，习近平总书记明确新时期好干部标准，即信念坚定、为民服务、勤政务实、敢于担当、清正廉洁，坚决破除“四唯”倾向，出台《党政领导干部选拔任用工作条例》，印发《关于防止干部“带病提拔”的意见》等等，从而为新时代干部队伍建设提供了思想遵循和基本保障。

（二）要建立源头培养、跟踪培养、全程培养的素质培养体系

干部队伍建设，组织培养是基础。建设高素质干部队伍，各级党组织和党的工作部门必须担负起干部培养的职责，要深入研究干部成长规律，把持续培养、严格教育放在突出位置，把组织培养贯穿于干部成长成才的全过程，形成完善的干部培养链条和科学的素质培养体系。要完善干部能力素质培养体系，把所在党组织的教育、管理、监督和党校行政学院集中调训培养、工作岗位日常学习教育培养紧密联系起来，把时代发展实际和干部队伍需求紧密结合起来，把理论学习和实践锻炼统筹起来，把政治素质提升和工作能力提高统一起来，全面增强干部素质培养的系统性、持续性、针对性。特别是要注重政治素质的培养，必须做到理想信念教育一刻不能放松，廉洁规矩教育须臾不能减退，确保党员、干部政治过硬。素质能力教育要持续跟进。当今时代“知识爆

[1] 中共中央文献研究室编：《习近平关于全面从严治党论述摘编》，中央文献出版社，2016，第102页。

炸”，干部的“本领恐慌”普遍存在，面对新情况、新问题，需要不断完善干部知识结构，提高干部工作能力。总之，就是要通过不间断的教育培养引导干部加强党性修养、筑牢信仰之基，加强政德修养、打牢从政之基，严守纪律规矩、夯实廉政之基，健全基本知识体系、强化能力之基。

（三）要建立日常考核、分类考核、近距离考核的知事识人体系

为政之要，用人为先；用人之要，识人为先。如果识人不准，必然用人不当。准确识人，不能靠“冰鉴”“相面”，而要完善对干部队伍的考核体系，通过完善科学的知事识人体系来确保把干部队伍识别清楚、识别准确。

干部考核要注重日常考核。识别干部不能单看一时一事，必须从日常工作中观察研判、综合分析。这就要求各级党组织和组织人事部门要在年终考核、集中考核的同时注重经常性地对干部的政治品行、职业操守、能力本领、工作业绩、廉洁自律进行考核，通过听取汇报、查阅资料、谈心谈话等方式，对干部进行日常小测评，既要听其言也要观其行。通过对其日常的工作情况进行分析总结，能够全面了解干部的一贯表现，避免突击考察的弊端，防止集中考察时的“补妆”。

干部考核要注重分类考核。干部队伍广泛分布于各个层级、各个行业，工作性质不同素质能力要求也不一样，考核不能搞单一化、模板化、简单化，必须做到分类考核、精准考核。分类考核要分层级考核，考核领导干部要倾向于全面抓工作的能力，考核普通干部要倾向于具体干工作的能力；考核机关干部要侧重机关日常事务处理，考核基层干部则应看重服务群众的能力和本领。分类考核要分领域考核，比如，对于专业技术型干部要在不忽视一般能力考核的同时更加强调专业技术的考核，对于理论研究型干部则要注重对一般工作业绩考核的同时加强对理论成果的考核，对于综合管理型干部则要强调对其综合能力、管理协调能力的考核。虽然干部队伍数量庞大，完全避免模式化考核也不可能，但是各级组织人事部门要努力在干部考核中做好因人而异、因地制宜，防止没有重点地求全责备。

干部考核要注重近距离考核。“试玉要烧三日满，辨材须待七年期”。考核干部不能雾里看花、水中望月，必须近距离观察、全方位考核。现实中，一些组织部门的考核主要停留在“走走看看”上，以翻翻档案、查查资料、群众谈话作为考察考核的重点，这样干部考察就会有所局限，难以把识人知事准确结合起来，不容易掌握干部的真实情况。所以，考察干部要注重近距离接触干部，观其言察其行，了解干部在日常工作、具体事务上的表现，从而使选出来的干部组织放心、群众满意、干部服气。

（四）要建立以德为先、任人唯贤、人事相宜的选拔任用体系

用一贤人则群贤毕至，见贤思齐就蔚然成风。干部选用导向是干部为官从政的风向标。建立科学的干部选拔任用体系，坚持党管干部原则和正确用人导向，充分发挥党组织在选人用人中的领导和把关作用，做到选贤任能、用当其时，知人善任、人尽其才。

要坚持好干部标准，把政治标准放在第一位。党的十八大以来，习近平总书记提出二十字好干部标准、忠诚干净担当、“三严三实”“四个铁一般”等要求。党的十九大报告和修订后的党章明确选人用人要突出政治标准。党是政治组织，讲政治是第一位的要求；干部是党的执政干部，政治标准是第一位的标准。这是中国特色社会主义进入新时代后，我们党在选什么人、用什么人的问题上明确树起的科学导向。从政治上看干部、选干部、用干部，必须把住政治标准这个硬杠杠，注重选拔那些对党绝对忠诚、牢固树立“四个意识”，全面贯彻执行党的理论和路线方针政策，坚决贯彻党中央决策部署，坚持“四个服从”，始终与党中央对标看齐、保持高度一致的干部；注重选拔那些信念坚定、宗旨意识强，具有坚强政治定力，能够坚守政治立场，始终坚定“四个自信”的干部；注重选拔那些有政治担当，能够坚持原则、敢于斗争，善于从政治上观察和处理问题，严守政治纪律和政治规矩，关键时刻站得出来、冲得出去、顶得上去的干部。坚持政治标准放在首位，就要求必须严格执行政治标准，不能以其他标准如年龄、性别、业绩等代替政治标准、冲淡政治标准，决不能选用那些政治上不忠诚、不老实、不坚定的干部，决不能选用那些政治站位不高、政治敏锐性不强、政治担当精神不够的干部。

要坚持五湖四海、任人唯贤，广开进贤之路，坚持事业为上，以事择人、人岗相适。1938年10月，毛泽东同志在《中国共产党在民族战争中的地位》中首次提出了使用干部要坚持任人唯贤、反对任人唯亲的路线。他指出：“在这个使用干部的问题上，我们民族历史中从来就有两个对立的路线：一个是‘任人唯贤’的路线，一个是‘任人唯亲’的路线。前者是正派的路线，后者是不正派的路线。”“共产党的干部政策，应是以能否坚决地执行党的路线，服从党的纪律，和群众有密切的联系，有独立的工作能力，积极肯干，不谋私利为标准，这就是‘任人唯贤’的路线。”[1]历史充分证明，坚持五湖四海、任人唯贤是调动广大干部积极性，营造心齐、气顺、风正、劲足的良好氛围，有效防止选人用人不正之风，不断增强党的凝聚力创造力战斗力的重要保证。在选人用人上坚持五湖四海、任人唯贤，反对任人唯亲，就是要求各级党委和组织人事部门要以党的事业为重，以干部品行为重，以人岗相宜为重，放开视野选人，广开进贤之路，坚决避免以个人的好恶、亲疏、远近、恩怨、地域、行业等小宗派、小山头思想选干部、用干部。

（五）建立管思想、管工作、管作风、管纪律的从严管理体系

信任不能代替监督，厚爱不能不加管理。一段时间，干部出现这样那样的问题，很大程度上源于管理上失之于宽、失之于软。而且，干部队伍的思想不是一成不变的，而是动态变化的；对干部队伍的要求是综合系统的，不是单一片面的。在一定时期符合干部的标准要求并不意味着永远符合党员、干部队伍要求。某一方面符合干部的标准要求并不意味着全部符合党员、干部队伍要求。也有一些干部工作业绩虽然突出，但是工作作风却专横霸道。所以，管干部不能只管一时一地一事一个方面，而要持续管理、全面跟进。必须要加强对干部的全方位管理，把管思想、管工作、管作风、管纪律统一起来，把“八小时以内”和“八小时以外”重视起来，把个人的表现和生活的圈子兼顾起来。

[1]　《毛泽东选集（第二卷）》，人民出版社，1991，第527页。

严格干部管理必须加强党内监督。没有监督的权力必然导致腐败。我国的干部监督体系包含了党内监督、国家机关监督、民主监督、司法监督、群众监督、舆论监督等多种形式，其中党内监督是第一位的。党内监督必须做到全覆盖、无禁区，所有的党员、干部都要在组织的管理和监督之下，决不能有不受监督的“法外之民”。各级党委要履行好监督干部的主体责任，各级纪律检查机关要履行好监督干部的专责责任。在干部监督全覆盖的同时，必须注重管好关键人、管到关键处、管住关键事、管在关键时，特别是要把“一把手”管住管好。党内监督没有禁区、没有例外。但是，党的领导机关和领导干部特别是主要领导干部掌握着相对较大的权力，自由裁量的空间更大，所以权力滥用的可能性也就更大，所以无疑应该成为党内监督的重点对象。特别是各级的“一把手”更是关键少数中的关键，必须通过加大上级党组织的监督力度、做实纪委对同级党委的监督、充分发挥领导班子成员之间的相互监督、改进自下而上的民主监督，使其决策、用人、用权更加公开透明，破解“一把手”监督难题。党内监督的目的是为了预防，所以要重在抓早抓小、防微杜渐，防止“好干部”变成“阶下囚”，所以加强党内的经常性监督是对党员干部最大的关心和爱护。重点部门、关键岗位以及重大决策、重大事项是最容易出廉政风险的节点，所以也要注重对重大决策、重大事项的监督，真正做到既覆盖全面又能盯住重点，切实把“树木”和“森林”统一起来。

（六）要建立崇尚实干、带动担当、加油鼓劲的正向激励体系

党的十八大以来，习近平总书记在多次重要会议上提到建立干部激励机制，允许干部试错容错。2015年10月13日，习近平总书记在中央全面深化改革领导小组第十七次会议上强调，“要完善考核评价和激励机制，既鼓励创新、表扬先进，也允许试错、宽容失败，营造想改革、谋改革、善改革的浓厚氛围”。2016年1月18日，习近平总书记在省部级主要领导干部学习贯彻党的十八届五中全会精神专题研讨班上提出“三个区分开来”：把干部在推进改革中因缺乏经验、先行先试出现的失误和错误，同明知故犯的违纪违法行为区分开来；把上级尚无明确限制的探索性试验中的失误和错误，同上级明令禁止后依然我行我素的违纪违法行为区分开来；把为推动发展的无意过失，同谋取私利的违纪违法行为区分开来。党的十八届六中全会提出要建立容错纠错机制，宽容干部在工作中特别是改革创新中的失误。党的十九大报告提出，坚持严管和厚爱结合、激励和约束并重，完善干部考核评价机制，建立激励机制和容错纠错机制，旗帜鲜明为那些敢于担当、踏实做事、不谋私利的干部撑腰鼓劲。在新时代，面对繁重的改革发展任务，更要干部担当作为，但是干部不作为、慢作为的问题却日益突出，这就需要树立建立干部队伍正向激励机制，体现讲担当、重担当的鲜明导向；这就需要旗帜鲜明地支持和使用勇担当、有本事、坚持原则、踏实肯干、不跑不要的干部，以良好用人导向来激励干部。同时要用真情关爱干部，帮助解决干部的实际困难，关注干部队伍身心健康，对基层干部特别是困难艰苦地区和奋战在脱贫攻坚第一线的干部要给予更多理解和支持，特别是要完善干部选任链条，大胆使用那些扎根基层、沉在一线的党员、干部。同时，还要按照“三个区分开来”的精神，建立合理容错机制，为敢担责能干事的干部公开正名、撑腰打气，努力营造鼓励创新、宽容失败的良好氛围。

组织能使力量倍增。没有坚强有力的组织，就没有坚强有力的党；没有覆盖全国的组织，就没有党的全面领导；没有合格过硬的党员队伍，组织就会肌体无力。组织建设必须紧紧围绕党的政治路线，围绕党的建设的时代性要求。习近平总书记明确要求认真落实新时代党的建设总要求，努力把各级党组织锻造得更加坚强有力。全面从严抓组织建设，必须全面贯彻新时代党的组织路线，坚决贯彻党的组织原则，确保中央有定于一尊的权威，确保地方组织和党组贯彻执行党的路线方针政策，确保基层组织能有效发挥作用。

党委会的工作方法[1]

一、党委书记要善于当“班长”。党的委员会有一二十个人，像军队的一个班，书记好比是“班长”。要把这个班带好，的确不容易。目前各中央局、分局都领导很大的地区，担负很繁重的任务。领导工作不仅要决定方针政策，还要制定正确的工作方法，有了正确的方针政策，如果在工作方法上疏忽了，还是要发生问题。党委要完成自己的领导任务，就必须依靠党委这“一班人”，充分发挥他们的作用。书记要当好“班长”，就应该很好地学习和研究。书记、副书记如果不注意向自己的“一班人”做宣传工作和组织工作，不善于处理自己和委员之间的关系，不去研究怎样把会议开好，就很难把这“一班人”指挥好。如果这“一班人”动作不整齐，就休想带领千百万人去作战、去建设。当然，书记和委员之间的关系是少数服从多数，这同班长和战士之间的关系是不一样的。这里不过是一个比方。

二、要把问题摆到桌面上来。不仅“班长”要这样做，委员也要这样做。不要在背后议论。有了问题就开会，摆到桌面上来讨论，规定它几条，问题就解决了。有问题而不摆到桌面上来，就会长期不得解决，甚至一拖几年。“班长”和委员还要能互相谅解。书记和委员，中央和各中央局，各中央局和区党委之间的谅解、支援和友谊，比什么都重

[1]　《毛泽东选集（第四卷）》，人民出版社，1991，第1440—1444页。

要。这一点过去大家不注意，七次代表大会以来，在这方面大有进步，友好团结关系大大增进了。今后仍然应该不断注意。

三、“互通情报”。就是说，党委各委员之间要把彼此知道的情况互相通知、互相交流。这对于取得共同的语言是很重要的。有些人不是这样做，而是像老子说的“鸡犬之声相闻，老死不相往来”，结果彼此之间就缺乏共同的语言。我们有些高级干部，在马克思列宁主义的基本理论问题上也有不同的语言，原因是学习还不够。现在党内的语言比较一致了，但是，问题还没有完全解决。例如，在土地改革中，对什么是“中农”和什么是“富农”，就还有不同的了解。

四、不懂得和不了解的东西要问下级，不要轻易表示赞成或反对。有些文件起草出来压下暂时不发，就是因为其中还有些问题没有弄清楚，需要先征求下级的意见。我们切不可强不知以为知，要“不耻下问”，要善于倾听下面干部的意见。先做学生，然后再做先生；先向下面干部请教，然后再下命令。各中央局、各前委处理问题的时候，除军事情况紧急和事情已经弄清楚者外，都应该这样办。这不会影响自己的威信，而只会增加自己的威信。我们做出的决定包括了下面干部提出的正确意见，他们当然拥护。下面干部的话，有正确的，也有不正确的，听了以后要加以分析。对正确的意见，必须听，并且照它做。中央领导之所以正确，主要是由于综合了各地供给的材料、报告和正确的意见。如果各地不来材料，不提意见，中央就很难正确地发号施令。对下面来的错误意见也要听，根本不听是不对的；不过听了而不照它做，并且要给以批评。

五、学会“弹钢琴”。弹钢琴要十个指头都动作，不能有的动，有的不动。但是，十个指头同时都按下去，那也不成调子。要产生好的音乐，十个指头的动作要有节奏，要互相配合。党委要抓紧中心工作，又要围绕中心工作而同时开展其他方面的工作。我们现在管的方面很多，各地、各军、各部门的工作，都要照顾到，不能只注意一部分问题而把别的丢掉。凡是有问题的地方都要点一下，这个方法我们一定要学会。钢琴有人弹得好，有人弹得不好，这两种人弹出来的调子差别很大。党委的同志必须学好“弹钢琴”。

六、要“抓紧”。就是说，党委对主要工作不但一定要“抓”，而且一定要“抓紧”。什么东西只有抓得很紧，毫不放松，才能抓住。抓而不紧，等于不抓。伸着巴掌，当然什么也抓不住。就是把手握起来，但是不握紧，样子像抓，还是抓不住东西。我们有些同志，也抓主要工作，但是抓而不紧，所以工作还是不能做好。不抓不行，抓而不紧也不行。

七、胸中有“数”。这是说，对情况和问题一定要注意到它们的数量方面，要有基本的数量的分析。任何质量都表现为一定的数量，没有数量也就没有质量。我们有许多同志至今不懂得注意事物的数量方面，不懂得注意基本的统计、主要的百分比，不懂得注意决定事物质量的数量界限，一切都是胸中无“数”，结果就不能不犯错误。例如，要进行土地改革，对于地主、富农、中农、贫农各占人口多少，各有多少土地，这些数字就必须了解，才能据以定出正确的政策。对于何谓富农，何谓富裕中农，有多少剥削收入才算富农，否则就算富裕中农，这也必须找出一个数量的界限。在任何群众运动中，群众积极拥护的有多少，反对的有多少，处于中间状态的有多少，这些都必须有个基本的调查，基本的分析，不可无根据地、主观地决定问题。

八、“安民告示”。开会要事先通知，像出安民告示一样，让大家知道要讨论什么问题，解决什么问题，并且早作准备。有些地方开干部会，事前不准备好报告和决议草案，等开会的人到了才临时凑合，好像“兵马已到，粮草未备”，这是不好的。如果没有准备，就不要急于开会。

九、“精兵简政”。讲话、演说、写文章和写决议案，都应当简明扼要。会议也不要开得太长。

十、注意团结那些和自己意见不同的同志一道工作。不论在地方上或部队里，都应该注意这一条，对党外人士也是一样。我们都是从五湖四海汇集拢来的，我们不仅要善于团结和自己意见相同的同志，而且要善于团结和自己意见不同的同志一道工作。我们当中还有犯过很大错误的人，不要嫌这些人，要准备和他们一道工作。

十一、力戒骄傲。这对领导者是一个原则问题，也是保持团结的一个重要条件。就是没有犯过大错误，而且工作有了很大成绩的人，也不要骄傲。禁止给党的领导者祝寿，禁止用党的领导者的名字作地名、街名和企业的名字，保持艰苦奋斗作风，制止歌功颂德现象。

十二、划清两种界限。首先，是革命还是反革命？是延安还是西安？有些人不懂得要划清这种界限。例如，他们反对官僚主义，就把延安说得好似“一无是处”，而没有把延安的官僚主义同西安的官僚主义比较一下，区别一下。这就从根本上犯了错误。其次，在革命的队伍中，要划清正确和错误、成绩和缺点的界限，还要弄清它们中间什么是主要的，什么是次要的。例如，成绩究竟是三分还是七分？说少了不行，说多了也不行。一个人的工作，究竟是三分成绩七分错误，还是七分成绩三分错误，必须有个根本的估计。如果是七分成绩，那末就应该对他的工作基本上加以肯定。把成绩为主说成错误为主，那就完全错了。我们看问题一定不要忘记划清这两种界限：革命和反革命的界限，成绩和缺点的界限。记着这两条界限，事情就好办，否则就会把问题的性质弄混淆了。自然，要把界限划好，必须经过细致的研究和分析。我们对于每一个人和每一件事，都应该采取分析研究的态度。

我和政治局的同志觉得，要有以上这些方法，才能把党委的工作搞好。除了开好代表大会以外，党的各级委员会把自己的领导工作做好，是极为重要的。我们一定要讲究工作方法，把党委的领导工作提高一步。

第八章　全面从严抓作风建设

党的作风是指在党的活动中表现出来的态度和行为，是党的性质、宗旨和世界观在党的活动中的表现。党的作风是党的形象，是观察党群干群关系、人心向背的晴雨表。党的作风正，人民的心气顺，党和人民就能同甘共苦；党的作风不正，人民的心情不顺，党和人民就会产生疏离感。党的作风建设就是要端正党员领导干部和党的各级组织的思想作风、学风、工作作风、领导作风和干部生活作风，树立与党的性质、宗旨相适应的良好风尚。全面从严治党必须紧紧抓住党的作风建设。党的十八大以来，以习近平同志为核心的党中央下大力气改进作风、纠正“四风”，作风建设得到了加强。但作风建设抓一抓就好转、松一松就反弹，不可能一蹴而就，也不会一劳永逸。全面从严治党必须深刻认识作风建设的重要性与持续性，以持之以恒的韧劲持续不断地改善作风。

一、全面从严抓作风建设的必要性

作风问题的核心是党同人民群众的关系问题，是党的性质和宗旨的体现，是中国共产党区别于其他政党的显著标志，也是党发展壮大以及党领导革命建设改革取得胜利的重要原因。可以说，能否保持党同人民群众的血肉联系，决定着党的事业的成败；能否保持党的优良作风，决定着党同人民群众的关系。党风好能巩固党的执政基础，推动整个社会良好风气的养成；党风差就会侵蚀党的执政基础，影响破坏社会风气。在新时代，我们党要画出最大的同心圆、形成最大的公约数，必须以好的作风来感染人、凝聚人。

（一）作风建设是无产阶级政党先进性的重要表现

“过去的一切运动都是少数人的或者为少数人谋利益的运动。无产阶级的运动是绝大多数人的、为绝大多数人谋利益的独立的运动。”[1]先进性是马克思主义政党的本质属性，这一本质属性既源于工人阶级的先进性，也源于有先进理论的指导。马克思、恩格斯虽然没有明确提出“作风建设”这一命题，但是却对无产阶级政党应该具备的作风提出了初步的但却是明确的要求。马克思盛赞巴黎公社“以随时可以罢免的勤务员来代替骑在人民头上作威作福的老爷们”[2]，就内在地蕴含了无产阶级政党就是要当人民群众的勤务员这一重要的价值取向。恩格斯曾在一些讨论党的建设的书信中批评过某些社会主义者身上存在的不良作

[1] 《马克思恩格斯选集（第一卷）》，人民出版社，1995，第28页。
[2] 《马克思恩格斯选集（第三卷）》，人民出版社，1995，第96页。

风，如阿谀奉承的作风、华而不实的作风等。更为核心的是，马克思主义唯物史观、群众史观的提出，是无产阶级政党坚持人民立场、践行群众路线的哲学基础。

列宁继承和发扬了马克思主义政党作风建设的思想，在领导无产阶级政党实践的过程中，更为鲜明地强调党的作风建设的重要意义。列宁严肃地发出警告："对于一个人数不多的共产党来说，对于一个作为工人阶级的先锋队来领导一个大国在暂时没有得到较先进国家的直接援助的情况下向社会主义过渡的共产党来说，最严重最可怕的危险之一，就是脱离群众。"[1]列宁在其政党建设实践中曾极其严肃地批评了党内官僚主义、特权思想、腐化堕落、违法乱纪、骄傲自满、不负责任等严重脱离群众的错误倾向和消极现象，要求必须要以正确的态度和方法对待群众，党在联系群众时既要反对官僚主义又要反对尾巴主义，新型革命政党必须坚持革命胆略和求实精神，并提出了诸如加强文化建设、思想政治教育，反对官僚主义，建立监察制度，完善法制，建立廉价政府等一系列新的观点和主张，并对苏联共产党的作风建设进行了深入探索。这为马克思主义政党进行作风建设留下了宝贵的思想资源和生动实践。

中国共产党是在马克思列宁主义建党原则指导下建立的政党，党的性质、宗旨、使命以及半殖民地半封建社会性质、农民人口占多数、民族主义和民主主义相互交织的革命任务等基本国情，使得中国共产党更为重视作风建设，更加注重以良好的作风赢得民众、凝聚民心。在长期

[1]《列宁专题文集·论社会主义》，人民出版社，2009，第304页。

的艰苦奋斗过程中，中国共产党形成了一整套既具有无产阶级政党性质又具有突出中国传统文化特色的优良作风，集中表现为毛泽东所总结的理论联系实际、密切联系群众、批评与自我批评三大优良作风，以及谦虚谨慎、不骄不躁、艰苦奋斗、求真务实等作风。这些优良作风集中展示了中国共产党的精神风貌，是党的性质和宗旨在作风上的体现，成为中国共产党区别于其他政党的鲜明标志和重要政治优势。这些优良作风的形成与巩固对中国共产党取得执政地位起到了积极的作用。在长期执政条件下，中国共产党始终对作风问题高度重视，对作风建设常抓不懈，也为巩固执政地位、推动党和人民事业不断从胜利走向胜利提供重要保证。

（二）作风建设问题关系党的执政基础

政权得失全在人心向背，作风问题关系人心向背。人民群众对党的衷心拥护和支持，是中国共产党夺取政权、长期执政最为雄厚的基础和资源。但人民群众对党的拥护和支持并不是天生产生，更不是强加强制就能形成的。这种拥护和支持的情感取决于人民群众对党的认识和判断，而党的作风则是人民群众认识党最直观、最形象的外在，是人民群众决定是否支持党、跟党走的最基本的依据之一。从历史上看，毛泽东当时指出要用“延安作风打败西安作风”，“延安作风”就是中国共产党优良作风的集中代表，而“西安作风”则是中国国民党当时恶劣风气的形象描述。中国共产党正是以优良的作风、最伟大的人格，才赢得了中国最广大人民的支持和拥护。1940年陈嘉庚先后到重庆和延安访问，对此有过直观的感受，他在一篇文章中写道：“本人往延安前多年，屡见报载中国共产党凶恶残忍，甚于盗贼猛兽，及至重庆，所闻更党厉害，谓中共无恶不作，横行剥削，无人道无纪律，男女混杂，同于禽兽，且有人劝我勿往，以免危险。及到延安，所见所闻，则完全与所传相反，由是多留数天，多历陕北城市农村，多与社会领袖及公务员接触，凡所见闻，与延安无殊，即民生安定，工作勤奋，风化诚朴，教育振兴，男女有序，无苛捐杂税，无失业乞丐，其他兴利除弊，难于尽述，实为别有天地，大出我意料之外。”[1]1944年由中外记者组成的西北参观团在陕甘宁边区采访时，也有这样的感受。参观团成员之一，美联社、英国《曼彻斯特卫报》、美国《基督教科学箴言报》驻重庆记者斯坦因后来在美国《基督教科学箴言报》上发表文章说：“在封锁线后面我发现了这样一个热烈的新社会，简直使我目瞪口呆，五年以来，在重庆对共产党除恶意的诽谤而外毫无所闻的我，对着在延安所发现的事物，吃惊地擦拭着自己的眼睛。”[2]党的领导不是自封的，决定党能否取得并维系领导地位的因素有很多方面，但党的作风无疑是重要的因素。邓小平指出：“共产党的领导够不够格，决定于我们党的思想和作风。”[3]在十八届中央纪委二次全会上，习近平总书记也强调，工作作风上的问题绝对不是小事，如果不坚决纠正不良风气，任其发展下去，就会像一座无形的墙把我们党和人民群众隔开，我们党就会失去根基、失去血脉、失去力量。

---

[1]　转引自叶子龙口述、温卫东整理《叶子龙回忆录》，中央文献出版社，2000，第83—84页。

[2]　郑生寿：《国际友人在延安》，陕西旅游出版社，1992，第254页。

[3]　《邓小平文选（第一卷）》，人民出版社，1994，第274页。

（三）党的作风的情况关系整个社会风气

无论是党风、政风还是社风、民风，都是整个社会上的一种风气现象。《论语》中的一段话就指明了为政者的风气与社会风气的关系。“子为政，焉用杀？子欲善而民善矣。君子之德风，小人之德草。草上之风，必偃。”这段话的大致意思是说，先生施政，为什么要用刑杀？您如果想善良，百姓自然会善良。君子的道德好比风，小人的道德好比草。草上面吹风，肯定会倒向一边。的确，党风政风与社风民风紧密相连、相互影响、相互作用。党风政风自上而下作用于社风民风，社风民风自下而上影响党风政风。党风是关键、是前提，决定民风社风，党风正则民风淳；民风社风是土壤、是风向标，影响党风的转变。在一定意义上，党风就是政风，而党风、政风实质都是党的作风的表现。毛泽东在《整顿党的作风》中指出：“我们要完成打倒敌人的任务，必须完成这个整顿党内作风的任务。学风和文风也都是党的作风，都是党风。只要我们党的作风完全正派了，全国人民就会跟我们学。党外有这种不良风气的人，只要他们是善良的，就会跟我们学，改正他们的错误，这样就会影响全民族。只要我们共产党的队伍是整齐的，步调是一致的，兵是精兵，武器是好武器，那末，任何强大的敌人都是能被我们打倒的。”[1]而事实上，在中国共产党的发展历程中，也的确以自身所展示出来的无产阶级道德、先进的党风荡涤着传统封建道德的污泥浊水，进而引导整个中华民族、整个社会风气的根本改变。我们也可以从末代皇

---

[1] 《毛泽东选集（第三卷）》，人民出版社，1991，第812页。

帝溥仪的转变中看到这一点。“去年毛主席号召学雷锋，公共汽车上到处让座，上车也先后礼让，年轻的让年老的，年老的让抱小孩的。溥仪觉得自己也应该这样做。一连几次，他在车站上等车，车子一到，溥仪就让别人一个个地先上去，一直到最后汽车开走了，他却没有上去。他回来便问我们，出门遇到过这种情况没有?我们一细问，才闹清楚他高度近视，注意力又集中在让别人先上车上，别人的话他不曾听见，最后把售票员也让上了车，人家还以为他在车站维持秩序呢！”[1]中华民族伟大复兴包括社会风气、社会道德的整体进步。邓小平指出：“为了促进社会风气的进步，首先必须搞好党风，特别是要求党的各级领导干部以身作则。党是整个社会的表率，党的各级领导同志又是全党的表率。如果党的组织把群众的意见和利害放在一边，不闻不问，怎么能要求群众信任和爱戴这样的党组织的领导呢？如果党的领导干部自己不严格要求自己，不遵守党纪国法，违反党的原则，闹派性，搞特殊化，走后门，铺张浪费，损公利私，不与群众同甘共苦，不实行吃苦在先、享受在后，不服从组织决定，不接受群众监督，甚至对批评自己的人实行打击报复，怎么能指望他们改造社会风气呢？”[2]党风要引领社会风气，党员、干部就必须有好的作风。

（四）当前作风建设任务十分繁重

形成好的作风不易，保持好的作风更难。而且，随着党执政时间增

---

[1]　马社香：《从溥仪、梁漱溟等人的韶山感悟看毛主席的伟大》，《世界社会主义研究》2018年第2期。

[2]　《邓小平文选（第二卷）》，人民出版社，1994，第177—178页。

加和党所处内外环境的深刻变化，作风问题越来越复杂地表现出来，保持好的作风的任务更为艰巨。随着世情、国情、党情的深刻变化，“四大危险”和“四大考验”更加尖锐地摆在全党面前。特别是在党的十八大之前的相当长一段时间里，党员、干部队伍中出现了一些不符合共产党员先进性的作风问题，比如贪图安逸享受、不愿艰苦奋斗的人逐渐多了起来，想利用执政党的地位和威信谋求个人私利的人逐渐多了起来，高高在上、脱离实际、脱离群众的人逐渐多了起来。而且一些党员领导干部作风问题十分突出，有的做官老爷，高高在上，官气十足；有的搞特权讲特殊，追求物质享受，甚至声色犬马、穷奢极欲；有的贪巨款，包二奶，养小三，甚至横行霸道、为非作歹；有的不愿吃苦不想出力，对不得不办的事过过形式走走过场，动力消退，意志消沉；等等。习近平总书记指出：“工作作风上的问题绝对不是小事，如果不坚决纠正不良风气，任其发展下去，就会像一座无形的墙把我们党和人民群众隔开，我们党就会失去根基、失去血脉、失去力量。抓改进工作作风，各项工作都很重要，但最根本的是要坚持和发扬艰苦奋斗精神。”[1]

二、中国共产党作风建设的历史演进

中国共产党成立之初就深刻认识到自身必须深入群众、发动群众，就深刻认识到无产阶级政党必须具备好的工作作风。中国共产党在发展壮大的过程中，逐步发展了富有特色的作风建设理论、开展了作风建设

---

[1] 《习近平谈治国理政（第一卷）》，外文出版社，2014，第387页。

实践，并形成了独特鲜明的优良作风

（一）党的优良作风的萌芽

从中国共产党诞生到抗日战争之前，是中国共产党优良作风的萌芽和形成阶段。在这一时期，中国共产党开始逐步深入群众、发动工农，开始武装斗争，在革命的熔炉中日益认识到作风建设的重要性。中共二大通过的《关于共产党的组织章程决议案》就明确指出："我们的活动必须是不离开群众的。"要深入群众，保持党的好作风则是必需的。在1927年9月"三湾改编"时，毛泽东针对部队暴露出来的涣散作风进行整顿，将党支部建在连上，提出"说话和气、买卖公平、不拿群众一个红薯"三大纪律，从而使党领导的人民军队的民主作风有了制度保障，也开启了党的群众纪律建设的先河。1929年12月毛泽东为红四军九大起草了《关于纠正党内的错误思想》，其中心内容就是用无产阶级思想克服各种非无产阶级思想，形成党的优良作风。1925年至1926年，毛泽东先后写了《中国社会各阶级的分析》《国民革命与农民运动》《湖南农民运动考察报告》等文章，初步阐明了中国社会各阶级的实际情况和革命与群众结合的重要性及必要性，使理论联系实际的作风开始萌芽。在反"围剿"斗争中，中国共产党更加认识到依靠群众的重要性。毛泽东在1934年1月写的《关心群众生活，注重工作方法》一文中明确提出，"真正的铜墙铁壁是群众，不依靠群众，不关心群众生活，是什么任务也不能完成的"[1]。在他的推动下，党的密切联系群众作风初步形成。

[1]　《毛泽东选集（第一卷）》，人民出版社，1991，第567页。

1930年5月，毛泽东针对党内存在的“左”倾教条主义，写了《反对本本主义》一文，批评了离开实际调查的机会主义和盲动主义，提出中国革命斗争胜利要靠中国同志了解中国情况，提出要运用马克思主义理论研究、分析中国社会性质问题，促进理论联系实际作风的形成。这个时期批评与自我批评开始成为党的工作中的一个常用方法，特别是遵义会议更是运用批评与自我批评解决党内问题的典范，批评与自我批评作风初步形成。

（二）抗日战争到中华人民共和国成立前，党的优良作风进一步成熟

在1937年5月召开的中国共产党全国代表会议上，毛泽东正式提出了“党的作风”的概念。他指出党的“干部和领袖懂得马克思列宁主义，有政治远见，有工作能力，富于牺牲精神，能独立解决问题，在困难中不动摇，忠心耿耿地为民族、为阶级、为党而工作……他们是大公无私的民族的阶级的英雄，这就是共产党员、党的干部、党的领袖应该有的性格和作风”[1]。至此，“党的作风”作为正式命题开始成为党的建设的重要组成部分。这一时期毛泽东围绕党的作风建设进行了艰苦的理论著述。其中在《实践论》和《矛盾论》中反复论证了马克思主义基本原理与中国革命实际相结合的极端重要性，深刻阐述了理论与实践相统一的重要性，为最终形成“理论联系实际”的作风奠定了思想理论基础。1941年春，毛泽东在《〈农村调查〉的序言和跋》中强调在接触群

[1] 《毛泽东选集（第一卷）》，人民出版社，1991，第277页。

众时应注意态度，提出联系和动员群众反对敌人是抗战时期最好的和最切近的参考。同年11月，在陕甘宁边区演说中，毛泽东批评部分共产党员关门主义和宗派主义的作风，指出要倾听人民群众的意见，要联系人民群众，而不要脱离人民群众。1942年2月，毛泽东在中共中央党校开学典礼上作“整顿党的作风”主题讲话，强调对待人民群众要有正确的作风，即密切联系群众。1943年6月，毛泽东在《关于领导方法的若干问题》一文中，把党的群众路线概括为“从群众中来，到群众中去”。他说，从群众中集中起来又到群众中坚持下去，以形成正确的领导意见，这是基本的领导方法。如此无限循环，一次比一次地更正确、更生动、更丰富。这就是马克思主义的认识论。1942年开始的延安整风运动，明确提出了反对主观主义以整顿学风、反对宗派主义以整顿党风、反对党八股以整顿文风的任务，开创了用整风方式加强作风建设、解决党内思想作风问题的成功范例。在这一时期，中国共产党坚持艰苦奋斗，关心民众疾苦，实行民主政治，党的作风更加丰满。1945年4月党的七大上，毛泽东在《论联合政府》的报告中将党24年来在革命斗争中形成的具有中国特色的优良传统作风精辟地概括为党的“三大作风”即理论和实践相结合的作风、和人民群众紧密地联系在一起的作风、批评与自我批评的作风。之后，毛泽东在不同论著中又就党的“三大作风”的本质内涵及相互关系，从理论上作了系统的阐述，从而使“三大作风”成为中国共产党作风的鲜明标识。

解放战争时期，中国共产党对于作风建设更加自觉。抗日战争结束以后，中国面临着两种命运、两个前途的选择，为了争取光明的前途和命运，中国共产党更加强调党的组织纪律性和作风建设。1947年7月，党中央在西柏坡召开全国土地工作会议，作出结合土地改革开展整党运动的重大决定。整党运动的主要内容是“三查”和“三整”，“三查”即查阶级、查思想、查作风，“三整”即整顿组织、整顿思想、整顿作风。整党运动的主要方法是“思想打通，组织整顿，纪律制裁”。[1]1947年10月10日，由毛泽东起草的《中国人民解放军宣言》公布。《宣言》指出：“必须提高纪律性，坚决执行命令，执行政策，执行三大纪律八项注意，军民一致，军政一致，官兵一致，全军一致，不允许任何破坏纪律的现象存在。”[2]同日，毛泽东还根据形势的发展发布《中国人民解放军总部关于重行颁布三大纪律八项注意的训令》，指出“本军三大纪律八项注意，实行多年，其内容各地各军略有出入。现在统一规定，重行颁布。望即以此为准，深入教育，严格执行”[3]。解放战争时期的作风建设，为中国共产党和党所领导的人民军队保持优良作风提供了坚强保障，赢得了人民群众的拥护和支持，从而为解放战争的胜利奠定了民心基础。

（三）中华人民共和国成立后党的作风建设的曲折发展

中华人民共和国成立前夕，毛泽东就预测到了党执政之后将要面临的糖衣炮弹攻击的风险，指出革命以后的路程更长，工作更伟大，更艰苦，强调务必使同志们继续地保持谦虚、谨慎、不骄、不躁的作

---

[1] 《刘少奇选集（上卷）》，人民出版社，1985，第390页。

[2][3] 《毛泽东选集（第四卷）》，人民出版社，1991，第1239页、1241页。

风，务必使同志们继续地保持艰苦奋斗的作风，并且毛泽东还指出“我们有批评和自我批评这个马克思列宁主义的武器。我们能够去掉不良作风，保持优良作风”[1]。但是，党在全国范围内执政以后，一些作风上存在的问题不可避免地出现了。据北京市统计，进城仅一年，已有88名干部因为贪污舞弊受到查处。再就是官僚主义、命令主义作风有所滋长。有些基层干部为完成征粮、收税等任务，竟然粗暴地抓人吊打。针对党的作风中出现的新情况、新问题，1950年至1954年党开展了大规模的整风整党运动，重点整顿各级领导干部的思想作风，解决党群关系方面存在的突出问题。这次整风整党运动开启了党执政后作风建设的良好开端。毛泽东在1956年党的八大开幕词中指出：“但是我们还有严重的缺点。……在我们的许多同志中间，仍然存在着违反马克思列宁主义的观点和作风，这就是：思想上的主观主义、工作上的官僚主义和组织上的宗派主义。这些观点和作风都是脱离群众、脱离实际的，是不利于党内和党外的团结的，是阻碍我们事业进步、阻碍我们同志进步的。”[2]毛泽东强调：“必须用加强党内的思想教育的方法，大力克服我们队伍中的这些严重的缺点。”[3]对此，中国共产党再次针对主观主义、宗派主义、官僚主义开展了全党的“开门整风”，毛泽东更是围绕执政后如何正确处理人民矛盾作出了重大的理论创新。但是整风最终演变成“反右”并犯了扩大化的错误，党

[1]　《毛泽东选集（第四卷）》，人民出版社，1991，第1439页。

[2][3]　中共中央文献研究室编：《毛泽东著作专题摘编（上）》，中央文献出版社，2003，第266页、267页。

内政治生活逐步趋左。1958年发动的“大跃进”和“人民公社化”运动、“亩产上万斤”等大放卫星的错误行动，使党的理论联系实际、实事求是作风遭受了重创。“文化大革命”的10年，党的优良传统和作风更是遭受到了严重破坏，比如集体领导原则和民主集中制受到严重破坏，批评和自我批评的优良作风难以维持；主观主义之风盛行，浮夸之风普遍，理论联系实际的作风遭到严重破坏；“踢开党委闹革命”，忽略了党对群众的领导和组织，严重违背了党的群众路线；由于党的组织不纯、思想不纯，要待遇、要享受、搞特权等种种不正之风开始出现。

（四）改革开放之后党的优良作风的恢复发展

党的十一届三中全会以后，我们党在深刻总结党的建设经验教训的基础上，重新确立了解放思想、实事求是的思想路线，并把端正党风、恢复和发扬“三大作风”作为重要任务提上日程，党的作风建设开始进入到新的发展阶段。以邓小平为核心的第二代中央领导集体针对党内不正之风和腐败现象，鲜明提出执政党的党风关系党的生死存亡的科学论断，并进一步提出要把坚持党的优良传统作风与制度建设有机地统一起来。改革开放之初，邓小平就指出：“我们党同人民群众的关系过去是很好的，密切联系群众，是我们党的一个优良传统。”[1]1980年邓小平又指出：“要坚持党的领导，必须改善党的领导，改进党的作风。现在，我们党在群众中的工作，比‘文化大革命’以前是有些减弱，工

[1] 《邓小平文选（第二卷）》，人民出版社，1994，第228页。

作方法也有一些粗糙的地方，这些都妨碍党与群众的联系。只有大力加强党与群众的联系，深入到群众中去做思想政治工作，经济调整中的许多困难才容易克服。极少数党员、干部的不正之风，非常不利于恢复党在群众中的威信。我赞成陈云同志讲的，执政党的党风问题是有关党的生死存亡的问题。”[1]为此，中国共产党在改革开放之初重新设立了中央纪律检查委员会，并把整顿党风作为纪律检查委员会的基本任务，于1983年10月开始了为期3年半的整党活动，并提出了社会主义精神文明建设的重大任务。

江泽民强调：“党的作风是党的形象，是党的性质、宗旨、纲领、路线的重要体现，是党的创造力、战斗力和凝聚力的重要内容。我们党是以全心全意为人民服务为宗旨的马克思主义政党，是一个领导着有12亿多人口的发展中大国的大党，是一个带领人民建设有中国特色社会主义的执政党，党的作风状况关系党的生死存亡，关系国家的前途命运。”[2]为此，中国共产党对作风建设提出新要求，并创新了举措，在作风要求上把坚持党的“三大作风”与倡导新的时代作风紧密结合起来，明确提出“八个坚持、八个反对”的作风建设新要求，出台《中共中央关于加强和改进党的作风建设的决定》，形成了以理论学习推进作风建设的新方法，并相继开展了深入学习邓小平理论、“三讲”以及学习实践“三个代表”重要思想等理论学习活动，从而使党的作风

[1]　《邓小平文选（第二卷）》，人民出版社，1994，第358页。

[2]　中共中央文献研究室：《江泽民思想年编》，中央文献出版社，2010，第548页。

建设持续推进。

进入21世纪，党的作风问题有了新的错误倾向，作风不实、作风不正的问题更加突出地反映在了推动发展中存在的宗旨意识不强、工作不思进取、政绩观错误混乱、个人主义严重等诸多现象上。党的十六大闭幕之后，胡锦涛等中央领导同志就到革命圣地西柏坡参观学习，随后党中央把谦虚谨慎、艰苦奋斗、求真务实、真抓实干作为作风建设的重要方面，把领导干部作为作风建设的重点，把党性修养作为作风建设的内在依据，对党的作风建设内涵和具体路径作出了新的探索和创新，相继开展了深入学习实践科学发展观活动、保持共产党员先进性教育等集中性教育活动，颁布实施《中国共产党党内监督条例（试行）》《中国共产党纪律处分条例》，通过《关于加强和改进新形势下党的建设若干重大问题的决定》《关于加强党的执政能力建设的决定》等党的建设的重要纲领性文件，并在中央领导层以身作则。胡锦涛在党的十六届二中全会上通报中央政治局近三个多月的工作之后，中央政治局向全会报告工作成为惯例，下发《关于进一步改进会议和领导同志活动新闻报道的意见》，发布《关于党员领导干部报告个人有关事项的规定》《关于严格禁止利用职务上的便利谋取不正当利益的若干规定》等等。这些作风建设的要求、举措和成就推动党的作风建设持续前进。

（五）党的十八大以来党的作风建设成效显著

党的十八大以后，以习近平同志为核心的党中央更加注重作风建设，以踏石留印、抓铁有痕的精神持续不断地把作风建设推向深入，党风政风明显好转，作风建设取得了显著成效。

第一，以上率下，以八项规定精神切入。2012年11月15日，习近平总书记在党的十八届一中全会提出与大家共勉的四点希望，其一就是自觉做弘扬优良作风的表率。同日，在十八届中央政治局常委同中外记者见面时，习近平总书记以强烈的责任意识强调了对民族、对人民、对党的三个责任，明确表示“打铁还需自身硬”，深刻指出必须下大气力解决一些党员、干部中发生的贪污腐败、脱离群众、形式主义、官僚主义等问题，必须坚持党要管党、从严治党，切实解决自身存在的突出问题，切实改进工作作风，密切联系群众，使我们党始终成为中国特色社会主义事业的坚强领导核心。[1]2012年12月4日，刚刚就任的新一届中共中央政治局召开会议，审议通过了关于改进工作作风、密切联系群众的八项规定，内容包括改进调查研究、精简会议活动、精简文件简报、规范出访活动、改进警卫工作、改进新闻报道、严格文稿发表、厉行勤俭节约。习近平总书记要求，党风廉政建设要从领导干部做起，领导干部首先要从中央领导做起。正所谓己不正焉能正人。最重要的就是要防微杜渐，不要温水煮青蛙。八项规定成为以习近平同志为核心的党中央加强作风建设的切入口和动员令。中央以身作则、带头示范，各地区各部门坚决跟进、迅速行动，八项规定精神深入人心，成为作风建设的代名词，成为改变中国政治生态和社会面貌的标志性话语。

第二，解决突出问题，回应人民群众的热切期盼。习近平总书记反复强调：“工作作风上的问题绝对不是小事。”“我们不舒服一点、不

[1] 秋石：《作风建设在全面从严治党中扎实推进、成效显著》，《求是》2016年第4期。

自在一点，老百姓的舒服度就好一点、满意度就高一点，对我们的感觉就好一点。”“如果不坚决纠正不良风气，任其发展下去，就会像一座无形的墙把我们党和人民群众隔开，我们党就会失去根基、失去血脉、失去力量。”[1]对此，以习近平同志为核心的党中央以久久为功的韧劲和决心，推动党的作风建设持续好转。

第三，突出理论教育，解决作风背后的思想认识问题。全党开展以为民务实清廉为主要内容的群众路线教育实践活动，聚焦形式主义、官僚主义、享乐主义、奢靡之风这“四风”，着力解决人民群众反映强烈的突出问题。各级党组织和广大党员干部积极响应党中央号召，按照“照镜子、正衣冠、洗洗澡、治治病”的总要求，以整风精神对党内思想之尘、作风之弊、行为之垢进行了一次大排查、大检修、大扫除。在县处级以上领导干部中开展以“严以修身、严以用权、严以律己，谋事要实、创业要实、做人要实”为主要内容的专题教育，这是党的群众路线教育实践活动的延展深化，是作风建设的再启程、再出发。“三严三实”的要求，抓住了党员、干部做人从政的根本，明确了干事创业的准则，划定了为官律己的红线，是中央对党员领导干部作风建设提出的新要求，为干部加强修养、改进作风、健康成长指明了方向。常态化、制度化开展“两学一做”学习教育，各地区各部门各单位认真贯彻党中央部署，为全体党员在思想、作风、党性上进行了持续的“补钙”和“加油”，增强了全党的党员意识、提高了全党的理论水平。

[1] 《以习近平同志为核心的党中央作风建设成效显著》，《人民日报》2016年2月17日。

第四，制度建设贯彻其中，夯实了作风持续向好的制度基础。2013年11月，中央党的群众路线教育实践活动领导小组印发《关于开展“四风”突出问题专项整治和加强制度建设的通知》，明确强调把制度建设作为解决问题的治本之策。为了保证作风建设的持续性，先后出台了《关于在全国纪检监察系统开展会员卡专项清退活动的通知》《关于党政机关停止新建楼堂馆所和清理办公用房的通知》《关于落实中央八项规定精神 坚决刹住中秋国庆期间公款送礼等不正之风的通知》《中央和国家机关会议费管理办法》《关于进一步规范党政领导干部在企业兼职（任职）问题的意见》等制度规定。党的十九大之后，习近平总书记主持召开中央政治局会议审议《中共中央政治局关于加强和维护党中央集中统一领导的若干规定》和《中共中央政治局贯彻落实中央八项规定的实施细则》，显示了以习近平同志为核心的党中央以制度来管党治党的科学进路。

三、作风建设永远在路上

作风建设永远在路上，是因为作风问题具有反复性和顽固性，不可能一蹴而就、毕其功于一役，更不能一阵风、刮一下就停。当前，我们正在进行具有许多新的历史特点的伟大斗争，作风建设仍然面临许多新的挑战和考验。必须清醒地看到，保持党的优良作风，必须要以踏石留印、抓铁有痕的劲头，持续用力、久久为功。

作风问题具有反复性、顽固性、扩散性等特点。反复性就是说作风问题非常容易反复，往往是“抓一抓就好转、松一松就反弹”，很多错误的作风在严厉打击下会销声匿迹，但是一旦稍微宽松马上就会死灰复燃。顽固性就是说某些作风问题难以清除，特别是诸如官僚主义、特权思想、享乐奢靡等问题很难在短时间内消除。扩散性就是说作风问题非常容易扩散，一些坏的作风倾向如果不及时纠正，很容易就会大面积传染。习近平总书记指出：“作风建设是攻坚战，也是持久战。这么多年，作风问题我们一直在抓，但很多问题不仅没有解决，反而愈演愈烈，一些不良作风像割韭菜一样，割了一茬长一茬。症结就在于对作风问题的顽固性和反复性估计不足，缺乏常抓的韧劲、严抓的耐心，缺乏管长远、固根本的制度。反‘四风’的实践证明，抓和不抓大不一样，真抓和假抓大不一样，严抓和放松也大不一样。”[1]

从形势上看，虽然党的十八大以来作风建设取得了显著的成效，但取得的成果还是初步的，基础还不稳固。作风有所好转，“四风”问题有所收敛，但树倒根在，有些是在高压态势下取得的，仅仅停留在“不敢”上，“不想”的自觉尚未完全形成。有些问题的整改还没有完全到位，一些深层次问题还没有从根本上破解，上下联动解决问题还没有真正形成合力。有的地方基层基础薄弱的情况还没有改变，联系服务群众机制不畅、能力不强，贯彻群众路线到不了末端。有的干部留恋过去那种“一张报纸一包烟，优哉游哉过一天”的日子，希望教育实践活动只是一阵风，风头过了就可以我行我素了。[2]虽然习近平总书记的这段论述是在2014年讲的，但是对于作风问题的顽固性而言具有长期的意义和价值。

[1][2] 习近平：《在党的群众路线教育实践活动总结大会上的讲话》，《人民日报》2014年10月9日。

（一）要有长期作战的思想准备

由于作风问题具有反复性和顽固性，所以作风建设必须要有定力和韧劲。习近平总书记指出："一次活动不可能解决全部问题，这次活动就聚焦解决'四风'问题，而且解决'四风'问题没有休止符，一直是进行时，没有完成时。这是我们加强党的自身建设的规律，若干年搞一次全党性活动，就像一个肌体需要不断修复、康复、治疗、锻炼一样，一间房间需要经常打扫一样，党内政治生活和教育活动也需要经常性、长期性开展。"[1]所以，作风建设必须抓长久、抓经常、抓细微，不能见好就收，不能偃旗息鼓，更不能等小问题变成大问题以后再去抓。要清醒地认识到作风建设永远在路上，逆水行舟用力撑、一篙松劲退千寻，必须以持久的努力防止作风建设出现"烂尾"工程，决不能让"四风"问题反弹回潮。

（二）要把思想建设作为基础

思想是行动的先导。加强和改进党的作风，不能简单就事论事、就现象论现象，以为把眼前存在的作风问题从面上解决了就万事大吉了，而要透过作风现象看灵魂深处存在的问题，在治标的基础上着力治本。政治上的坚定来自理论上的清醒，作风上的优良来自思想上的自觉。邓小平曾经深刻总结："我们最近10年的发展是很好的。我们最大的失误是在教育方面，思想政治工作薄弱了，教育发展不够。最重要的一条

[1]　中共中央纪律检查委员会、中共中央文献研究室编：《习近平关于党风廉政建设和反腐败斗争重要论述摘编》，中央文献出版社、中国方正出版社，2015，第84页。

是，在经济得到可喜发展、人民生活水平得到改善的情况下，没有告诉人民，包括共产党员在内，应该保持艰苦奋斗的传统。有了这个传统，我们就能抗住腐败现象，老干部就能管好他们的子弟。我们经过冷静考虑，认为这方面的失误比通货膨胀等问题更大。”[1]所以，必须始终注重在思想深处解决问题，必须始终注重政治理论教育。要推动党员、干部认真学习马克思列宁主义、毛泽东思想、邓小平理论、“三个代表”重要思想、科学发展观，特别是习近平新时代中国特色社会主义思想，深入理解，真正做到入脑入心，准确把握精髓要义，弄清内在联系，不断提高理论素养和思维水平，把理论学习成果转化为坚定的信仰，把坚定的信仰外化为行动的自觉。

（三）要坚持以上率先

“人不率则不从，身不先则不信。”“其身正，不令而行；其身不正，虽令不从”。很多作风问题的根子在上面，所以抓好全党的作风必须首先抓好领导干部的作风。领导干部的作风在很大程度上决定和影响着下级党员干部的作风。习近平总书记一再强调，作风建设一定要从上头抓起，各级领导机关、领导班子和领导干部都要把自己摆进去，带头转作风。2013年1月22日，习近平总书记在第十八届中央纪律检查委员会第二次全体会议上的讲话中指出：“改进工作作风的任务非常繁重，八项规定是一个切入口和动员令。八项规定既不是最高标准，更不是最终目的，只是我们改进作风的第一步，是我们作为共产党人应该做到的

[1] 《邓小平文选（第三卷）》，人民出版社，1993，第290页。

基本要求。‘善禁者，先禁其身而后人。’各级领导干部要以身作则、率先垂范，说到的就要做到，承诺的就要兑现，中央政治局同志从我本人做起。”“党要管党、从严治党怎么抓？就从中央政治局抓起，正所谓‘子帅以正，孰敢不正’？上面没有先做到，要求下边就没有说服力和号召力。在十八届中央政治局第一次会议上，我就说过，我们党作为马克思主义执政党，不但要有强大的真理力量，而且要有强大的人格力量；真理力量集中体现为我们党的正确理论，人格力量集中体现为我们党的优良作风；中央政治局的同志要带头把党的优良作风继承下来、发扬下去，敏于行、慎于言，降虚火、求实效，实一点，再实一点。全党看着中央政治局，要求全党做到的，中央政治局首先要做到。”[1]实践证明，从领导干部这个“关键少数”抓起，以上率下推进作风建设，才能纯洁党风政风，赢得党心民心。

（四）要持续建章立制

毫无疑义，制度对于党的建设而言具有管根本、管全局、管长远的重要价值，对于作风建设而言同样如此。习近平总书记指出，要横下一条心纠正“四风”，常抓抓出习惯、抓出长效。当前，“四风”问题在面上有所收敛，但不良作风积习甚深，树倒根在，稍有松懈，刚刚压下去的问题就可能死灰复燃，防反弹、防回潮任务依然艰巨。在改进作风问题上，我们不能退，也退不得，必须保持常抓的韧劲、长抓的耐心，

---

[1]　中共中央纪律检查委员会、中共中央文献研究室编：《习近平关于党风廉政建设和反腐败斗争重要论述摘编》，中央文献出版社、中国方正出版社，2015，第71页、78页。

在坚持中见常态，向制度建设要长效。[1]在制度建设理念上，习近平总书记也指出："要本着于法周延、于事简便的原则，体现改革精神和法治思维，把中央要求、群众期盼、实际需要、新鲜经验结合起来，努力形成系统完备的制度体系，以刚性的制度规定和严格的制度执行，确保改进作风规范化、常态化、长效化，切实防止'四风'问题反弹。"[2]总之，一方面要针对作风建设方面的短板、难题和问题容易发生的领域不断完善制度，努力形成系统完备的制度体系；另一方面，必须加大制度执行的力度，坚持制度面前人人平等、执行制度没有例外，坚决防止党内制度成为"稻草人"，从而扎紧扎密制度的笼子，构筑作风建设的根本保障。

作风问题关系人心向背，关系党的生死存亡。作风建设不是也不能是一阵风，它是中国共产党对人民作出的庄严承诺。作风建设是攻坚战，也是持久战。作风建设的关键是要在抓常、抓细、抓长上下功夫。党的十九大再次强调作风建设永远在路上，作出了一刻不能松、半步不能退的新部署。面对"四风"新问题、新变种，要以"咬定青山不放松"的信念，让中央八项规定精神成风化俗、渐成习惯，定能实现清气满乾坤。

---

[1] 中共中央文献研究室编：《习近平关于全面从严治党论述摘编》，中央文献出版社，2016，第165页。

[2] 中共中央纪律检查委员会、中共中央文献研究室编：《习近平关于党风廉政建设和反腐败斗争重要论述摘编》，中央文献出版社、中国方正出版社，2015，第88页。

毛泽东在延安“挨骂”的史实[1]

毛泽东第一次“挨骂”

1941年6月3日，陕甘宁边区政府在延安的杨家岭小礼堂召开边区各县县长联席会议，讨论征粮工作和农民负担问题。当天下午正在开会的时候，突然大风暴雨。一个炸雷，击断了礼堂的一根木柱，坐在附近的延川县代县长李彩云猝不及防，不幸触电身亡。同一天，一位农民饲养的一头驴也被雷电击死了。

噩耗传开以后，人们议论纷纷。这位农民逢人就说：“老天爷不开眼，响雷把县长劈死了，为什么不劈死毛泽东？”

保卫部门闻讯，要把这件事当作反革命事件来追查，逮捕这个“竟敢如此咒骂毛主席”的农民，并要公开处理，以一儆百。

毛泽东从警卫员口中知道这件事以后，立即阻止了保卫部门的行动。毛泽东说：“群众发牢骚，有意见，说明我们的政策和工作有毛病。不要一听到群众有议论，尤其是尖锐一点的议论，就去追查，就要立案，进行打击压制。这种做法实际上是软弱的表现，是神经衰弱的表现。我们共产党人无论如何不要造成同群众对立的局面。”毛泽东在延安还说过：“党群关系好比鱼水关系，共产党是鱼，老百姓是水；水里可以没有鱼，鱼可是永远也离不开水啊！”

---

[1] 薛鑫良：《毛泽东在延安“挨骂”的史实》，《学习时报》2007年4月2日。

毛泽东第二次“挨骂”

不久，在陕甘宁边区的清涧县农村又发生了一起类似的事情。

农妇伍兰花的丈夫在山上用铁犁耕地时，不幸被雷电击毙。伍兰花一边悲痛一边大骂“世道不好”“共产党黑暗”“毛泽东领导官僚横行”等。中央社会调查部闻讯后，把伍兰花拘押到延安，并由保卫部门建议判处死刑，报陕甘宁边区高等法院审判和中央审批以后即在清涧县枪毙，以此来稳定社会局势和群众情绪。

毛泽东从社会调查部部长派人送来的《情况汇报》中知道了这件事。他对社会调查部的人说：“你们不能这样做嘛!……中央设立社会调查部，不是设几个官位。如果不做调查，就随随便便抓人、杀人，这是国民党的黑暗做法!就这些而论，人家骂得就有道理呀!”

当晚，毛泽东的心情仍难以平静，就叫来中央军委总部保卫部部长钱益民，要他立即把伍兰花带来。在会客室里，经过聊天拉家常话，毛泽东了解到伍兰花的家里共有6口人，70岁的婆婆是个瘫痪病人；3个娃，大的才10岁，小的还不到3岁半；里里外外全靠丈夫支撑着。1935年中央红军来了以后，她家里分了5亩地，头几年还好，政府收的公粮少，家里的粮食吃不完，踏实过了几年好日子。这几年变了，干部只管多要公粮，还多吃多占。如今她丈夫死了，家里的顶梁柱就没有了。

毛泽东又把钱益民叫进来，当面嘱咐说：“把这个妇女马上放回去，还要派专人护送她回家。记住，去的人要带上公文，向当地政府当面讲清楚，她没有什么罪过，是个敢讲真话的好人。她家困难多，当地政府要特别照顾。对于清涧县群众的公粮负担问题，边区政府要认真调查研究，该免的要免，该减的要减。我们决不能搞国民党反动派那一套，不管老百姓的死活！”

伍兰花回村以后，对乡亲们讲了自己在延安的经历。长辈们听了以后说：“古人讲，宰相肚里撑大船，将军头上跑快马。毛主席太了不起啦，真是个不怕雷打、不怕鬼咋的大人物!”

毛泽东从群众的民怨骂声中深刻反思，并举一反三，下决心与中共中央、中央军委和陕甘宁边区政府的领导同志一道，采取一系列措施改进工作。例如，毛泽东等中央领导同志通过深入调查发现，“确实公粮太多”，“加重了人民的负担”。在1941年11月6日开幕的陕甘宁边区第二届参议会上，开明士绅李鼎铭等11人提案建议“政府应彻底计划经济，实行精兵简政主义，避免入不敷出、经济紊乱之现象”，并提出了具体实施办法。11月18日，参议会通过了精兵简政的决议。

在中共中央领导下，陕甘宁边区带头行动，先后进行了三次精简。从而根本上解决了“鱼大水小”的矛盾，在减轻人民负担，减少消费支出，提高工作人员素质和工作效率等方面，都取得了明显的成效。

面对当时十分严峻的形势，毛泽东在1942年12月明确指出：“发展经济，保障供给，是我们的经济工作和财政工作的总方针。”陕甘宁边区和各抗日根据地的党政军民学各界都开展了轰轰烈烈的大生产运动。中国共产党领导的广大军民，用自己动手的方法，达到了丰衣足食的目的。毛泽东说：“这是中国历史上从来未有的奇迹。”毛泽东还把大生产运动与1942年整风运动一起，称为在当时整个革命链条中起决定性作用的两个环节。

在1945年4月24日党的七大政治报告中，毛泽东强调指出："有无认真的自我批评，也是我们和其他政党互相区别的显著的标志之一。"从此，批评和自我批评与理论联系实际、密切联系群众一起，成为中国共产党必须永远保持和发扬的"三大优良作风"。

第九章　全面从严抓纪律建设

党的十八大以来习近平总书记坚持把依规治党作为全面从严治党的治本之策，强调从严治党要靠制度，党纪国法不能成为“橡皮泥”“稻草人”，要把依规治党贯穿于推进全面从严治党这一战略布局的全过程。在党的十九大报告中，又把党的纪律建设纳入党的建设总体布局。十九届中央纪委二次全会再次强调全面加强党的纪律建设，体现了新时代全面从严治党的新要求。我们党是用革命理想和铁的纪律组织起来的马克思主义政党，纪律严明是我们党的优良传统，也是我们党的力量所在。在新时代，全面从严治党必须全面从严抓纪律建设。

一、全面从严抓纪律建设的必要性

“加强纪律性，革命无不胜”。抓纪律建设是马克思主义政党的优良传统和独特优势。面临党内存在的一系列问题，抓纪律建设是解决这些问题的根本之策，是巩固党的执政地位提高党的执政能力的重要举措，从长远来看，抓纪律建设还是推进国家治理体系和治理能力现代化的长远之计。

（一）重视纪律建设是无产阶级政党的独特优势

马克思主义政党诞生之日起就有严格的纪律要求，严明的纪律和规矩是其与生俱来的内在品质，是整个党的建设的重要基础。马克思、恩格斯在党的建设的探索实践中，就非常重视纪律的重要性。1859年5月18日，马克思在写给恩格斯的信中明确指出：“我们现在必须绝对保持党的纪律，否则将一事无成。”[1]马克思曾明确指出：“没有任何服从纪律的支部!没有任何党的纪律，没有任何力量在一点的集中，没有任何斗争的武器!那未来社会的原型会变成什么呢?简而言之，我们采用这种新的组织会得到什么呢?会得到一个早期基督徒那样的畏缩胆怯的而又阿谀奉承的组织。”[2]马克思、恩格斯的政党建设实践也为马克思主义政党的发展确立了一系列重要的组织原则和纪律规范：所有组织机构包括每个支部必须按规定统一命名称谓，地方性组织的章程和条例不得与政党的共同章程和条例有任何抵触；成员权利与义务相统一；上下级党组织应定期联系和报告；选举和投票表决原则；代表大会是政党组织最高权力机构和立法机构；中央委员会是权力执行机关，必须执行代表大会的决议，并向代表大会报告工作。

中国共产党之所以发展壮大，带领中国人民取得革命建设改革的伟大成就，一是靠坚定崇高的革命理想，二是靠组织的铁的纪律。中共

[1] 《马克思恩格斯全集（第二九卷）》，人民出版社，1972，第413页。
[2] 《马克思恩格斯选集（第二卷）》，人民出版社，1995，第447页。

一大通过的《中国共产党第一个纲领》就用相当篇幅对党员行为作出规定，使党自成立之日起就以严明纪律为保障。中国共产党二大通过的《中国共产党章程》就专门有《纪律》一章。党的二大通过的另一个指导党的建设的重要文件——《关于共产党的组织章程决议案》更明确指出："凡一个革命的党，若是缺少严密的、集权的、有纪律的组织与训练，那就只有革命的愿望，便不能够有力量去做革命的运动。"[1]1927年6月，中央召开政治局会议，对党章进行修改，明确规定严格党的纪律是全体党员及全体党部最初的最重要的义务。1928年7月，党的六大党章第一次明确规定党的组织原则为民主集中制，详细规定了民主集中制的三项根本原则。井冈山时期，毛泽东提出的"三大纪律八项注意"成为党领导的人民军队的铁的纪律和优良传统。1938年，毛泽东在党的六届六中全会报告中，首次提出了"纪律是执行路线的保证"的科学论断。1945年6月，党的七大党章第一次把党的纪律写进总纲。

1948年9月，中共中央政治局在西柏坡召开扩大会议，中心议题是"军队向前进，生产长一寸，加强纪律性，革命无不胜"，强调要建立请示报告制度。请示报告制度要求党的下级组织的代表大会、委员会及代表会议的重要决议，必须呈报党的上级组织批准以后方准执行；各级党的领导机关，必须将不同意见的争论，及时地、真实地向上级报告，其中重要的争论必须报告中央。这项制度的建立和执行，有力推进了党的作风和纪律建设，为全党统一意志、统一行动提供了有力保

[1] 中共中央文献研究室、中央档案馆编：《建党以来重要文献选编（第一册）》，中央文献出版社，2011，第162页。

证。在1949年3月召开的七届二中全会上，毛泽东代表大会起草文件，其中一部分是《党委会的工作方法》。这实则是毛泽东预见到党即将执掌政权，面对新情况新问题，给广大的党员领导干部定规矩。1949年11月9日，中共中央作出《关于成立中央及各级党的纪律检查委员会的决定》，规定各级党的纪律检查委员会作为各级党委的一个工作部门，在各级党委的直接领导下开展工作。1953年召开的第二次全国纪检工作会议制定了《中共中央纪律检查委员会关于处理控告、申诉案件的若干规定》和《中央关于处分党的组织及党员的批准权限和手续的规定（草案）》，这是党历史上纪律执行工作第一次比较系统的成文规定。1954年在中国共产党七届四中全会通过了《关于增强党的团结的决议》，并明确了全党的高级干部在工作中应遵守的规定。1956年9月党的八大通过的党章强调："党是以一切党员都要遵守的纪律联结起来的统一的战斗组织；没有纪律，党决不能领导国家和人民战胜强大的敌人而实现社会主义和共产主义。"[1]但是，随着党内政治生活逐步走向无序、混乱，党的组织原则遭到了践踏，中共九大取消党的纪律检查机关，党的纪律建设大幅度倒退。

党的十一届三中全会决定重新设立党的中央纪律检查委员会，随后又制定了《关于党内政治生活的若干准则》，对于"文化大革命"以后重建党内纪律，保障党内政治生活的正常化、秩序化，起到了非常重要的作用。党的十二大通过的新的《中国共产党章程》重新设立了《党的

---

[1] 《中国共产党党章》（1945年6月11日中共七大通过），共产党员网，http：//fuwu.12371.cn/2014/12/24/ARTI1419387009014124.shtml。

纪律》和《党的纪律检查机关》两章，更加注重强调用严格的纪律来约束全党。2003年12月颁布了《中国共产党纪律处分条例》，在维护党的章程和其他党内法规、严肃党的纪律、纯洁党的组织等方面起到了重要作用。2007年10月，党的十七大强调，全党同志要坚决维护党的集中统一，自觉遵守党的政治纪律，始终同党中央保持一致，坚决维护中央权威，切实保证政令畅通。2009年9月，十七届四中全会再次强调，全党同志要严守党的纪律特别是政治纪律，保证中央政令畅通。2012年11月16日，党的十八大刚刚闭幕，习近平总书记就发表了《认真学习党章、严格遵守党章》的文章，强调党章就是党的根本大法，是全党必须遵循的总规矩。党的十八大以来，党中央要求全党尊崇党章，从出台中央八项规定入手，修订相关党内法规，强调加强纪律建设是全面从严治党的治本之策，要求把纪律和规矩挺在前面，从而推动了全党讲纪律、守规矩，推动党的纪律建设迈上了新的台阶。

（二）抓纪律建设是解决党内存在问题的根本之策

党的纪律建设的历史昭示现实，党面临的形势越复杂、肩负的任务越艰巨，就越需要加强纪律建设。当前，我们党高度重视纪律建设不仅因为它是中国共产党的光荣传统和独特优势，更重要的是为了解决现实中存在的突出问题，因为纪律建设是解决党内存在问题的治本之策。

党的十八大以来，习近平总书记对党内规矩纪律缺失的问题有诸多痛心疾首的描述和阐释。他在十八届四中全会第二次全体会议指出无视党的政治纪律和政治规矩的“七个有之”：“一些人无视党的政治纪律和政治规矩，为了自己的所谓仕途，为了自己的所谓影响力，搞任人唯亲、排斥异己的有之，搞团团伙伙、拉帮结派的有之，搞匿名诬告、制造谣言的有之，搞收买人心、拉动选票的有之，搞封官许愿、弹冠相庆的有之，搞自行其是、阳奉阴违的有之，搞尾大不掉、妄议中央的也有之，如此等等。”[1]在就《关于新形势下党内政治生活的若干准则》和《中国共产党党内监督条例》起草的有关情况向党的十八届六中全会作说明时，习近平总书记明确指出党内不同程度存在的个人主义、分散主义、自由主义、好人主义、宗派主义、山头主义、拜金主义与其他一些亟待解决的突出矛盾和问题，严重侵蚀党的思想道德基础，严重破坏党的团结和集中统一，严重损害党内政治生态和党的形象，严重影响党和人民的事业的发展。针对这些现象，习近平总书记指出：“组织纪律、财经纪律过去都是不敢碰的高压线，现在这两条纪律在一些地方和部门成了最松弛的低压线。犯个组织纪律、财经纪律算什么？打个哈哈就过去了！”[2]2014年5月9日，在参加河南省兰考县委常委班子专题民主生活会时，习近平总书记还有一段论述：这些年，一些潜规则侵入党内，并逐渐流行起来，有的人甚至以深谙其道为荣，必须引起我们高度警觉。比如，在思想政治上，一些人信奉“马列主义对人，自由主义对己”“两个嘴巴说话，两张面孔做人”；在组织生活中，一些人信奉“自我批评摆情况，相互批评提希望”“你不批我，我不批你；你若

[1] 中共中央纪律检查委员会、中共中央文献研究室编：《习近平关于党风廉政建设和反腐败斗争论述摘编》，中国方正出版社，2015，第50页。

[2] 中共中央文献研究室编：《十八大以来重要文献选编（上）》，中央文献出版社，2014，第771页。

批我，我必批你”“上级对下级，哄着护着；下级对上级，捧着抬着；同级对同级，包着让着”；在执行政策中，一些人信奉“遇到黄灯跑过去，遇到红灯绕过去”，“不求百姓拍手，只求领导点头”；在干部任用中，一些人信奉“不跑不送、降职使用，只跑不送、原地不动，又跑又送、提拔重用”；在人际交往中，一些人信奉“章子不如条子，条子不如面子”“有关系走遍天下，没关系寸步难行”。

这些潜规则看起来无影无踪，却又无处不在，听起来悖情悖理，却可畅通无阻，成为防腐蚀党员和干部、败坏党的风气的沉疴毒瘤。如果任其大行其道，我们的党风、政风、社会风气又谈何好转？特别是当前形势严峻复杂，党所承担的任务艰巨繁重，更需要全党团结一致、步调一致地在党中央的领导下应对挑战。所以，必须加强纪律、严明纪律，特别是严明党的政治纪律和政治规矩已经成为解决我们党内面临的一系列问题的迫切需要，也是新形势下巩固党的执政地位、提高党的执政能力的重要之举。

（三）抓纪律建设是推进国家治理体系和治理能力现代化的长远之计

党的十八届三中全会对全面深化改革作出重大战略部署，并明确了全面深化改革的总目标是完善和发展中国特色社会主义制度、推进国家治理体系和治理能力现代化，明确了全面深化改革的基本原则、根本方向。推进国家治理体系和治理能力现代化，则指明了改革的主要目标、重点任务。在省部级主要领导干部学习贯彻十八届三中全会精神全面深化改革专题研讨班上，习近平总书记指出：今天，我们党处在这样的历史方位上，摆在我们面前的一项重大历史任务，就是推动中国特色社会主义制度更加成熟更加定型。从形成更加成熟更加定型的制度看，我国社会主义实践的前半程已经走过了，前半程我们的主要历史任务是建立社会主义基本制度，并在这个基础上进行改革，现在已经有了很好的基础。后半程，我们的主要历史任务是完善和发展中国特色社会主义制度，为党和国家事业发展、为人民幸福安康、为社会和谐稳定、为国家长治久安提供一整套更完备、更稳定、更管用的制度体系。习近平总书记指出：“国家治理体系和治理能力是一个国家制度和制度执行能力的集中体现。国家治理体系是在党领导下管理国家的制度体系，包括经济、政治、文化、社会、生态文明和党的建设等各领域体制机制、法律法规安排，也就是一整套紧密相连、相互协调的国家制度；国家治理能力则是运用国家制度管理社会各方面事务的能力，包括改革发展稳定、内政外交国防、治党治国治军等各个方面。国家治理体系和治理能力是一个有机整体，相辅相成，有了好的国家治理体系才能提高治理能力，提高国家治理能力才能充分发挥国家治理体系的效能。”[1]通过习近平总书记的论述，我们可以看出国家治理体系本身包括党的建设这一领域，治理能力本身包括治党这一重要方面，而治理体系和治理能力本身就强调的是制度和制度的执行力。

推进国家治理体系和治理能力现代化，必须坚持依法治国，也必须坚持依规治党，为党和国家事业发展提供根本性、全局性、长期性的制

[1] 《习近平谈治国理政》，中国外文出版社，2014，第91页。

度保障。作为执政党的中国共产党，是中国特色社会主义的核心领导力量，在推进国家治理体系和治理能力现代化的过程中，党必须首先立规矩、讲规矩、守规矩。十八届四中全会决定提出的全面依法治国的总目标是建设中国特色社会主义法治体系，建设社会主义法治国家。这个法治体系包括完备的法律规范体系、高效的法治实施体系、严密的法治监督体系、有力的法治保障体系、完善的党内法规体系。严明党的纪律，在党内立规矩、讲规矩、守规矩，是全面依法治国的题中应有之义。对这个问题，习近平总书记多次进行阐述："依法执政，既包括党依据国家法律治国理政，也包括依据党内法规管党治党。""在我们国家，法律是对全体公民的要求，党内法规制度是对全体党员的要求，而且很多地方比法律的要求更严格。我们党是先锋队，对党员的要求应该更严。全面推进依法治国，必须努力形成国家法律法规和党内法规制度相辅相成、相互促进、相互保障的格局。"[1]在十八届四中全会第二次全体会议上，习近平总书记对这一问题又专门作了进一步的深刻阐述："要完善党内法规制定体制机制，注重党内法规同国家法律的衔接和协调，构建以党章为根本、若干配套党内法规为支撑的党内法规制度体系，提高党内法规执行力。党章等党规对党员的要求比法律要求更高，党员不仅要严格遵守法律法规，而且要严格遵守党章等党规，对自己提出更高要

[1]　中共中央文献研究室编：《习近平关于协调推进"四个全面"战略布局论述摘编》，中央文献出版社，2015，第11页。

求。”[1]

中国的事情，关键在党。习近平总书记指出：“小智治事，中智治人，大智立法。治理一个国家、一个社会，关键是要立规矩、讲规矩、守规矩。”[2]在中国特色社会主义旗帜下加强治理体系和治理能力现代化建设，必须首先加强党的治理体系和治理能力建设，而这就内在地要求必须要把党的纪律体系建设放在十分重要的位置。

二、中国共产党纪律建设的历史回顾

如上所述，中国共产党在发展历程中，一贯坚持马克思主义政党的纪律建设思想，非常重视党的纪律建设，积累了丰富的纪律建设经验。

（一）党的纪律建设的起步、探索与完善

民主革命时期是党的纪律的起步与探索阶段。1921年刚一成立的中国共产党就在自己的纲领中对纪律有了简单但却鲜明的规定。1921年7月，党的第一次全国代表大会召开时，陈独秀在给出席会议代表的信中提出几点意见，希望会议郑重讨论：“一曰培植党员；二曰民主主义之指导；三曰纪律；四曰慎重进行发动群众。政权问题，因本党尚未成立，应俟诸将来，而先尽力于政治上之工作。”而在中共一大纲领中也有关于党的纪律方面的相关规定：“在党处于秘密状态时，党的重要主

[1] 中共中央文献研究室编：《习近平关于协调推进“四个全面”战略布局论述摘编》，中央文献出版社，2015，第143页。

[2] 习近平：《在党的十八届四中全会第二次全体会议上的讲话》，《人民日报》2014年10月24日。

张和党员身份应保守秘密。”“党员如果不是由于法律的迫使和没有得到党的特别允许，不能担任政府委员或国会议员。士兵、警察和职员不在此例。”[1]中共二大通过的党章中专设《纪律》一章，具体规定如下：

第十七条 全国代表大会为本党最高机关；在全国大会闭会期间，中央执行委员会为最高机关。

第十八条 全国大会及中央执行委员会之议决，本党党员须绝对服从之。

第十九条 下级机关须完全执行上级机关之命令；不执行时，上级机关得取消或改组之。

第二十条 各地方党员半数以上对于执行委员会之命令有抗议时，得提出上级执行委员会判决；地方执行委员会对于区执行委员会之命令有抗议时，得提出中央执行委员会判决；对于中央执行委员会有抗议时，得提出全国大会或临时大会判决；但在未判决期间均仍须执行上级机关之命令。

第二十一条 区或地方执行委员会及各组均须执行及宣传中央执行委员会所定政策，不得自定政策，凡有关系全国之重大政治问题发生，中央执行委员会未发表意见时，区或地方执行委员会，均不得单独发表意见，区或地方执行委员会所发表之一切言论倘与本党宣言章程及中央执行委员会之议决案

[1] 《中国共产党章程汇编》，中共中央党校出版社，2007，第2页。

及所定政策有抵触时，中央执行委员会得令其改组之。

第二十二条　凡党员若不经中央执行委员会之特许，不得加入一切政治的党派。其前已隶属一切政治的党派者，加入本党时，若不经特许，应正式宣告脱离。

第二十三条　凡党员若不经中央执行委员会之特许，不得为任何资本阶级的国家之政务官。

第二十四条　本党一切会议均取决多数，少数绝对服从多数。

第二十五条　凡党员有犯左列各项之一者，该地方执行委员会必须开除之：（一）言论行动有违背本党宣言章程及大会各执行委员会之议决案；（二）无故联续二次不到会；（三）欠缴党费三个月；（四）无故联续四个星期不为本党服务；（五）经中央执行委员会命令其停止出席留党察看期满而不改悟；（六）泄漏本党秘密；地方执行委员会开除党员后，必须报告其理由于中央及区执行委员会。[1]

中共三大、四大通过的两次修正章程也专列《纪律》一章，与二大党章的规定没有太多的变化。1927年召开的中共五大选举产生了中共中央监察委员会。这是中国共产党设立的首个党的监察和纪律检查机构，它的设立标志着中国共产党党内监察制度的初步创立，并为后来党内监察制度的发展和完善奠定了基础。党的五大党章明确规定严格党的纪律是全体党员及全体党部最初的最重要的义务，党部机关之决议，应当敏

[1]　《中国共产党章程汇编》，中共中央党校出版社，2007，第2页。

捷的与正确的执行之，但对于党内一切争论问题，在未解决以前，完全自由讨论之。第一次在党的纪律建设史上细化了纪律处分的类型，指出对党组织的纪律处分主要有警告、改组和解散三类，对党员个人的处分主要有警告并临时取消工作、留党察看、开除党籍三类。党的六大党章删去了原章程中的《监察委员会》一章，设立了《审查委员会》一章。在这一时期，中国共产党也开始逐步执行党的纪律，给予党员以纪律处分。

毛泽东在1927年10月“三湾改编”时提出了“三大纪律”，到1928年又补充了“六项注意”，后来又增加了两款，形成了耳熟能详的“三大纪律八项注意”。1938年六届六中全会明确要求全党做到个人服从组织、少数服从多数、下级服从上级、全党服从中央，通过了一系列关于党内政治纪律的规定，比如《关于中央委员会工作规则与纪律的决定》《关于各级党部工作规则与纪律的决定》等文件，重申了党的政治和组织纪律：党的决议和文件，未经决定发表或报告、传达，不得向会外任何人泄露；不得在组织以外对任何人发表与党组织相违反的意见，亦不得有任何相违反的行动；未经党组织同意或委托，不得以组织名义对外发表言论与文件等。1941年7月，中共中央作出《关于增强党性的决定》，要求党更进一步地成为政治上、思想上、组织上完全巩固的马克思列宁主义的党，要求全体党员和党的各个组成部分都在统一的意志、统一的行动和统一的纪律下面团结起来，成为有组织的整体。这些规定的出台，进一步完善了中央和地方各级党部的工作规则和程序，明确了组织纪律和对违反纪律行为的相应处分措施。

经过长期革命斗争的洗礼，中国共产党对党的纪律的认识更为准确。在党的七大上，刘少奇在关于修改党章的报告中指出，抗战以来党顺利发展的一个重要因素就是“它有严格的建立在民主基础上的集中制，有自觉的铁的纪律”[1]。七大党章在党章历史上第一次出现了总纲，实现了对党的纪律新的文本叙述。七大党章在总纲中指出，中国共产党是以自觉的、一切党员都要履行的纪律联结起来的统一的战斗组织。中国共产党的力量，在于自己的坚强团结、意志统一、行动一致。在党内不容许有离开党的纲领和党章的行为，不能容许有破坏党纪、向党闹独立性、小组活动及阳奉阴违的两面行为。中国共产党必须经常注意清除自己队伍中破坏党的纲领和党章、党纪而不能改正的人出党。在具体条文中，七大党章指出模范地遵守革命政府和革命组织的纪律是共产党员的四项义务之一，从而更加强调了党员遵守党的纪律的自觉性和义务性。七大党章以《党的监督机关》一章代替了六大党章《审查委员会》一章，其任务是决定或取消对党员的处分，受理党员的控诉。解放战争时期，面对形势任务和党的建设实际，中国共产党又颁布了一系列纪律规定，比如《关于建立报告制度》《关于建立报告制度的补充指示》《健全党委制》以及《中国人民解放军总部关于重新颁布三大纪律八项注意的训令》等制度规定，并开展了“三查三整”的整党运动。

（二）社会主义革命与建设时期党的纪律建设的进步与曲折

在中华人民共和国成立前夕，毛泽东就向全党发出了“两个务必”的谆谆告诫，并在西柏坡制定了一不做寿、二不送礼、三少敬酒、四少

[1] 《刘少奇选集（上卷）》，人民出版社，1981，第315页。

拍掌、五不以人名作地名、六不要把中国同志同马恩列斯平列的六项规定。中华人民共和国甫一成立，1949年11月2日中共中央政治局会议就决定为整饬党纪，决定组织中央纪律检查委员会，1949年11月9日，中共中央作出《关于成立中央及各级党的纪律检查委员会的决定》，规定各级党的纪律检查委员会作为各级党委的一个工作部门，在各级党委的直接领导下开展工作。1950年，中共中央发出《关于在全党全军开展整风运动的指示》，重点是整顿各级担负领导工作的党员干部的工作和生活作风。1951年，中共中央全国组织工作会议又作出了《关于整顿党的基层组织的决议》和《关于发展新党员的决议》，对整党和建党工作进行了具体的部署。1951年4月第一次全国纪检工作会议召开，会议要求各级党委必须加强对纪委工作的领导，健全办事机构，严肃执行党纪，加强全党的纪律性。1953年召开第二次全国纪检工作会议制定了《中共中央纪律检查委员会关于处理控告、申诉案件的若干规定》和《中央关于处分党的组织及党员的批准权限和手续的规定（草案）》。这是我党历史上在执行纪律的工作中第一次比较系统的成文规定，使全党在执行纪律的过程中具有统一标准和明确界限。[1]1955年党的全国代表会议决定成立党的中央和地方各级监察委员会，取代原来的纪律检查委员会，以加强党的纪律，加强反对党员中各种违法乱纪现象的斗争。1956年，党的八大通过的《中国共产党章程》详细规定了中央和地方监察委员会的任务，包括经常检查和处理党员违反党的章程、党的纪律、共产主义

---

[1]　魏明铎：《中国共产党纪律检查史》，河北人民出版社，1993，第51页。

道德和国家法律、法令的案件；决定和取消对于党员的处分；受理党员的控告和申诉等。毫无疑问，中华人民共和国成立之后，随着党的历史地位的变化，党的纪律建设也更加规范、系统。

但是在党的八大之后，党内政治生活逐渐陷于无序，对党的纪律建设也构成了极其严重的负面影响。

（三）改革开放以后党的纪律建设的恢复与完善

党的十一届三中全会以后，党的纪律建设得以恢复和完善。首先是党的纪律检查工作得到恢复。鉴于“文化大革命”时期党的纪律法规遭受任意践踏的历史教训，党的十一届三中全会后，党中央将党内纪律规章制度建设提上议事日程。1979年1月，中共十一届三中全会中央纪律检查委员会第一次会议讨论并拟定了关于党内政治生活的准则，制定了《中共中央纪律检查委员会关于工作任务、职权范围、机构设置的规定》，并发布了关于如何做好党的纪律检查工作的《中央纪律检查委员会通告》。会后，中央纪律检查委员会起草了《关于党内政治生活的若干准则》，对规范党员行为、严肃党的纪律起了重要作用。其次是坚持民主集中制，反对无组织无纪律的家长制、无政府主义、自由主义，改变党组织的软弱涣散状况。加强党的纪律建设成为全党的基本共识。党的十二大通过的《中国共产党章程》在总纲部分明确了党的建设的三项基本要求，并明确规定党内充分发扬民主，在民主的基础上实行高度的集中，加强组织性纪律性，保证全党行动的一致，保证党的决定得到迅速有效的贯彻执行。党在自己的政治生活中正确地开展批评和自我批评，在原则问题上进行思想斗争，坚持真理，修正错误。实行在党的纪律面前人人平等的原则，给违犯纪律的党员以应有的批评或处分，把坚持反对党、危害党的分子清除出党。十二大党章全面恢复了“党的纪律”条文，并对党的纪律检查机关有了更为明确细致的规定。

在此之后，党的纪律建设日益受到党的重视，并随着实践的发展而不断深化、完善。1983年中共十二届二中全会指出，保持党的组织纪律性，坚持民主集中制，是实现党的纲领和任务，提高党的战斗力的重要保证。党的十三大认为，健全民主集中制首先应从中央做起，要求建立中央政治局、政治局常委会、中央书记处的工作规则和生活会制度，使集体领导制度化，加强对党的领导人的监督和制约。党的十四大专门强调要坚持和健全民主集中制，维护党的团结和统一。世纪之交，江泽民发出“治国必先治党，治党务必从严”的号召，他多次强调如果没有严密的纪律，就不能维护党的团结统一，要保持党的先进性和纯洁性，增强党的凝聚力和战斗力，保证党的纲领、路线和任务的实现。进入21世纪新阶段，以胡锦涛为总书记的党中央高度重视党风廉政建设，深入开展党风党纪教育，坚持“标本兼治、综合治理、惩防并举、注重预防”的方针，不断加大反腐败斗争的力度。尤其是1997年2月27日中共中央发布《中国共产党纪律处分条例（试行）》，2003年12月中共中央印发《中国共产党纪律处分条例》，虽然这两个条例带有历史的局限性，但在党的纪律建设史上却具有重要的里程碑意义，对党员的纪律要求更为细化和严格，对维护党的章程和其他党内法规、严肃党的纪律等发挥了重要作用。在这一过程中，党的纪律检查工作也日益规范化、常态化、制度化，大量在改革开放进程中违纪违法的党员受到纪律处分，维护了党的纯洁性和先进性。

（四）党的十八大以后党的纪律建设翻开新篇章

党的十八大以来，以习近平同志为核心的党中央更加深刻认识到了党的纪律建设的重要意义，把党的纪律建设放在更为重要的地位，要求全党立规矩、讲规矩、守规矩。主要表现在，一是进一步完善了党内纪律体系。以党章为根本遵循，以中央八项规定精神破局，把党章的要求具体化为各项党内法规，出台了一系列配套的党内法规，让制度的笼子越扎越紧。二是进一步明确党内纪律的特性。党的纪律与国家法律既有差别又有联系，党的十八大之后党的纪律建设既使纪律与法律衔接，又使纪律与法律分离，用党言党语来表述党的纪律，更加符合政党特性、更加体现政党特色。三是把严明政治纪律和政治规矩摆在更加重要的位置。习近平总书记强调严明党的纪律，首要的就是严明政治纪律。党的纪律是多方面的，但政治纪律是最重要、最根本、最关键的纪律，遵守党的政治纪律是遵守党的全部纪律的重要基础。政治纪律是各级党组织和全体党员在政治方向、政治立场、政治言论、政治行为方面必须遵守的规矩，是维护党的团结统一的根本保证。四是强化纪律权威。党的纪律不是“稻草人”，加强纪律建设必须使纪律成为带电的高压线。习近平总书记强调，遵守党的纪律是无条件的，要说到做到，有纪必执、有违必查，不能把纪律作为一个软约束或是束之高阁的一纸空文。党的规矩，党组织和党员、干部必须遵照执行，不能搞特殊、有例外，各级党组织要敢抓敢管。而事实上，党的十八大以来中共中央执行党的纪律的态势也向全党一再证明了党的纪律的严肃性和权威性。五是改革完善党的纪律检查体制。习近平总书记在党的十八届三中全会上强调，要改革党的纪律检查体制，健全反腐败领导体制和工作机制。党的十八大以来，纪律检察机关专责作用明确，双重领导体制进一步健全；巡视利剑作用得到强化，政治巡视实现了常态化；纪检组运行进一步规范，作用得到了加强。与此同时，推进国家监察体制改革，进一步把执纪和执法更好衔接起来。

三、党的纪律建设的重点任务

党的纪律建设就是以捍卫中国共产党的先进性和纯洁性为落脚点，以形成约束和规范党员言行举止的制度体系为内核，包括纪律制定、纪律教育以及纪律执行等在内的一整套工作。习近平总书记指出："加强纪律建设，一是要健全完善制度，以党章为根本遵循，本着于法周延、于事有效的原则，制定新的法规制度，完善已有的法规制度，废止不适应的法规制度，健全党内规则体系，扎紧党纪党规的笼子。……二是要深入开展纪律教育，加强学习宣传教育，使党员、干部增强纪律意识，把党章党规党纪刻印在心上，形成尊崇党章、遵守党纪的良好习惯。……三是要狠抓执纪监督，以纪律为尺子衡量党员、干部的行为，对违纪问题发现一起就查处一起，提高纪律执行力，维护纪律严肃性。……四是要养成纪律自觉，教育引导广大党员、干部特别是领导干部严格按党章标准要求自己，知边界、明底线，把他律要求转化为内在追求，自觉以身作则，发挥表率作用。"[1]

[1]　中共中央文献研究室编：《习近平关于全面从严治党论述摘编》，中央文献出版社，2016，第115页。

一是要进一步制定和完善党的纪律法规体系。纪律的本质是行为规则，这套规则应该表现为一套完整的、系统的制度体系。党的十八大以来，党中央坚持以党章为根本遵循，出台了一系列纪律法规。但是纪律法规建设的任务并没有完成。一方面，社会在发展进步，党员的言行举止也会随着时代的变化而有新的动向，这就要求要不断与时俱进地完善党的纪律和规矩。比如新媒体的出现需要有新的法规对党员加以制约；再比如，随着人口流动性加强，对流动党员的管理就成为重要的问题；等等。另一方面，当前党的纪律规矩体系建设也还存在不完善、不全面的地方。比如针对支部活动如何进一步规范化、党员退出如何常态化以及党的优良传统如何由倡导变为刚性约束等问题，都还需要进一步形成明确的制度规范。

二是开展纪律文化建设。加强纪律教育是开展纪律文化建设的重要途径，是增强党员纪律意识，使纪律观念入脑入心的必要途径。2015年6月26日，习近平总书记在十八届中央政治局第二十四次集体学习时的讲话中指出，要“通过广泛深入的党纪宣传教育，增强全体党员和各级领导干部的纪律意识，形成对党纪党规的认同，养成自觉执行党纪党规的习惯，把党纪党规转化为基本行为准则。要在全党开展法规制度宣传教育，引导广大党员、干部牢固树立法治意识、制度意识、纪律意识，懂法纪、明规矩，知敬畏、存戒惧，形成尊崇制度、遵守制度、捍卫制度的良好氛围”[1]。党内纪律文化建设要通过宣讲、培训等形式原原本

[1] 《习近平谈全面从严治党》，《人民日报》（海外版）2016年12月21日。

本系统讲授纪律规定，讲清楚党员的行为底线，不搞不教而诛。要把正面典型教育和反面警示教育结合起来，突出以案明纪、以案释纪，引导党员以正面典型为标杆，学有榜样、赶有目标；以反面典型为镜鉴，知敬畏、守底线。

三是严格遵守纪律。对纪律的严格遵守和坚决执行，是其生命力所在，也是全体党员、各级党组织的基本义务之一。党的纪律首先是基于崇高的理想信念而养成的自觉的纪律。所以，中国共产党的纪律首先是遵守纪律的强制性，其次才是执行纪律的强制性。党的纪律建设必须培育自觉遵守纪律的内在自觉，把他律要求转化为内在追求，自觉用纪律校准自身的言行举止。

四是严肃执行纪律。加强党的纪律建设，必须重视对违纪行为的惩处。严肃惩处违反党纪的行为，才能使纪律的权威得到彰显。党的纪律是铁的纪律，违纪必究，执纪必严，这是不可动摇的基本原则。有了纪律处分，才给纪律高压线通上高压电，才能体现纪律建设的强制性。严肃执行纪律就要做到任何党组织和党员一律平等，不能搞特殊、不能有例外，党内不能有“法外之民”，不能有“铁帽子王”，不论涉及什么人都要坚决认真查处、严格执纪。与此同时，各级党组织要敢抓敢管，使纪律真正成为带电的高压线。党章规定了纪律处分的方针是惩前毖后、治病救人；原则是执纪必严、违纪必究，抓早抓小、防微杜渐；手段是以纪律为尺子衡量党员的行为。在执行纪律的过程中，要充分运用四种形态，对违纪问题发现一起查处一起，按照错误性质和情节轻重，对违纪党员给以相应的纪律处分。

一个严格遵守保密纪律的共产党员[1]

真是光阴似箭，又如流水。

我常回忆起我们党在创建初期的一些情景。那时的中国，各派军阀在帝国主义列强的操纵下，封建割据，混战不已，黑暗势力猖獗，人民灾难深重。中国的先进分子努力探求救国救民的真理，十月革命的胜利给他们以极大的影响和启发。很多人向往社会主义，掀起了学习和宣传马克思主义学说的热潮。我们的党就是由这些先进分子中的一部分人倡议建立的。它坚信马克思主义，代表中国各族人民的利益，是工人阶级的先锋队，有严格的组织原则、严格的纪律，所以它一诞生就具有强大的生命力。帝国主义和封建军阀之间尽管四分五裂，互相倾轧厮杀，但对共产党这个新的力量，却都视若大敌，比作洪水猛兽，都要把它扼杀扑灭。

在强大的敌人面前，我们党靠真理、靠群众、靠一支有觉悟的党员队伍，不断英勇搏斗。我们20年代的党员入党的时候，虽然不像现在这样挂着鲜艳的党旗，举行庄严的宣誓仪式，但它的严肃、庄重仍使每个同志终生难忘。当党组织的负责人（或介绍人）宣布接受自己成为一个光荣的共产党员的时候，当他有力地宣布共产党员应该遵守党的守则的时候，自己的内心是十分激动的，下定决心誓为革命牺牲一切。我现在

[1] 这是邓颖超同志撰写的回忆周恩来同志的文章，原载于1982年6月30日《人民日报》。

还可以清晰地记得守则的内容：遵守党纲党章，参加党的组织，服从党的分配，定期缴纳党费，遵守党的纪律，保守党的秘密，为共产主义事业奋斗到底。因为那个时候的党组织处于秘密状态，对党员遵守纪律、保守秘密的教育特别重视，抓得很紧，至今印象还很深刻。我今天就谈谈在党内几十年政治生活中，我亲眼看到的一个始终严格遵守党的保密纪律的共产党员——周恩来同志。

恩来同志和我入党的时间不同，地点各异，建党初期也没有在一个地方共同工作，所以那时我们谁也不知道谁是什么时候入党的。我们在通信中间，从来没有提起过党的纪律不许说的事情。我们仅仅谈论自己和朋友们的思想认识，或者倾吐自己的理想，诉说对革命的向往。直到他回国后经过组织的沟通，我们彼此才知道都是党员了。

结婚以后，恩来同志和我曾经协议，两人可以在一个地方或一个机关工作，但不要在一个具体部门共事。几十年来，我们都遵守了这个协议。现在看来，夫妇不在同一个具体部门工作是比较合适的。同时，我们常常相互提醒，一定要在任何情况下都严格遵守党的纪律，保守党的机密。因为我们认为党的纪律对于每一个党员来说都绝无例外。越是负责的党员，越应该以身作则，越应该自觉遵守纪律，严守党的机密。

1926年冬，恩来同志从广东调上海工作，我仍留在广州，相互间音讯不通。上海第三次武装起义，我还不知道是他参加领导的。1927年4月12日，蒋介石在上海发动反革命政变，大肆屠杀共产党人和革命群众。恩来同志在严重的白色恐怖下坚持斗争，后来接到党的命令，他转移到武汉。我在广州的住所也遭到国民党的搜查，同住的三位同志当即被捕，一人次日即被枪杀，两人终于死在狱中了。那时，我因为难产还在医院里，依靠党组织的及时通知和群众的仗义帮助，才得以脱险。不久，汪精卫又背叛革命，宁汉合流，我们全党转入地下秘密状态。

面对国民党反动派的疯狂镇压，我们党中央研究了当时的局势，决定在南昌举行武装起义，向国民党反动派进行反击，并决定派恩来同志担任党的前敌委员会书记，到南昌去领导这次起义。7月19日，要离开武汉的时候，在晚饭前后才告诉我，他当晚就要动身去九江。去干啥，去多久，什么也没有讲。我对保密已成习惯，什么也没有问。当时，大敌当前，大家都满腔仇恨。我们只是在无言中紧紧地握手告别。这次分别后，不知何日相会。在白色恐怖的岁月里，无论是同志间、夫妇间，每次的生离，实意味着死别呀！后来还是看了国民党的报纸，才知道发生了南昌起义。

党组织经常教导我们：你不应该说的事，不要说；你不应该问的事，不要问；你不应该看的文件，不要看。这是党的利益的需要。在我们党的历史上，有许许多多值得我们怀念的共产党员，他们为了党的利益，常常在生死关头，仍然严格执行党的保密纪律，机警地把党的机密毁掉，紧急时甚至把机密文件嚼烂了强咽到肚子里去。我们有许多先烈和健在的老同志，为保护党组织和同志们的安全，在敌人的法庭上，在严刑的拷打下，宁愿牺牲自己的生命，也不向敌人泄露党的一丝一毫秘密，经受住了对敌斗争的严峻考验。他们英勇不屈的斗志，对党坚贞不渝、无限忠诚的崇高品德，使我永远难忘。

在战争年代，军事斗争直接关系到革命的成败。军情瞬息万变，一个军事行动的泄露，就可能使我们遭到重大挫折。所以，保守秘密成为每个同志的自觉行动。非军事方面的需要保密的事项，亦必须严格保密。在长征路上，在抗日战争和解放战争时期，我们这支铁流所以能够无坚不摧，终于战胜强敌，纪律严明，特别是严守秘密，是一个十分重要的因素。

中华人民共和国成立以后，我们的党在整个国家生活中居于领导地位，处在新的历史时期，所肩负的任务更加重大了。保守党和国家的机密，更是每一个共产党员特别是中、高级干部的神圣责任。恩来同志知道的党和国家的秘密多得很。我们之间仍是信守纪律，他不讲，我不问；我不讲，他也不问。我们之间相互保密的事情是很多的。例如，我国第一颗原子弹爆炸时，他也向我保密。当时他向主管的负责人说，这次试验，全体工程技术人员都要绝对注意保守国家机密，有关工程、试验的种种情况，只准参加试验的人员知道，不能告诉其他同志，包括自己的家属和亲友。他说“邓颖超同志是我的爱人，党的中央委员，这件事同她的工作没有关系，我也没有必要跟她说”。主管的同志到试验现场传达了恩来同志的讲话，要求大家严守保密纪律，因此事先没有任何透露。这件事是我最近看中央文献研究室的访问材料时才知道的。

为了保守党的秘密，他的办公室，他的文件保管，都定有极为严格的制度。他身边的秘书凡分工联系哪方面工作的，就看哪方面的文件，不允许随便看无关的文件。而对他们分工范围内的事情，则充分提供条件让他们熟悉业务。即使秘书分工范围内的事项，属于特别机密的，也要等到必须经办时才告诉有关人员。秘书们都说他是纹风不透。凡是写给他的亲启信，按照规定，别人都不能拆。秘书在经手时不慎误拆了，必须立即封好，并在信封上加以说明，是失手误拆，以后注意。恩来同志的办公室，是他每天工作十几小时的地方。除有关人员外，别人都不得入内，亲属、朋友如果不是来谈工作的，也不例外。他的办公室门上和保险柜的钥匙，一天24小时不离身，平时装在口袋里，睡觉时压在枕头下。只有当他出国时，两把钥匙才交给我保管。我像接受保密任务似的把钥匙收藏起来。有次他走得匆忙了，直到飞机场上才发现钥匙还在口袋里，他就封在信封里让一个同志带给我。他回来的时候，我们接触的第一件事，就是把两把钥匙还给他。

在10年“文化大革命”中，党的纪律和保密制度遭到了严重的破坏，被践踏得几乎无密可保。有一次恩来同志出去开会，因为会一个接着一个，一天一夜没回来。听说街上的大字报和所传的小道消息里，已经透露了有关会议的内容，我有点怀疑，等他回来，问他有没有这回事。他马上反问：“你怎么知道的？听谁说的？”他还如此认真地向我追问。我就开玩笑地说：“你参加会议，你有你的渠道，我有我的渠道，我联系群众，我也有我的‘义务情报员’哩。”此事，我们俩就在一笑中过去了。在那个时候，人们都说，现在还有什么机密啊？可是恩来同志仍然守口如瓶，滴水不漏。

恩来同志在得癌症以后，有一次我们在一起交谈，他对我说：“我肚子里还装着很多话没有说。”我回答他：“我肚子里也装着很多话没有说。”当时双方都知道最后的诀别不久就会残酷无情地出现在我们的面前，然而我们把没有说的话终于埋藏在各自的心底里，永远地埋藏在心底了。

现在，我们已经踏上新长征的道路，这条道路也不是平坦的。各种各样的炮弹还会袭击我们。我们仍得警惕啊！我们更需要恢复和端正我们的党风，加强我们党的纪律性，特别是认真严格地执行党和国家的保密制度。我对恩来同志在这方面的简介，想来对同志们不无裨益。

第十章　全面从严抓制度建设

制度是特定组织为了维护组织的正常秩序而制定的具有法规性或指导性与约束力的规则。中国共产党的制度建设集中表现为党内法规的制定和执行。中国共产党的党内法规是党的中央组织以及中央纪律检查委员会、中央各部门和省、自治区、直辖市党委制定的规范党组织的工作、活动和党员行为的党内规章制度的总称。按照《中国共产党党内法规制定条例》的规定，党内法规主要包括党章、准则、条例、规则、规定、办法、细则。全面从严治党，党的制度建设是其重要一环，它贯穿于党的建设的各个方面和全过程，是党的建设的重要载体和保障。因此，全面从严治党必须全面从严抓制度建设。

一、马克思主义政党重视制度建设的经验总结

以制度来塑造人的价值观念、保障人的权利、约束规范人的行为、维持社会的秩序是人类文明的重要特征。政党作为具有特殊追求的政治

组织，为了实现自身的政治纲领，必须通过政党内部的制度建设来协调处理党内各种关系进而形成自身的组织力和战斗力。

（一）马克思、恩格斯对制度建设的探索与实践

马克思、恩格斯虽然没有用过“制度建设”这个概念，但是却为无产阶级政党制定了民主集中制的组织原则，并且初步进行了制度建设的探索与实践，留下了宝贵的制度建设思想和实践经验。马克思、恩格斯认为马克思主义政党本身必须是民主的，但任何一个组织都不能没有权威，所以一定的权威和服从不可或缺。马克思、恩格斯以民主集中制思想为依据对党的制度建设进行了奠基性的探索，比如制定了《共产主义者同盟章程》《国际工人协会共同章程》。马克思、恩格斯的制度建设思想中对党章非常重视，认为党的章程中必须明确党的政治目的，强调章程一经通过就不得违反。马克思、恩格斯特别重视党的纲领建设的重要性，认为“制定一个原则性纲领（应该把这件事推迟到由较长时间的共同工作准备好了的时候），这就是在全世界面前树立起可供人们用来衡量党的运动水平的里程碑”[1]。“一般说来，一个政党的正式纲领没有它的实际行动那样重要。……但是，一个新的纲领毕竟总是一面公开树立起来的旗帜，而外界就根据它来判断这个党”[2]。在制度建设实践中，马克思、恩格斯建立了党的集体领导制度，创设了党的代表大会制度、代表会议制度，在党员管理制度、干部制度上进行了探索和实践，

[1][2]　《马克思恩格斯选集（第三卷）》，人民出版社，1995，第296页、325页。

初步提出建立党的监督制度。比如，在《共产主义者同盟章程》中就对盟员的条件、同盟的组织机构、反盟罪行等作出了明确规定。在《盟员的条件》中规定：盟员的生活方式和活动必须符合同盟的目的；要具有革命毅力并努力进行宣传工作；承认共产主义；不得参加任何反共产主义的（政治的或民族的）团体，并且必须把参加某团体的情况报告有关的领导机关；服从同盟的一切决议；保守同盟的一切机密；必须获得一致通过，才能被接收入某一支部。章程还规定，盟员如果不能遵守这些条件即行开除。《国际工人协会共同章程》中规定没有无义务的权利，也没有无权利的义务。每年召开由协会各分部选派代表组成的全协会工人代表大会。代表大会宣布工人阶级共同的愿望，采取使国际协会顺利进行活动的必要办法，并任命协会的总委员会。再比如，德国社会民主党于1869年在马克思、恩格斯的指导下成立了无产阶级政党性质的党的监察委员会。总之，“马克思恩格斯初步构建了关于党的制度建设的框架和体系，除了探索党的领导制度、党的代表大会制度、党的民主制度等重要制度外，在党的其他制度建设上，也是硕果累累”[1]。

（二）列宁对马克思主义政党制度建设的探索与实践

列宁以马克思主义政党学说为基础，结合革命和执政实践，在马克思主义政党制度建设上进行了艰辛的探索，全面丰富和发展了马克思主义政党的制度建设理论与实践，为马克思主义政党的制度建设提供了丰厚的思想资源和生动的制度建设实践经验，打下了马克思主义政党制度

[1] 吴光明：《马克思恩格斯对党的制度建设的探索》，《人民论坛》2017年第6期。

建设的基本框架。

一是明确提出了民主集中制的组织原则。列宁明确指出："我们在自己的刊物上一向坚持党内民主。但是我们也从未反对党的集中。我们主张民主集中制。"[1]由于特殊的历史环境，列宁在早期比较强调建立党的集中制，并且对党的民主集中制原则的基本要求作了深刻阐述："我们要再一次重申我们认为实现合并所必须承认的基本的组织原则：（1）少数服从多数（不要同带引号的少数和多数混淆起来！这里说的是党的一般组织原则，而不是'少数派'和'多数派'的合并，关于这一点下面再谈。抽象地说，可以设想合并将采取'少数派'和'多数派'处于均势的形式，但是如果不承认少数服从多数的原则和义务，那么这种合并也是不可能实现的）。（2）党的最高机关应当是代表大会，即一切享有全权的组织的代表的会议，这些代表作出的决定应当是最后的决定（这是民主代表制度的原则，它同协商会议的原则和把会议决定交付各组织表决即举行'全面投票'的原则是相反的）。（3）党的中央机关（或党的各个中央机关）的选举必须是直接选举，必须在代表大会上进行。不在代表大会上进行的选举、二级选举等等都是不许可的。（4）党的一切出版物，不论是地方的或中央的，都必须绝对服从党代表大会，绝对服从相应的中央或地方党组织。不同党保持组织关系的党的出版物不得存在。（5）对党员资格的概念必须作出极其明确的规定。（6）对党内任何少数人的权利同样应在党章中作出明确的规定。我们认

[1]　《列宁全集（第二一卷）》，人民出版社，1959，第405页。

为，这就是必须无条件服从的组织原则，不承认这些原则，合并就不能实现。”[1]应该说，列宁的这段话是对民主集中制较为经典的一个阐述，对民主集中制的具体运行原则都作了具体明确的规定。

二是创立了党的代表大会和代表会议制度。党的代表大会是党的最高领导机关，这是民主集中制的重要支撑，也是党实行集体领导制度的重要途径。1904年列宁在《进一步，退两步》一文中指出：“在涣散状态和小组习气盛行的时代，这种上层机关（革命社会民主党力求在组织上由它出发）必然是一个由于自己的活动和自己的革命彻底性而享有极大威信的小组。”“在恢复党的真正统一并在这个统一的基础上解散各个过了时的小组的时代，这种上层机关必然是党的代表大会，即党的最高机关；代表大会尽可能把各个积极组织的所有代表团结起来，任命中央机关（它的成分往往使党内的先进分子而不是落后分子比较满意，让党内的革命派而不是机会主义派比较喜欢），使它们成为党的最高机关，直到召开下届代表大会为止。”[2]这就表明，列宁认为在党尚不够成熟的时候，党的中央机构、上层机关不一定是党的代表大会，但是在党真正成为一个统一的组织的时候，党的上层机关就应该是党的代表大会。

列宁在其具体实践中还创立了党的代表会议制度。晚年列宁还提出：“我党中央全会已有发展成为党的一种最高代表会议的趋势。……它现在平均每两月至多开会一次，至于日常工作，大家知道，则由我们的政治局、组织局、书记处等等以中央的名义处理。……我认为，我们

[1][2]　《列宁专题文集·论无产阶级政党》，人民出版社，2009，第345页、140页。

应当彻底采取已经开始实行的这个办法，把中央全会完全变成党的最高代表会议，每两月开会一次，同时有中央监察委员会参加，而这个中央监察委员会要根据下述条件同改组过的工农检察院的基本部分结合起来。”[1]

三是初步创设了党内民主监督制度。列宁对党内监督非常重视，并在十月革命之后探索建立了党内的监察制度。列宁在阐述怎样正确地使用新党员时就明确了监督是防止官僚主义复活的途径。“要大胆，是说要大胆地同官僚主义作斗争，我们的党纲非常明确地提出为什么官僚主义会在某种程度上复活以及怎样防止的问题并不是没有原因的。要大胆，首先是说要大胆地让那些熟悉人民群众的生活状况及其疾苦和要求的新党员对职员、管理和专家实行监督。”[2]

列宁晚年虽然病情日益加重，但仍然对党内监察制度进行了不懈探索，并且针对工农检查委员会和中央监察委员会提出了很多改革的意见和建议。比如，合并党的监察委员会和政府监察机关也即工农检察院，扩大党的中央监察委员会；党的最高权力机关除了党的中央委员会，还有中央监察委员会，它们地位均等，这样就成了党的最高代表会议；建议代表大会从工农中选出75名至100名新的中央监察委员，当选者应享有中央委员的一切权利，凡与政治局会有关的文件一律应在会议前24小时送交中央委员会和中央监察委员会的各委员。他还建议，要加强对监察人员的培养，严格按照条件选拔坚持党性、敢于碰硬，选拔高素质的

[1] 《列宁全集（第三三卷）》，人民出版社，1957，第436页。
[2] 《列宁专题文集·论无产阶级政党》，人民出版社，2009，第227页。

人才。

四是初步创设了党内的干部制度。干部队伍是党革命和执政的骨干。列宁在干部制度建设探索实践中，提出了干部标准，明确了党管干部原则，形成了委任和选举两种干部选拔方式。在列宁建党的活动中，特别强调受过考验、经过训练的职业革命家的作用，他强调：“一般说很明显，没有职业革命家，事情总是寸步难行。”[1]同时，列宁也强调所有干部队伍的重要作用。十月革命以后，列宁曾指出：“关键是要研究人，要寻找能干的干部。没有这一点，一切命令和决议不过是肮脏的废纸而已。”[2]在干部选拔标准上，列宁强调干部队伍要具备政治素质和工作能力。“我们走自己的路，力求尽量慎重而耐心地去考验和识别真正的组织家，即具有清醒头脑和实际才干的人，他们既忠实于社会主义，又善于不声不响地（而且能排除各种纷扰和喧嚷）使很多人在苏维埃组织范围内坚定地、同心协力地工作。只有这样的人，经过多次考验，让他们从担负最简单的任务进而担负最困难的任务，然后才应提拔到领导国民劳动和领导管理工作的负责岗位上来。”[3]列宁还特别强调要从优秀的工人、农民、知识分子中选拔干部，并认为干部队伍配备要有一定比例的妇女干部、少数民族干部和非党干部，并十分重视培养新生力量、实现新老结合。列宁还明确提出党管干部原则，认为干部必须由党集中统一管理是一条根本的原则。他指出：“这里问题的实质在

[1] 《列宁全集（第三四卷）》，人民出版社，1959，第124页。
[2] 《列宁全集（第三五卷）》，人民出版社，1959，第541页。
[3] 《列宁选集（第三卷）》，人民出版社，1995，第495页。

于，如果取消中央调配人员的权利，它就不能指导政治。”[1]

五是提出并初步规定了党的组织生活制度。列宁认为：“无产阶级在争取政权的斗争中，除了组织，没有别的武器。”[2]首先，列宁强调必须严格党员的标准，强调党员必须编入党的一个组织、具备组织纪律性。1904年，列宁在其著作《进一步，退两步》中阐明了党的组织基础和组织原则。指出无产阶级政党的先进性，提出了党员必须是工人阶级中的先进分子，特别强调加强党的组织性和纪律性。其次，明确了入党的程序。再次，奠定了民主集中的党内生活制度基础。列宁把民主集中制作为党内政治生活的基本原则，强调党员是党的主人、党的主体、党的基础。党员有参与党内决策的权利，有批评的自由，党内民主有助于及时发现错误、纠正错误，使党内决策更加体现全体党员的意志和利益，得到广大党员的真心拥护。“自我批评对于任何一个富有活力、朝气蓬勃的政党来说都是绝对必要的，再庸俗不过的是沾沾自喜的乐观主义。”[3]同时，全党要坚持步调一致，坚决防止党内的派别活动，全党既要拥护自己的领袖也要坚决反对个人崇拜。“工人领袖不是天使，不是圣人，不是英雄，而是普通的人。他们犯了错误，党就去纠正这些错误。德国工人党甚至纠正过像倍倍尔这样伟大的领袖所犯的机会主义错误。”[4]

六是初步提出无产阶级政党的纪律制度。列宁认为无产阶级政党铁

---

[1] 《列宁全集（第四三卷）》，人民出版社，1987，第120页。

[2][3][4] 《列宁专题文集·论无产阶级政党》，人民出版社，2009，第158页、351页、344页。

的纪律是无产阶级战胜资产阶级的重要条件，也是社会主义建设的重要保障。在列宁的纪律思想和实践中，保障组织的行动一致是纪律的重要方面也是纪律的重要作用，为此列宁提出党内不允许有派别活动，要严格遵守党的民主集中制原则，要求下级要服从上级、个人要服从组织。

从马克思主义政党的发展历程可以看出，党的制度建设对于保证党组织的纯洁性和先进性具有重要的作用，对于保证党内政治生活稳定运行具有重要作用，所以对于党取得革命和建设的成功具有重要作用。但是，如果制度建设不能够与时俱进，指导制度建设的理念出现偏差和错误，制度建设也会走向自己的反面。

二、中国共产党党内制度建设的历程

中国共产党是在马克思列宁主义指导下建立的政党，重视用制度来规范全党行动是重要的传统，所以在党的发展过程中总体上实现了制度建设的与时俱进，保证了在革命、建设和改革各个时期的党的建设工作的持续性和稳定性。但是，在一些历史时段因为对制度的破坏也给党造成了较大的损失。

（一）新民主主义革命时期

中国共产党的一大通过了《中国共产党第一个纲领》和《中国共产党的第一个决议》，这两个文件可以看作是党制度建设的起点。中国共产党第二次全国代表大会通过了第一个《中国共产党章程》，完成了党的章程创建的任务。随后，在党的三大、四大、五大后政治局会议及党的六大上对党章进行了修正，党章进一步完善，党的根本组织原则和一些具体的制度逐步确立。比如，党的二大党章第一次表述了民主集中制的基本思想，“全国代表大会为本党最高机关，在全国大会闭会期间，中央执行委员会为最高机关”，“全国大会及中央执行委员会之议决，本党党员皆须绝对服从之”，“下级机关须完全执行上级机关之命令”，等等。党的四大通过的《对于组织问题之议决案》中提出了党实行民主的集权主义。党的五大后，政治局会议通过的《中国共产党第三次修正章程决案》中第一次提出了党部的指导原则为民主集中制。党的六大通过的党章中，对民主集中制的原则又规定了党的领导机关由选举产生、各级党部对选举自己的党员作定期报告、下级党部执行上级党部的决议和共产国际的决议等内容。但是处于幼年时期的党，既很难制定出非常完备的党内制度体系，也很难稳定地保证党内制度的权威。

党的六大之后，中国共产党开始了武装斗争的历史时期。在这一时期一直到中华人民共和国成立前，中国共产党逐步成长为全国范围的、广大群众性的、政治上组织上思想上完全巩固的马克思主义政党，党的制度建设成就既是党逐步走向成熟的标志，也是党取得革命战争胜利的重要保证。在这一时期，中国共产党提高了对制度建设的重视程度，提出制度建设的核心是完善党的民主集中制、强调党的集中统一领导、增强全党的组织纪律性等。1938年9月，在延安召开的六届六中全会上毛泽东强调了“四个服从”是党内最重要的纪律，通过了《中共扩大的六中全会关于中央委员会工作规则与纪律的决定》《中共扩大的六中全会关于各级党部工作规则与纪律的决定》《中共扩大的六中全会关于各级党委暂行组织机构的决定》等党内规定，强调健全党的民主集中制，较为详细地规定了中央委员会、政治局、书记处及各级党委、党部的工作任务、职责范围和纪律。1942年9月1日，通过《关于抗日根据地党的领导及调整各组织间关系的决定》，规定了党应领导一切其他组织，如军队、政府与民众团体，根据地领导的统一与一元化，应当表现在每个根据地有一个统一领导一切的党的委员会，为实现党的“一元化”领导打下了制度基础。1943年中央政治局通过了《中央机构调整及精简决定》。1945年中国共产党七大党章把“四个服从”作为民主集中制的基本条件。1948年1月7日，毛泽东为中共中央起草《关于建立报告制度》的党内指示，规定“各中央局和分局，由书记负责（自己动手，不要秘书代劳），每两个月，向中央和中央主席作一次综合报告。报告内容包括该区军事、政治、土地改革、整党、经济、宣传和文化等各项活动的动态，活动中发生的问题和倾向，对于这些问题和倾向的解决方法”[1]。1948年6月，毛泽东为中央起草了《关于健全党委制》的决定，对充分发挥党的集体领导起到了重要作用。1948年9月，中央政治局通过了《中央关于各中央局、分局、军区、军委分会及前委会向中央请示报告制度的决议》《中央关于召开党的各级代表大会和代表会议的决议》。1948年9月20日，中共中央又作出由毛泽东起草的《关于健全党委制的决定》。总而言之，从中国共产党成立到中华人民共和国成立的28年时间里，党内法规制度从无到有、从不健全到逐步健全，进而使党内关系日益规范，保证了党的肌体健康。

---

[1] 《毛泽东选集（第四卷）》，人民出版社，1993，第1264页。

（二）中华人民共和国成立以后到改革开放前

在这一段时期，党的制度建设既有巨大成就，也有较大曲折。在社会主义革命时期，执政后的中国共产党更加注重完善党的组织体系，注重党内民主集中政治生活的营造。1949年11月，中共中央政治局通过《中央关于在中央人民政府内组织中国共产党党委会的决定》和《关于在中央人民政府内建立中国共产党党组的决定》两个决定，为形成党的“一元化”领导奠定了组织基础。1953年召开的七届四中全会通过《关于增强党的团结的决议》，要求严格遵守民主集中制和集体领导原则。1953年通过的《关于加强干部管理的决定》，逐步建立中央及各级党委统一领导和在中央及各级党委组织部统一管理下的分部分级管理干部制度。1956年召开的中国共产党第八次全国代表大会通过的《中国共产党章程》是党执政以后的第一部党章，八大党章对规范执政以后的中国共产党的党内关系、党员权利义务等都有明确的规定。与此同时，党内的纪律监督体制也逐步确立。同时，初步建立了党的纪检监督制度。1949年11月，中共中央发出由中央政治局通过的《关于成立中央及各级党的纪律检查委员会的决定》，推动县委以上的各级党委都建立起了纪律检查委员会。1952年，中共中央又发出《中共中央关于加强纪律检查工作的指示》，要求党委会议上要定期讨论纪律检查工作，应健全各级党委的纪律检查委员会的办事机构。1955年党的全国代表会议一致通过了《关于成立中央和地方监察委员会的决议》，中央和地方监察委员会成立。从以上的制度建设可以看出，走上执政地位的中国共产党既非常重视党内法规制度建设，同时法规制度建设的立足点也非常明确，那就是加强党的领导、加强党和国家政治生活的民主化。

党的八大之后，党的制度建设在取得成绩的同时开始出现了一些不正常的现象，日渐受到“左”的错误的影响，及至演变到“文化大革命”，党的制度几乎完全被践踏，党的建设遭遇了巨大曲折。

（三）改革开放以后到中国共产党第十八次全国代表大会前

在这一历史时期，党重新恢复了实事求是的思想路线，再次确立了制度治党的基本理念，党的制度建设取得了明显进展。1980年2月，中国共产党十一届五中全会通过了《关于党内政治生活的若干准则》，1981年6月，党的十一届六中全会通过《中国共产党中央委员会关于建国以来党的若干历史问题的决议》，1982年中国共产党第十二次全国代表大会通过了新的《中国共产党章程》。上述这些党内制度和决议的出台为整个改革开放时期党的建设打下了坚实的基础。邓小平深刻反思了党的建设历史上的经验教训，把党的制度建设提到了非常高的程度，并实事求是地推进了党和国家领导制度的改革。中国共产党十三届四中全会之后，党的制度建设全面发力，主要成就体现了如下几个方面：一是围绕党内民主制度建设，相继出台了《中共中央关于坚持和完善中国共产党领导的多党合作和政治协商制度的意见》《中国共产党基层组织选举工作暂行条例》《中国共产党发展党员工作细则》《中国共产党党员权利保障条例》《中国共产党全国代表大会和地方各级代表大会代表任期制暂行条例》等等；二是围绕干部制度建设，在1995年2月出台《党政领导干部选拔任用工作暂行条例》之后又于2002年修订印发《党政领导干部选拔任用工作条例》，对党政领导干部选拔任用制度进行了探索、完善和规范，2005年第十届全国人民代表大会常务委员会第十五次会议通过了《中华人民共和国公务员法》，进一步完善了党和国家的干部人事制度；三是围绕党的纪律和监督制度，1997年印发《中国共产党纪律处分条例》、2003年颁发《中国共产党党内监督条例（试行）》、同年又修订颁布了《中国共产党纪律处分条例》、2005年修订印发了《建立健全教育、制度、监督并重的惩治和预防腐败体系实施纲要》，还有《中国共产党党员领导干部廉洁从政若干准则（试行）》《关于实行党风廉政建设责任制的规定》等等配套性制度相继出台。

（四）党的十八大以来

党的十八大以后，习近平总书记鲜明地提出思想建党和制度治党相结合的管党治党新思路，指导党的建设的思想理念更加科学清晰，党的制度建设更加注重成龙配套，党内法规的层次性、系统性、科学性、权威性显著提高。

一方面，针对过去一段时间党内法规制度建设不够规范的问题，2013年5月《中国共产党党内法规制定条例》和《中国共产党党内法规和规范性文件备案规定》陆续发布，中国共产党首次拥有正式的党内“立法法”。2013年11月，中央颁布了党内法规编制工作的第一个五年规划——《中央党内法规制度工作五年规划纲要（2013—2017）》，目标在于以“内容科学、程序严密、配套完备、运行有效”为标准，用五年的时间基本形成涵盖党的建设和党的工作主要领域、适应管党治党需要的党内法规制度体系框架，并初步解决了党内法规与国家法律法规的衔接性、协同性和整体性的问题，这些党内法规和文化的出台为党内法规制度体系建设提供了基本依据和规范。

再一方面，针对党历史上法规制度体系当中存在的不适应、不协调、不衔接、不一致的问题，开展了党内法规制度集中清理，大量历史上制定的党内法规和规范性文件被废止或宣布失效，摸清了党的法规制度的底数，党的法规制度体系大大“瘦身”。具体来讲，2013年8月发布的《中共中央关于废止和宣布失效一批党内法规和规范性文件的决定》，完成了我们党历史上对党内法规和规范性文件的第一次全面系统清理。清理的范围包括1978年至2012年6月期间中央制定的所有767件法规和规范性文件。到2014年底，党中央部署完成了对第二阶段清理范围即中华人民共和国成立至1977年期间中共中央制定的411件党内法规和规范性文件的清理工作。至此，党中央系统全面清理了中华人民共和国成立至2012年6月期间中央出台的全部文件，共清理党内法规和规范性文件1178件，其中322件在清理中被废止、369件被宣布失效，二者合计占到58.7%。[1]2018年5月，中央纪委印发《中共中央纪委关于废止涉党和国家机构改革党内法规和文件的决定》，决定废止涉及党的纪律检查体制改革和国家监察体制改革的中央纪委党内法规和文件51件。

第三方面，大量的符合时代要求和党的建设实际的党内法规制度不断出台。党的十八大以来，以习近平同志为核心的党中央以“中央八项规定”作为制度建设的破局之举，随后从中央到地方，一系列从严管党、管权、管人、管事、管物、管钱的制度出台，并且强化了针对性和

[1] 刘金程：《十八大以来党内法规制度建设成效显著》，中国社会科学网，http://www.cssn.cn/zzx/zggcd_zzx/201709/t20170908_3634350.shtml。

可操作性。从中央看，这些制度包括党章、准则、条例及一系列规则、规定、办法、细则，从而形成了以党章为根本，若干配套党内法规为支撑的，基础性、综合性（如民主集中制）和专门性（如组织建设、作风建设的具体制度）党内制度并存的前后衔接、左右联动、上下配套、系统集成的党内法规制度体系。特别是《中国共产党廉洁自律准则》《关于新形势下党内政治生活的若干准则》以及《中国共产党纪律处分条例》《中国共产党问责条例》《中国共产党党内监督条例》《中国共产党纪律检查机关监督执纪工作规则（试行）》等党内法规的出台，为全面从严治党打下了坚实的制度基础。党的十九大又对《中国共产党章程》作了与时俱进的重大修改，把习近平新时代中国特色社会主义思想写入党章并作为党必须长期坚持的指导思想，从而实现了党的指导思想的又一次与时俱进，不但把全面从严治党写入了党的章程，而且把党的十八大以来管党治党的新思想、新理念、新举措以及实践中取得的新成果以制度的形式反映到党的章程中来，推动全党必须遵守的总章程、总规矩更加科学，也以党的根本大法保证了管党治党更加稳定持续。

第四方面，党内法规制度的权威性得到大大增强。曾经有一段时间，由于党内法规制度执行得不够严格，大量法规制度被虚化执行，严重降低了党内制度的权威性。所以在部分党员、干部中造成了轻视党内法规制度的错误认识，少数党组织也不严格执行党内制度，甚至连党章都得不到较好的执行。原江西省副省长胡长清落马后就曾说，对他而言，组织的管理和监督就像“牛栏关猫，进出自由”。党的十八大以来，党内法规制度的权威性大大增强。原因在于，一是以习近平同志为核心的党中央率先垂范，要求全党遵守的中央首先遵守，要求全党做到的中央首先做到。2012年12月4日，刚刚就任的中共中央政治局召开会议，审议通过了中央政治局关于改进工作作风、密切联系群众的八项规定。党的十九大刚刚闭幕，十九届中共中央政治局即召开会议，研究部署学习宣传贯彻党的十九大精神，审议《中共中央政治局关于加强和维护党中央集中统一领导的若干规定》和《中共中央政治局贯彻落实中央八项规定的实施细则》。二是制度执行不留天窗、没有暗门。在党的十八大之后的制度治党进程中，党中央一致强调不能留天窗、不能有暗门，制度面前人人平等、执行制度没有例外，党内制度的执行刚性得到充分体现。从中央政治局常委到普通党员、干部，没有法外之民、没有“铁帽子王”，违纪必惩、贪腐必肃的态势稳定形成，全党都认识到了党内法规制度是带电的高压线，是不能触碰的“红线”，而不再是装腔作势的“稻草人”，不再是随意揉搓的“橡皮泥”，从而使党的制度权威切实彰显。三是制度的宣传教育力度得到加强。在全党开展了“两学一做”学习教育，并要求实现“两学一做”的常态化、制度化，从而把学党章党规作为所有党员干部必须常态化、经常性开展的学习教育内容。每一项新的党内法规出台，各级党组织都要组织广大党员干部认真学习。特别是基层党组织更是把学习党章党规作为组织生活的重要内容。与此同时，党内法规的理论专家、纪检部门的工作人员也都在各类媒体上结合具体案例解读党内法规，从而大大提高了党员对党的制度、党的法规的理解和认识程度。

三、进一步加强党的制度建设的路径

作为不断变化的社会中的政治组织，政党的活动方式、活动原则以及成员的心理行为特点都要随着社会的变迁而不断变迁，由此也就决定了约束和规范全党的党内制度建设也必须要与时俱进，根据新形势、新任务、新要求和党员队伍的新特点，不断提高党内制度的时代性、针对性与可操作性，从而使制度管党治党更加有力有效。

（一）党内法规制度建设要突出规划性

党内制度建设要有体系，要针对客观存在的现实问题和党的长远政治使命来设计制度，从而使制度之间能够相互配合、相互协调，而不是制度之间相互抵触或者制度之间缺乏衔接，这样才能把制度的笼子越扎越紧，这样的制度也才能真正发挥出作用。党的十八大以来，中国共产党党内制度建设的规划性显著提高。

2018年中共中央印发《中央党内法规制定工作第二个五年规划（2018—2022年）》。《规划》对未来五年的党内法规制度建设作了科学系统的安排，指出做好新时代党内法规制定工作，要高举中国特色社会主义伟大旗帜，全面贯彻党的十九大精神，坚持以马克思列宁主义、毛泽东思想、邓小平理论、“三个代表”重要思想、科学发展观、习近平新时代中国特色社会主义思想为指导，紧紧围绕进行伟大斗争、建设伟大工程、推进伟大事业、实现伟大梦想，贯彻落实新时代党的建设总要求，坚持依法治国和依规治党有机统一，坚持思想建党和制度治党同向发力，以改革创新精神加快补齐党内法规制度短板，使党的各方面制度更加成熟、更加定型，增强依法执政本领，提高管党治党水平，确保党在新时代中国特色社会主义的伟大实践中始终成为坚强领导核心。《规划》提出，要适应新时代坚持和加强党的全面领导、以党的政治建设为统领全面推进党的各项建设的需要，到建党100周年时形成以党章为根本、以准则条例为主干，覆盖党的领导和党的建设各方面的党内法规制度体系，并随着实践发展不断丰富完善。党内法规制度质量明显提高，执行力明显提升，系统性、整体性、协同性明显增强。《规划》强调，做好党内法规制定工作，要坚持以党章为根本遵循，全面贯彻党章精神和党章规定，特别是将党的十九大党章修正案的新规定和新要求细化具体化，切实维护党章权威性和严肃性。坚持问题导向，直面人民群众反映强烈、弱化党的领导、损害党的先进性和纯洁性的问题，发挥制度的治本作用，抓紧制定实践亟须、条件成熟、务实管用的法规制度，堵塞制度漏洞。坚持立改废释并举。坚持党内法规和规范性文件相得益彰。坚持党内法规同国家法律衔接和协调。

并且《规划》还明确未来5年党内法规制度建设的重点：一是要突出准则在党内法规制度体系中的特殊地位和作用。在已有党内政治生活准则和廉洁自律准则基础上，研究制定党的思想道德、密切联系群众方面的相关准则，为规范党组织活动和党员行为提供基本准绳。二是要完善党的组织法规。坚持民主集中制这一根本组织原则，全面规范党的各级各类组织的产生和职责，夯实管党治党、执政治国的组织制度基础，为坚持和加强党的全面领导、实现党在新时代的历史使命提供坚强组织保证。三是要完善党的领导法规。坚持党对一切工作的领导，完善党的领导体制机制，改进领导方式，提高执政本领，不断增强党的政治领导力、思想引领力、群众组织力、社会号召力，把党总揽全局、协调各方落到实处。四是要完善党的自身建设法规。坚持党要管党、全面从严治党，以党的政治建设为统领，全面推进党的政治建设、思想建设、组织建设、作风建设、纪律建设，把制度建设贯穿其中，深入推进反腐败斗争，不断提高党的建设质量，增强党的建设工作的科学性和有效性。五是要完善党的监督保障法规。按照“规范主体、规范行为、规范监督”相统筹相协调原则，切实加强对党组织和党员干部的监督、奖惩、保障，建立健全相关法规制度，形成有权必有责、有责要担当、用权受监督、失责必追究的激励约束机制，确保行使好党和人民赋予的权力。并且《规划》还明确了党内法规制度建设的时间表，截至2021年8月，列入《规划》的制定项目，绝大多数已完成。

（二）党内法规制度建设要坚持党的本质规定性

这一规定性主要是指政党的特殊性，意思是要强调党内法规制度建设必须突出政党自身的特殊性质，坚守政党自身质的规定性。这并不意味着党内法规制度建设不需要借鉴其他类型政党的经验教训，但是政党性质不同对法规制度的要求也不尽相同，甚至可能是截然相反的。加强党内法规制度建设要有政治定力，要在博采众长的基础上牢牢立足于自身政党的实际和特质，把政党的本质属性体现在制度建设全过程，用完善的制度来保证政党始终保持自身的性质和宗旨。对于中国共产党的制度建设而言，就是要坚守住马克思主义政党的本质特征。

首先，党内法规制度建设要立足于保持马克思主义政党的先进性。

先进性是马克思主义政党的本质属性，是马克思主义政党的生命所在、力量所系。失去了先进性，马克思主义政党就失去了根本。马克思主义政党的先进性是由阶级的先进性决定，是由马克思主义政党的纲领宗旨以及政党组织成员的具体行为所具体体现出来的。毛泽东曾经说中国共产党是无产阶级的政党，无产阶级里头出了那样一部分比较先进的人，组织成一个政治性质的团体，叫共产党。党的先进性有两层含义：一是指一个政党在思想、理论、纲领等方面所具有的优于其他政党的特质；二是指一个政党在人类社会历史发展进步中所起的引领性作用。前者是后者的基础和前提，后者是前者的集中体现。看一个政党是否具有先进性，主要看它的理论、纲领、路线是不是科学的，是不是代表了社会发展的正确方向，是不是代表并维护了最广大人民的根本利益。这三条既是衡量一个政党先进与否的根本标准，同时也是党的先进性的本质内涵。党内法规制度首先就是要牢牢立足于党的先进性要求，必须内蕴着党的先进性理念、体现着党的先进性要求。所以，一方面，党内法规制度建设必须把党的纲领宗旨作为根本内核，字字句句都要反映出党的先进性要求，努力把党的性质和宗旨具体化。再一方面，对党员的要求要体现出党的先进性。马克思主义政党的党内法规在对组织成员的道德、人格以及言行举止上必然要提出比对普通公民更高的要求，有着更为严厉的约束，进而才能把党员的称号和作用提高提高再提高。所以，党内法规在党员标准、党员义务等方面要提出更高的要求。

其次，党内法规制度建设要着眼于捍卫马克思主义政党的纯洁性。只有有着先进性追求的马克思主义政党，才特别强调组织的纯洁性。党内不允许有“杂草”存在，有损党的先进性的党员必须进行惩戒直至清理出党。当前，影响党的纯洁性的因素大量存在，党内也还有很多党员政治不纯、组织不纯、思想不纯、作风不纯。可以预见的是，随着中国共产党执政成就的不断取得，还会有大量的动机不纯的人试图加入中国共产党。所以，党内法规制度建设必须坚持高标准、具有严肃性，必须发挥出捍卫党的纯洁性的强大制度功能，这就要求党内法规制度既要列出倡导鼓励党员去做的“正面清单”，也要明确列出禁止禁绝党员行为的“负面清单”，并要明确列出对敢于触碰党的规矩和纪律的惩戒举措，确保捍卫党的纯洁性的各种举措都有章可循。

再次，党内法规制度建设要着眼于增强马克思主义政党的组织性。组织能使力量倍增。马克思主义政党是思想一致、组织严密的政治组织。民主集中制是马克思主义政党最为根本的组织原则，党内民主是党的生命，集中统一是党的力量保证，坚持民主基础上的集中和集中指导下的民主并保持二者之间的协调是激发全党内生活力、保持党的战斗力的不二法门。党内法规制度建设必须把民主集中制原则具体化作为重要内容，既要着力保证党内民主，明确党员民主权利的基本内涵、实现途径，不断拓展党员参与党内事务、民主建言献策的渠道；也要着力保证党内集中，针对党员个人服从党的组织、少数服从多数、下级组织服从上级组织、全党各个组织和全体党员服从党的全国代表大会和中央委员会的基本要求制定出详尽明确的规定，确保“四个服从”得到不折不扣的贯彻落实。当前尤其是要在全党维护党中央权威和集中统一领导、维护习近平总书记核心地位上制定出台更为具有可操作性和约束力的制度规范。

第四，党内法规制度建设要实现党纪与国法的分离与衔接。党规党法是约束政党成员的，国家法律是约束全体公民的。作为公民，只接受法律的规范；作为党员，既要接受法律的规范也要接受党规党纪的制约，所以作为执政党的党内法规制度建设而言，既要实现与国家法律的衔接，也要实现与国家法律的分离。一方面，中国共产党是执政党，国家法律是党治国理政的重器，是人民意志的体现，党必须在宪法和法律范围内活动，所有党员都必须模范地遵守国家法律，任何违犯国家法律的党员不仅要受到国法的制裁还必须受到党纪的制裁，这是中国共产党依法执政的应有逻辑。所以，在党规党法中应对党员遵守国家法律提出明确刚性的要求，对如何处置违犯国家法律的党员作出明确的规定。另一方面，政党是政治组织，特别是马克思主义执政党对其党员的要求应高于国家法律对公民的要求。可以说，违纪的不一定违法，违法的一定是违纪。所以，不能把政党对党员的要求降低到国家法律对公民的要求，必须把党内制度与国家法律分离开来。当然，在执政条件下党内法规制度也不能违反国家法律。

第五，党内法规制度建设要实现程序性制度与实体性制度的配套。实体性制度是指要做的事情以及事情的内容，程序性制度是指做事情的流程以及过程程序。把程序性制度与实体性制度结合起来是法律法规建设的基本方法论原则，也应该成为党内法规制度建设的基本方法论原则。实现程序性制度与实体性制度的配套，也就是既要明确应怎么办，也要明确怎么样去办，还得明确如果不按照这个规定去办会得到什么样的结果，从而使党内法规制度更加严密。与此同时，要进一步提高党内法规制度语言的准确性，虽然党内法规制度要坚持“党言党语”，但是提高管党治党质量必须把法规制度语言进一步精练、准确，唯有如此才具备操作性。

第六，党内法规制度建设必须提高党内法规的权威性。没有权威的法规只能是一纸空文，没有任何的价值和意义。提高党内法规的权威性有两条根本途径。一是要提高党内法规制定的程序性和规范性，也即严格按照党章的精神以及程序和权限来制定党内法规，坚决避免党内法规制定的随意性。二是要加强党内法规的执行刚性，确保有规可依、有规必依。

中央“进京赶考”前定下的六条“规矩”[1]

在西柏坡纪念馆内有一块醒目的红底白字展板，上面写着：“一、不做寿；二、不送礼；三、少敬酒；四、少拍掌；五、不以人名作地名；六、不要把中国同志同马恩列斯平列。”这是1949年3月中共七届二中全会根据毛泽东的提议作出的六条规定，是中共中央“进京赶考”前定下的“规矩”。1953年8月，毛泽东再一次强调了这六条规定：“一曰不做寿，做寿不会使人长寿，主要是要把工作做好。二曰不送礼，至少党内不要送。三曰少敬酒，一定场合可以。四曰少拍掌，不要禁止，出于群众热情，也不泼冷水。五曰不以人名作地名。六曰不要把中国同志和马恩列斯平列。”这六条规定从此被人们简称为“六曰”。

一曰不做寿

“六曰”看起来不是什么大不了的事，但真要做起来却不那么简单。就拿“一曰不做寿”来说，毛泽东自己都需经过百般推辞才能逃过“被做寿”一劫。

早在1947年十二月会议期间，恰逢毛泽东54周岁生日，与会的同志说：“我们正赶上吃你的寿面了。”毛泽东不得不像往年一样找出各种各样的理由来拒绝。他说：“延安都丢了，还祝什么寿？”又说：“战争期间许多同志为革命流血牺牲，应该纪念的是他们，为我一个人祝寿，太不近

---

[1] 《中国组织人事报》2017年6月29日。

人情；再则部队和群众都缺粮食吃，搞祝寿活动，这不是让我脱离群众吗？我才50多岁，往后的日子长着哩。即使全国胜利了，也不要祝寿。”

1948年，五大书记齐聚西柏坡，毛泽东55周岁生日临近时，中央机关的一些同志又开始以“改善伙食”的名义张罗着给主席做寿，毛泽东以“影响不好”为由加以拒绝，可能觉得这样说力度还不够，于是又强调“这要定为制度，谁也不能违反”。

在经历了连续几年关于做寿的“博弈”之后，毛泽东已经深深地意识到，只有将“不做寿”作为规则确定下来，才有可能将做寿“这个封建旧习惯”改革掉，于是就有了七届二中全会上六条规定中的这首条规定。

二曰不送礼

“二曰不送礼”，主要是针对党内“慷公家之慨”的送礼行为。彭德怀作为党和国家高级领导人，就极端讨厌“慷公家之慨”的请客送礼，对那种连吃带拿的腐朽作风更是深恶痛绝。他曾批评那些爱请客送礼的人说：“什么你请客？人民请客，国家请客！这种风气要不得！”

毛泽东将“不送礼”作为一条规矩，主要就是担心公款性质的“礼尚往来”会助长攀比之风、享乐之风、奢靡之风，会让我们的一些领导干部脱离群众，甚至腐化堕落。应该说，毛泽东的警觉和担心是很有道理的，也是很有远见的。

三曰少敬酒

毛泽东是一贯反对喝酒的，他经常对身边的人说喝酒会误事，不能喝的人最好不要喝，能喝的最好少喝。但是，无酒不成席是中国的传统习俗，大多数人都难逃酒的“压迫”，连毛泽东也不例外。

1930年毛泽东在江西偶遇三弟毛泽覃，毛泽覃提出共饮一杯酒，毛泽东却道：“喝酒误事，请你自便。”

1949年米高扬来到西柏坡，曾经提出要与毛泽东比酒量，毛泽东以辣椒反击，提议每喝一杯酒吃一个红辣椒，米高扬招架不住，最终毛泽东只喝了两杯白酒了事。“欲饮自便、不饮莫劝”，这是毛泽东喜欢的饮酒方式。

毛泽东反对饮酒，除了自身确实不能喝酒也不喜欢喝酒之外，更主要是反对铺张浪费，甚至借摆酒席大肆敛财的腐败行为。

四曰少拍掌

关于“四曰少拍掌”，反对的是报喜不报忧、说好不说坏、说成绩不说不足等问题，反对的是夸张仪式。

1949年3月23日，党中央和毛泽东离开西柏坡“进京赶考”，听说保定要举行盛大的欢迎仪式，毛泽东坚决不同意。随后周恩来也电告华北局：“闻此地将举行庆祝大会，主席认为不妥，连北平也不要开庆祝大会。”周恩来还在电报中特别强调不要鸣炮，以军乐团代之。24日下午，车队到达河北涿县。晚上研究进北京城的仪式问题时，不少同志认为，既然是胜利之师，入城就该有些气派，以壮中国革命之声势。但毛泽东坚持“还是简单的形式为好，场面不要过大，不要动员那么多的群众”。

“少拍掌”体现了对群众的尊重，是对群众路线的坚守，对反对形式主义和官僚主义有着重要的现实意义。

五曰不以人名作地名

当时世界各国出现了很多以国家领导人命名的地名，如“华盛顿市”“列宁格勒”“斯大林格勒”等，党内也有不少人提议以毛泽东等伟大领袖的名字命名城市，均遭到毛泽东的反对。由于斯大林在苏联大搞个人崇拜，国际影响很坏，有了这个前车之鉴，毛泽东对“以人名作地名”非常敏感，态度也一直非常坚决。

1946年6月18日，《新华日报·批评与建议》发表了徐竟的《革命领袖与烈士的名字不能乱用》一文，文中指出：“最近有些地方的行政机关，不慎重考虑纪念先烈及尊重革命领袖的伟大精神，而只局限于表面的纪念，随便应用革命领袖的名字，做一些小地方或街市的名称……这样将先烈和革命领袖的名字混用起来，使很多群众分不清。”“分不清”这倒是个小问题，毛泽东更担心的是“以人名作地名”会诱发个人崇拜。

1986年，国务院颁布的《地名管理条例》第四条第二款规定：“一般不以人名作地名。禁止用国家领导人的名字作地名。”“不以人名作地名”从此正式上升到国家法规的高度。

六曰不要把中国同志同马恩列斯平列

关于“六曰不要把中国同志同马恩列斯平列”，也有一段故事。早在1944年春，周扬为《马克思主义与文艺》一书写了一篇编者序言，请毛泽东审阅。毛泽东说：“此篇看了，写得很好，对我也上了一课。只是把我那篇讲话配在马恩列斯之林，觉得不称，我的话是不能这样配的。”

1948年秋，时任华北大学校长的吴玉章建议把毛泽东思想提升为“毛泽东主义”，毛泽东坚决不同意。1949年春，毛泽东又强调，“如果并列起来一提，就似乎我们自己有了一切，似乎主人就是我，而请马恩列斯来做陪客。我们请他们来不是做陪客的，而是做先生的，我们做学生。对科学的东西不能调皮……如再搞一个主义，那么世界上就有了几个主义，这对革命不利，我们还是作为马克思列宁主义的分店好”。

第十一章　深入推进反腐败斗争

反腐败是广大干部群众始终高度关注的重大政治问题。深入推进反腐败斗争，是关系党和国家前途命运的根本政治问题。2012年11月17日上午，习近平同志在十八届中共中央政治局第一次集体学习时发表的重要讲话中说："近年来，一些国家因长期积累的矛盾导致民怨载道、社会动荡、政权垮台，其中贪污腐败就是一个很重要的原因。大量事实告诉我们，腐败问题越演越烈，最终必然会亡党亡国！"党面临的最大风险和挑战是来自党内的腐败和不正之风。"人民群众最痛恨腐败现象，腐败是我们党面临的最大威胁。"党的十九大报告中，习近平总书记用两个"最"，清醒地指出了反腐败斗争的重要性、复杂性。中国共产党一贯重视反腐败斗争。但是腐败是世界历史性难题，消除腐败不可能毕其功于一役，只有以反腐败斗争永远在路上的坚韧和执着，深化标本兼治，保证干部清正、政府清廉、政治清明，才能跳出历史的周期率，确保党和国家长治久安。

一、深刻认识反腐败斗争的深远意义

反腐败斗争关系到国家兴衰、民心向背和党的执政地位。中国共产党一贯与腐败水火不相容，党在100年的历史中始终把反腐败作为必须面对的重大课题。特别是党的十八大以来，着力推进全面从严治党，反腐败成为最大的亮点和最引人关注的成就，赢得了民心、改变了党风。在全面从严治党中持续深入推进反腐败斗争，这是我们党对历史上政权更迭的深刻反思，更是对执政党兴衰成败历史经验的深刻总结，同时也是对党员、干部腐败问题严重性的深刻体察。毫无疑问，如果任凭腐败问题愈演愈烈，最终必然亡党亡国。所以全面从严治党、深入推进反腐败斗争是我们党基于腐败问题严重危害的深刻认识，是我们党赢得人心、重塑党的执政形象的必然要求，也是实现中华民族伟大复兴的历史使命和历史担当的必然选择。

（一）深入推进反腐败斗争是对历史上政权更迭的深刻反思

政权得失全在人心向背，人心向背取决于执政者能否取信于民，执政者能否取信于民取决于公权力是否为民所用。2012年11月17日，习近平总书记在十八届中央政治局第一次集体学习时的讲话中就明确指出："'物必先腐，而后虫生'。近年来，一些国家因长期积累的矛盾导致民怨载道，社会动荡、政权垮台，其中贪污腐败就是一个很重要的原因。"[1]这个论述抓住了历朝历代导致政权更迭的重要因素。"政在去私，私不去则公道亡。"人贪起于奢靡，政衰起于腐败。执政者若拿

---

[1]　《十八大以来重要文献选编（上）》，中央文献出版社，2014，第81页。

公权力来谋取私利，必伤民心、逼民反，最终坠入政权灭亡的深渊。腐败源于权力的滥用，其本质就是以权谋私，就是将公权私利化。公权私化，是为官从政的大忌。公权的基础在民意，公权的根基在民心。根基不牢，地动山摇。背离民意，失去民心，就会动摇党的执政基础和执政地位。

中国历朝历代政权的更迭固然是历史规律运行的结果，但从诱发因素上看，无一不是因当权者腐化奢靡而起，历史上严重腐败导致人亡政息的例子可以说是比比皆是。所以，“打江山容易坐江山难”，在很大程度上说，统治者因公权私用、贪污腐化而丧失民心到最终灭亡就是一条铁律。梳理中华五千年的文明史，“城头变幻大王旗”“你方唱罢我登场”，既有开国立朝的盛世，也有混乱不堪的末世；既有励精图治的圣主，也有骄奢淫逸的昏君。但是，我们也可以看到，一个政权的垮台往往不是因外力搞垮的，而是自己把自己搞垮的，也就是统治阶级腐朽、官僚集团腐败所导致的。所以，腐败问题毁掉的不仅仅是一些官员的廉洁与操守，更可能会给一个王朝、一个国家带来了毁灭。所以，中国共产党一直对腐败问题保持了高度的警惕。为了不让历史的悲剧重演，毛泽东同志早在中华人民共和国成立前就告诫全党，在胜利面前要始终保持清醒头脑，在夺取全国政权后要经受住执政的考验，不要在糖衣炮弹面前打了败仗，全党务必继续保持谦虚、谨慎、不骄、不躁的作风，务必继续保持艰苦奋斗的作风，一定要过好“进京赶考”这一关，绝不做李自成。邓小平也强调：“我们要反对腐败，搞廉洁政治。不是搞一天两天、一月两月，整个改革开放过程中都要反对腐败。我们前进的步伐会更稳健、更扎实、更快。”[1]习近平总书记在纪念毛泽东同志120周年诞辰座谈会上的讲话中也特别强调，“全党要牢记毛泽东同志提出的‘我们决不当李自成’的深刻警示”[2]。“腐败是社会毒瘤。如果任凭腐败问题愈演愈烈，最终必然亡党亡国。我们党把党风廉政建设和反腐败斗争提到关系党和国家生死存亡的高度来认识，是深刻总结了古今中外的历史教训的”[3]。

（二）深入推进反腐败斗争是对执政党兴衰成败历史经验的深刻总结

腐败也是政党政治的毒瘤，是世界各国政党面临的共同难题。从有政党以来的政权演变来看，腐败不受社会制度、执政党的性质的影响，无论什么社会制度、什么性质的政党执政似乎都难以完全摆脱腐败的侵蚀，而腐败问题也成为执政党由执政走向下台的重要诱因。2013年1月13日，习近平总书记在十八届中央纪委二次全会上的讲话中指出：“当今世界上由于执政党腐化堕落、严重脱离群众导致失去政权的例子不胜枚举。”[4]

20世纪90年代，世界上一些长期执政的大党老党纷纷失去执政地位，其中一个重要的原因就是党内出现了严重的腐败问题。

---

[1]　《邓小平文选（第三卷）》，人民出版社，1993，第327页。

[2]　《习近平在纪念毛泽东同志诞辰120周年座谈会上的讲话》，《人民日报》2013年12月27日。

[3][4]　习近平：《更加科学有效地防治腐败，坚定不移把反腐倡廉建设引向深入》，《人民日报》2013年1月23日。

（三）深入推进反腐败斗争是赢得人心、重塑党的执政形象的必然要求

2012年11月15日，习近平总书记在十八届中央政治局常委同中外记者见面会上的讲话中明确指出："新形势下，党内存在着许多亟待解决的问题。尤其是一些党员干部中发生的贪污腐败、脱离群众、形式主义、官僚主义等问题，必须下大气力解决。"[1]以后他又在多次讲话中强调："近年来我们党内发生的严重违纪违法案件，性质非常恶劣，政治影响极坏，令人触目惊心。"[2]腐败对经济、政治、社会都有巨大的伤害。比如在政治上损害党的执政能力和政府公信力、破坏国家的制度和规则、亵渎法律神圣和尊严、影响我国在国际社会的形象等等。特别是潜规则盛行，给党的事业和自身建设带来严重的损害。党要管党、从严治党的任务十分紧迫，不能有丝毫懈怠。习近平总书记指出党面临的最大风险和挑战是来自党内的腐败和不正之风，权力寻租，体制外和体制内挂钩，形成利益集团，挑战党的领导。

政权得失，全在人心向背。公权力能否赢得人心，是否腐败是一个重要的影响因素。如果任由腐败横行，破坏社会公正，必然要侵蚀党执政的民心基础。2013年4月19日习近平总书记在十八届中央政治局第五次集体学习时的讲话中指出："核心的问题是党要紧紧依靠人民，始终保持党同人民群众的血肉联系，一刻也不脱离群众。要做到这一点，就必须坚定不移地把党风廉政建设和反腐败斗争深入进行下去。人民群

---

[1][2]　《十八大以来重要文献选编（上）》，中央文献出版社，2014，第70页、81页。

众最痛恨各种消极腐败现象，最痛恨各种特权现象，这些现象对党同人民群众的血肉联系最具杀伤力。一个政党，一个政权，其前途和命运最终取决于人心向背。我们必须下最大力气解决好消极腐败问题，确保党始终同人民心连心、同呼吸、共命运。”[1]2014年1月14日习近平总书记在第十八届中央纪律检查委员会第三次全体会议上的讲话中又强调：“腐败问题对我们党的伤害最大，严惩腐败分子是党心民心所向，党内决不允许有腐败分子藏身之地。这是保持党同人民群众血肉联系的必然要求，也是巩固党的执政基础和执政地位的必然要求。”

党执政离不开广大人民群众，人民群众是我们党赖以生存的社会基础，人民群众支持与否关系着党能否长期执政。能不能坚定不移地反对腐败则是人民群众支持与否的关键，这是任何执政党都应该明白的一个基本的道理。从党的产生、发展和壮大，到党的执政地位的取得、维护和巩固，都离不开人民群众的支持和拥护，都依赖于党与人民群众结成最密切的联系。离开人民，党就成为无源之水、无本之木，既谈不上生存和发展，更谈不上执政地位的维护和巩固。历史和现实都告诉我们，密切联系群众是党的性质和宗旨的体现，是中国共产党区别于其他政党的显著标志，也是党发展壮大的重要原因。党的十八大以来党通过强力反腐，重塑党的执政形象。所以习近平总书记反复强调反腐是一场输不起的战争。2015年1月13日习近平总书记在第十八届中央纪律检查委员会第五次全体会议上的讲话中指出：“人民把权力交给我们，我们就必

[1] 中共中央纪律检查委员会、中共中央文献研究室编：《习近平关于党风廉政建设和反腐败斗争论述摘编》，人民出版社，2015，第71—72页。

须以身许党许国、报党报国，该做的事就要做，该得罪的人就得得罪。不得罪腐败分子，就必然会辜负党、得罪人民。是怕得罪成百上千的腐败分子，还是怕得罪十三亿人民？不得罪成百上千的腐败分子，就要得罪十三亿人民。这是一笔再明白不过的政治账、人心向背的账！中央要求各级干部不做‘太平官’，中央领导层首先不能做‘太平官’。对腐败分子，我们决不能放过去，放过他们就是对人民的犯罪、对党不负责任！我们这么强力反腐，对腐败采取零容忍的态度，目的是什么呢？是为了赢得党心民心。”

（四）深入推进反腐败斗争是党实现中华民族伟大复兴的历史使命和历史担当的必然选择

站在政治的高度看待深入推进反腐败斗争，它不仅是党内的自我革命，而且关乎党能否顺利推进社会革命，能否实现政治清明、政府清廉、干部清正。

近代以来中国大地上发生的一切都在告诉我们，干好中国的事情关键在党。实现中华民族的伟大复兴是1840年以来中华民族孜孜以求的最大梦想、最深追求，是全体中华儿女的最大公约数、最大同心圆。然而，中华民族的伟大复兴不是一件轻而易举的事情，不是敲锣打鼓、轻轻松松就能实现，必须付出艰苦的、长期的努力，必须有一个坚强有力的政治组织的领导。因此，中华民族的伟大复兴离不开党坚强有力的领导，党的坚强有力只能来源于全面从严治党。中国共产党是革命党，既要不断推进社会革命，也要不断推进自我革命，而党能够成功地推进自我革命则是党能顺利引领社会革命的前提。如果党不能勇于自我革命，不能不断清除附着在党组织身上的病毒细菌，党自身就要出问题，也就不可能推动社会革命，就不能承担起引领中华民族伟大复兴的历史重任。习近平总书记指出："中国共产党能够带领人民进行伟大的社会革命，也能够进行伟大的自我革命。""在新时代，我们党必须以党的自我革命来推动党领导人民进行的伟大社会革命。"党的自我革命包括很多方面，深入推进反腐败斗争无疑是党的自我革命的重要内容。2013年1月22日，习近平总书记在第十八届中央纪律检查委员会第二次全会上的讲话中指出："实现党的十八大确定的各项目标任务，实现'两个一百年'目标，实现中华民族伟大复兴的'中国梦'，必须把我们党建设好。党风廉政建设和反腐败斗争，是党的建设的重大任务。为政清廉才能取信于民，秉公用权才能赢得人心。"[1]

"胜人者有力，自胜者强。"进入新时代，实现中华民族伟大复兴的历史使命，对我们党提出了前所未有的新挑战新要求。推进党的建设新的伟大工程，就要发挥彻底的自我革命精神，着力解决党自身存在的突出问题，不断消除影响党的先进性、弱化党的纯洁性的各种因素。实事求是地说，"我们党员干部队伍的主流始终是好的。同时，我们也要清醒地看到，当前一些领域消极腐败现象仍然易发多发，一些重大违纪违法案件影响恶劣，反腐败斗争形势依然严峻，人民群众还有许多不满意的地方"[2]。事实上，党员干部腐败问题的严重性、复杂性已经严重侵蚀了党的肌体健康，破坏了党的政治生态，严重危及党和国家的政治

[1][2]　《习近平谈治国理政》，中国外文出版社，2014，第385页。

安全。所以必须深入推进反腐败斗争。

二、中国共产党始终坚持反对腐败

中国共产党无论是在尚未执政时期还是在执政以后，都旗帜鲜明地反对腐败，始终把反腐败作为一项重要工作。中华人民共和国成立前，在没有多少执政资源的情况下中国共产党就态度坚决地反对腐败，而且以防患于未然的态度制定相关的党内法规防止腐败的发生。中华人民共和国成立以后，毛泽东亲自批示、党中央毅然对刘青山、张子善判处死刑，表明了执政以后的中国共产党与腐败水火不相容的态度，赢得了群众的拥护和支持。改革开放后，中国共产党对腐败的危害保持了足够的警觉，不断提高反对腐败的制度化、科学化、法治化水平。

（一）中华人民共和国成立前党的反腐败斗争

从1921年中国共产党成立到1949年建立中华人民共和国，在长达28年的革命时期，政治清廉、干部清正是中国共产党的鲜明特色和政治优势。这个时期党作为没有执掌政权或者局部掌握政权的、主要从事武装斗争的革命党，腐败现象发生的概率相对比较少。但即便如此，党从成立伊始就非常注意反腐败。这个时期党反腐败斗争的主要特点就是在制度规定上防患于未然，在行动上零容忍，努力把腐败现象扼杀在萌芽状态。

第一个阶段，中国共产党成立到第一次大革命失败。1921年党成立之初制定的第一个纲领就明确规定，“工人、农民、士兵和学生的地方组织中党员人数多时，可派他们到其他地区去工作，但是一定要受地方执行委员会的严格监督”；“地方委员会的财务、活动和政策，应受中央执行委员会的监督”。[1]

在与国民党第一次合作时期，有少数共产党人利用进入国民党执政机构和党自身局部执政掌握政治权力的机会，出现了腐化堕落的问题。第一次国共合作期间，中国共产党的党员人数有了快速增长，但同时也带来一些问题。不少投机腐败分子以“革命”之名混入了党内。一些党员以个人身份加入国民党以后，在国民党地方党部和地方政府里担任了一定的领导职务，于是发生了一些侵吞公款、虚报假账，乃至吃喝玩乐等现象。针对第一次国共合作期间少数共产党人与国民党一起腐化的现象，中国共产党于1926年8月4日发出《中共中央扩大会议通告——坚决清洗贪污腐化分子》，指出：“一个革命的党若是容留这些分子在内，必定会使他的党陷于腐化，不仅不能执行革命的工作，且将为群众所厌弃。”要求党的各级组织“迅速审查所属同志，如有此类行为者，务须不容情的洗刷出党，不可留存党中，使党腐化，且败坏党在群众中的威望”[2]。

第二个阶段，井冈山斗争时期。1927年5月，党的五大选举产生了中央监察委员会，这是在党内最早设立的纪检机构，标志着党的纪律检查制度的初步创立。瑞金时期，苏区中央政府成立了党的最初政府审计机构——财政审查委员会；从中央到地方都设立了群众性监察机构——工农检察委员会，其职能之一是若发现了犯罪行为，如行贿、浪费公款、贪污等，有权报告法庭，以便施行法律上的检查和裁判。1927年10

[1][2] 《中共中央文件选集（1）》，中共中央党校出版社，1989，第3—4页、282—283页。

月23日，毛泽东率领秋收起义部队到达井冈山与酃县毗邻的荆竹山。24日，毛泽东首次提出了工农革命军的三项纪律：第一，行动听指挥；第二，打土豪筹款子要归公；第三，不拿老百姓一个红薯。这是“三大纪律”的最早雏形。这三条纪律简朴而又易懂，迅速成为全体官兵的自觉行动。1928年1月25日，毛泽东在遂川县城李家坪召开了全体革命军指战员大会，宣布了工农革命军的“六项注意”：上门板；捆铺草；说话和气；买卖公平；不拉伕，请来伕子要给钱；不打人骂人。4月3日，部队到达湖南省桂东县沙田，毛泽东向全体官兵正式宣布“三大纪律六项注意”。“三大纪律”是行动听指挥、不拿工人农民一点东西、打土豪要归公。“六项注意”是上门板、捆铺草、说话和气、买卖公平、借东西要还、损坏东西要赔。“三大纪律六项注意”虽然不是直接针对反腐败的，但却在党和党领导的军队中注入了廉洁为民的基因。而对于发生的各种腐败现象，边界党和红军都严加惩处，绝不姑息。例如1928年5月中旬，红四军第二十八团司务长古某，在宁冈县葛田乡向农民买猪，谎称没有带钱，就把猪赶回来。这件事被反映到红四军士兵委员会主任陈毅那里，陈毅立时向军党代表毛泽东和军长朱德作了报告。事情被查实以后，红四军军委专门召开会议讨论，认为古某严重违反纪律，应当受到严厉惩罚。处决古某的消息传开后，在红四军官兵和葛田一带的民众中引起强烈震动。湘赣边界工农兵政府还在宁冈县查处了两桩贪污腐化案件。一是坝上乡苏维埃政府李某，伙同秘书各贪污公款20块银洋；二是长溪乡苏维埃政府军事委员、乡赤卫队队长谢某，染指被关押的土豪女眷。案件查实后，工农兵政府立即撤销了这两个腐败分子的职务，并向群众公布了他们的丑行，使根据地军民进一步看到了党和红军反腐倡廉的决心。

第三个阶段，江西瑞金时期。1930年3月，闽西第一次工农兵代表大会颁布的《政府工作人员惩办条例》中规定："政府工作人员侵吞公款有据者、受贿有据者，撤职并剥夺选举权与被选举权；侵吞公款三百元以上者、受贿至五十元以上者枪决。"[1]1931年11月，中华苏维埃共和国临时中央政府建立伊始，就确立了工农兵代表大会制度，宣布苏维埃全部政权是属于工人、农民、红军兵士及一切劳苦民众的。苏维埃中央政府下设工农检查部控告局，专门受理工农群众对苏维埃机关工作人员贪污浪费、官僚腐化、消极怠工等问题的检举揭发。1933年12月15日，中共中央在根据地发布了反腐败斗争史上著名的"26号训令"，即《中央执行委员会二十六号训令——关于惩治贪污浪费行为》。训令规定凡苏维埃机关，国营企业及公共团体的工作人员利用自己地位贪污公款以图私利者，按贪污公款数额分别进行惩处。抗日战争时期，从厉行廉洁政治的目标出发，党领导制定了《陕甘宁边区抗战时期施政纲领》《陕甘宁边区政务人员公约》等制度法规，推动反腐败和党风廉政建设日益制度化、法规化。这个时期党开始成立反腐败的机构并注意发挥人民群众的反腐力量。

第四个阶段，抗日战争时期。第二次国共合作时期，面对国民党蒋介石妄图用金钱、美女、官位腐蚀诱惑中共党员的"溶共"政策，毛

[1]　《中央革命根据地史料选编（下）》，江西人民出版社，1982，第86—87页。

泽东及时提醒全党要防止“国民党对共产党干部施行的升官发财酒色逸乐的引诱”。1937年3月13日，毛泽东以中华苏维埃共和国中央执行委员会主席的名义颁布《关于惩治贪污浪费行为》的训令，令各级政府遵照执行。1938年8月15日，陕甘宁边区政府公布了《惩治贪污暂行条例》，将贪污罪详细列举了10条表现。1941年4月19日，毛泽东在《农村调查》的跋中就谈到这个问题。他说：“严肃地坚决地保持共产党员的共产主义的纯洁性和保护社会经济中的有益的资本主义成分，并使其有一个适当的发展，是我们在抗日和建设民主共和国时期不可缺一的任务。在这个时期内一部分共产党员被资产阶级所腐化，在党员中发生资本主义的思想，是可能的，我们必须和这种党内的腐化思想作斗争；但是不要把反对党内资本主义思想的斗争，错误地移到社会经济方面，去反对资本主义的经济成分。我们必须明确地分清这种界限。”1943年4月25日，陕甘宁边区各级政府干部任免、奖惩等条例中还规定有贪污、腐化、营私、舞弊等行为者，不得任用为政府干部，并应予严惩。1944年3月，郭沫若的《甲申三百年祭》发表以后，毛泽东立即指示印发给高级干部，当作整风文件阅读，以让大家“引为鉴戒，不要重犯胜利时骄傲的错误”，不要走李自成胜利后骄傲腐化、脱离民众而导致腐败的老路。正因为党始终反对腐败，并作了一系列严格的规定惩治和防止腐败，中国共产党得到了广大人民群众的拥护，从而取得了抗日战争的伟大胜利。

第五个阶段，解放战争时期的反腐败斗争。解放战争期间，虽然军事斗争形势异常严峻复杂，军事斗争任务十分艰巨繁重，但是党并没有忽视已经存在和有可能存在的腐败问题，而是把能否预防和遏制自身腐败问题看作是能否彻底实现新民主主义革命的胜利，乃至在“进京赶考”的过程中“考出个好成绩”从而跳出“历史周期率”的根本举措。为此，针对土地改革中部分党员、干部暴露出来的贪污腐化问题，中国共产党在解放区开展了以“三查、三整”为主要内容的整党运动；针对军队的廉洁问题，中国共产党在军队内部开展了新式建军运动，重新颁布了“三大纪律八项注意”，并要求各部队严格执行；针对进城以后可能出现的腐败问题，1945年9月30日，中共中央就发出了《关于加强军队纪律坚决执行城市政策的指示》，制定了严格的入城纪律，严肃惩治违反党的纪律的党员、干部；为了防止监督不到位的问题，构建了新的监督体系，1948年设立华北人民监察院就是重要的探索与尝试；在胜利前夕的七届二中全会上，毛泽东提出了“两个务必”的谆谆告诫。解放战争时期是一个非常重要的历史转折时期，是解放全中国、建立新政权的重大历史时期。在这一时期共产党反腐败斗争取得了显著成效，不仅纯洁了党的队伍，而且赢得了民心，从而为建立中华人民共和国奠定了坚实的基础。

（二）中华人民共和国成立后到改革开放前党的反腐败斗争

第一个阶段，1949年至1956年党的反腐败斗争。在这个时段，新生的国家政权虽然百废待兴，而且相继推进了土地改革、镇压反革命、抗美援朝和社会主义改造等关系党和国家事业全局的重大工作，但是中国共产党丝毫没有放松对腐败问题的警惕。毛泽东在中华人民共和国成立之前就告诫全党要牢记“两个务必”。但是党和国家机关工作人员中的贪污腐败现象却有所滋生、有所蔓延，部分党员、干部以权谋私、贪污受贿，官僚主义、命令主义、违法乱纪的现象时有发生。针对这些情况和问题，中国共产党既注重预防又加强惩戒，既完善制度也完善机制，做了以下几个方面的重点工作：第一个方面，组织开展了声势浩大的“三反”运动。1951年12月1日，中国共产党中央作出《关于实行精兵简政、增产节约，反对贪污、反对浪费和反对官僚主义的决定》，“三反”运动全面展开。1952年10月25日，“三反”运动宣告结束。“三反”最典型的就是依法判处大贪污犯、中共石家庄市委原副书记刘青山和原中共天津地委书记张子善死刑。在这次运动之后，党政机关和社会上较长时间地保持了清正廉洁的风气。第二个方面，建立和健全党内和政府系统内的监督机构。1949年9月召开的第一届中国人民政治协商会议决定设立最高人民检察署，国家检察机关设立。1949年10月，依据《共同纲领》和《中央人民政府组织法》规定，国家在政务院设立了人民监察委员会，行政监察机构建立。1949年11月9日，党中央作出了《关于成立中央及各级党的纪律检查委员会的决定》，并决定由朱德同志任中央纪律检查委员会书记。1955年3月，党的全国代表会议通过了《关于成立党的中央和地方监察委员会的决议》，将纪律检查委员会改为监察委员会，选举董必武同志为中央监察委员会书记。第三个方面，制度反对腐败的法律法规。中华人民共和国成立不久我党就开始制定有关惩治贪污的法律条文。《共同纲领》规定，一切国家机关人员必须“接受群众的监督”，“中华人民共和国的一切国家机关，必须厉行廉洁的、朴素的、为人民服务的革命工作作风，严惩贪污，禁止浪费，反对脱离人民群众的官僚主义作风”。1952年4月21日，毛泽东签发了中华人民共和国成立后的第一个反腐败法规——《中华人民共和国惩治贪污条例》，对贪污腐化、行贿受贿等罪行，根据不同情况分别规定了明确的处理办法。1954年制定的《中华人民共和国宪法》规定：“一切国家机关必须依靠人民群众，经常保持同群众的密切联系，倾听群众的意见，接受群众的监督。”“一切国家机关工作人员必须效忠人民民主制度，服从宪法和法律，努力为人民服务。”中华人民共和国成立初期，中国共产党反对腐败的一系列举措，对于推动党员、干部弘扬优良传统、营造良好风气、巩固新生政权、探索反腐新路有非常重要的意义。

第二个阶段，1956年至1966年党的反腐败斗争。在社会主义改造结束之后，党和国家的工作重心转移，随着经济建设规模的扩大和政权的进一步巩固，党员、干部的经济腐败、作风腐化、特权现象有所滋生。为此，中国共产党首先相继开展了一系列整党整风运动。1957年4月27日，中共中央公布《关于整风运动的指示》，决定在全党进行一次以正确处理人民内部矛盾为主题，以反对官僚主义、宗派主义和主观主义为内容的整风运动，发动群众向党提出批评建议。但是随着形势的变化，“整风”变成了“反右”。在党的八届十中全会以后，党中央又决定在城乡开展一次普遍的社会主义教育运动，在城市开展“五反”（反对贪腐盗窃、反对投机倒把、反对铺张浪费、反对分散主义、反对官僚主义）运动，在农村开展“四清”（清理账目、清理仓库、清理财务、清理工分）运动。1965年1月，毛泽东主持制定“二十三条”，把城市和乡村的社会主义教育运动一律称为“四清”，并对“四清”作了新的解释，即清政治、清经济、清组织、清思想。“四清”运动在一定程度上对克服官僚主义等现象、解决干部作风问题、净化社会风气起了一定的积极作用。其次，中国共产党在党和国家的监察监督工作上有一定探索。比如，1962年9月，中共中央做出了《关于加强党的监察机关的决定》，扩大了中共中央监察委员会的名额，调整了中共中央监察委员会领导成员。再比如，中共中央于1965年初制定了《农村社会主义教育中目前提出的一些问题》，在加强对党员、干部的监督、防范和约束腐败问题上提出了一些建设性的措施。再次，中国共产党高度重视并持续强化党的作风建设。20世纪50年代末60年代初，党内不正之风较严重地存在。为此党采取了一些具体措施来端正党风。比如根据八届九中全会的决定，在全国农村开展了以纠正“共产风”“浮夸风”“命令风”“干部特殊风”和“生产瞎指挥风”为内容的“整风整社运动”；在中央机关紧缩机构和精简人员，并抽调干部下基层，以减少官僚主义；反对干部特殊化，注意和群众同甘共苦共渡难关等。

第三个阶段，“文化大革命”10年中党的反腐败斗争。1966年5月至1976年10月，党和国家遭到中华人民共和国成立以来最严重的挫折和损失，党的反腐败工作也遭受了严重的打击。社会主义法治被严重践踏。

第四个阶段，改革开放以来到党的十八大前的反腐败斗争。改革开放的进程也是体制转型、社会转轨、观念转变的进程。在这一进程中，由于体制机制的衔接上出现了空档，导致对权力的监管上出现了盲区，市场经济的发育让全民的逐利热情井喷，然后符合社会主义市场经济要求的正确的义利观、公私观却未能及时构建，对此，中国共产党既有高度的忧患意识，也有旗帜鲜明的一贯态度，并在改革开放进程中不断深化对腐败的认识、不断探索完善反对腐败的路径和机制。

改革开放初期，人们的价值观念发生巨大变化，不少干部在经济利益驱使和资本主义腐朽思想侵蚀下忘记了党的艰苦奋斗作风，利己主义、享乐主义、拜金主义等腐败之风开始出现。为此，改革开放之初党的纪律检查机关得到恢复，并特别关注党风问题。1982年9月召开的党的十二大决定从1983年下半年起，对党的作风和党的组织进行一次全面整顿，并提出五年实现党风的根本好转。1987年党的十三大以后，改革步伐加快，经济加速发展。这一时期党采取的反腐败斗争惩处方式以党纪、政纪处分为主。与此同时，制度反腐的重要性开始逐渐得到重视。邓小平在《党和国家领导制度的改革》一文中指出："领导制度、组织制度问题更带有根本性、全局性、稳定性和长期性。这种制度问题，关系到党和国家是否改变颜色，必须引起全党的高度重视。"[1]他后来又指出："对干部和共产党员来说，廉政建设要作为大事来抓。还是要靠法制，搞法制靠得住些。"[2]反对腐败的制度建设逐渐起步，反对腐败的力度也日渐加强。十三届四中全会以后，以江泽民为核心的领导集体强调反对腐败要"坚持标本兼治，教育是基础，法制是保证，监督是关键"的原则，将法制提升到更加重要的地位，反对腐败的立体式框架、体系性构想初步明确。1997年《中国共产党纪律处分条例（试行）》颁布实施。

---

[1] 《邓小平文选（第二卷）》，人民出版社，1994，第402页。
[2] 《邓小平文选（第三卷）》，人民出版社，1993，第379页。

中国共产党的十六大之后，反腐倡廉建设进入了一个建立健全教育、制度、监督并重的惩治和预防体系建设阶段，强调标本兼治、惩防并举。党的十六大报告提出要加强教育，发展民主，健全法制，强化监督，创新体制，把反腐败寓于各项重要政策措施之中，从源头上预防和解决腐败问题。十六届三中全会提出要逐步建立与社会主义市场经济体制相适应的教育、制度、监督并重的惩治与预防腐败体系。从而反腐形式开始以惩治和预防腐败体系的“体系反腐”为主，惩处方式也转变为以司法追究为主。2005年中共中央颁布《建立健全教育、制度、监督并重的惩治和预防腐败体系实施纲要》；同年，全国人大常委会审议并批准《联合国反腐败公约》；2008年，中央政治局通过《建立健全惩治和预防腐败体系2008—2012年工作规划》；2009年出台了《中国共产党党员领导干部廉洁从政若干准则》。经过改革开放30年的探索，中国的反腐倡廉建设逐步由“治标—惩治”向“治本—预防”、由“国内反腐”向“国际反腐”、由“单一反腐”向“体系反腐”转变，从而也使得腐败总体上在可控范围之内。

（三）党的十八大以来反腐败斗争取得的重大成效

党的十八大以来，以习近平同志为核心的党中央把全面从严治党提高到“四个全面”的战略布局高度，更加清醒、准确地把握住了腐败的时代性特点和严重危害，更加系统地思考和谋划反腐败的途径和举措，更加旗帜鲜明、态度坚决地推进反腐败斗争，使党风政风和社会风气发生了显著的变化。简要总结党的十八大以来的反腐败斗争，呈现出如下的鲜明特点：

第一，旗帜鲜明，以零容忍态度惩治腐败。党的十八大以来，党坚持“打虎”“拍蝇”“猎狐”，既坚决查处领导干部违纪违法案件，又切实解决发生在群众身边的不正之风和腐败问题，并加大反腐败国际追逃追赃力度，坚决切断腐败分子的后路，绝不让外国成为腐败分子的“避罪天堂”。对于这样一种态势，有学者总结为反腐败“上无禁区、下无死角、外无空白”。而这样一种态势的形成，深层地反映出来的就是中国共产党反对腐败的坚决态度，无论是身居高位的领导干部还是位居基层的普通党员，无论是在职的还是退休的，无论是国内的还是潜逃国外的，只要违纪必受惩处、只要违法必受追究。这样一种零容忍的态度是党的十八大以来反对腐败的最鲜明特征，也是党的十八大以来反对腐败取得成效的最大基础。这样一种零容忍从根本上扭转了大量党员“选择性反腐”的错误认知，从而在很大程度上消除了党员、干部的侥幸心理。

第二，把思想建党与制度建党紧密结合起来。党的十八大以来的反腐特别注重党员、干部的理想信念、思想道德建设，以求筑牢拒腐防变的思想道德防线。2013年4月19日，习近平总书记在十八届中央政治局第五次集体学习时的讲话中指出：“要把思想道德建设放在十分突出的位置。我们要坚持从教育抓起，教育引导广大党员、干部坚定理想信念、坚守共产党人精神家园，不断夯实党员、干部廉洁从政的思想道德基础，筑牢拒腐防变的思想道德防线。”[1]为此，他提出“三个抓好”，即抓好思想理论建设、抓好党性教育和党性修养、抓好道德建

[1]　《习近平关于党风廉政建设和反腐败斗争论述摘编》，人民出版社，2015，第123页。

设，教育引导党员干部以理论上的坚定保证行动上的坚定，以思想上的清醒保证用权上的清醒。2013年6月至2014年10月，全党集中开展党的群众路线教育实践活动，广大党员干部“照镜子、正衣冠、洗洗澡、治治病”，剖析问题、深挖根源，受到了一次深刻的思想洗礼和严格的党性锻炼；2015年4月至2016年2月，“三严三实”专题教育在县处级以上领导干部中集中开展，“关键少数”聚焦不严不实问题，不等不拖、立行立改，进行了又一次集中“加油”和“补钙”；从2016年2月开始，“两学一做”学习教育在全体党员中深入开展，广大党员学做结合、边学边改，夯实信仰之基，筑牢信念堤坝，争做合格党员，并持续推进了“两学一做”的常态化、制度化。一次又一次的集中性、系统性学习教育，让广大党员、干部精神上“返璞归真”，坚定理想信念、坚守共产党人精神家园，不断夯实廉洁从政的思想道德基础，筑牢拒腐防变的思想道德防线。[1]

不断健全完善党内法规和国家法律以形成反对腐败的制度性框架。习近平总书记在十八届中央纪委第二次全会上指出：“要善于用法治思维和法治方式反对腐败，加强反腐败国家立法，加强反腐倡廉党内法规制度建设，让法律制度刚性运行。”党的十八大以来，党内法规制度的“笼子”编织得更加紧密、牢固。首次发布《中国共产党党内法规制定条例》和《中国共产党党内法规和规范性文件备案规定》等党内“立法法”，迈出用制度约束权力的重要一步；集中清理1978年以来制定的

[1]　《坚决打赢反腐败这场正义之战（砥砺奋进的五年）——党的十八大以来反腐败斗争成就述评》，《人民日报》2017年9月18日。

党内法规和规范性文件，近四成党内法规和规范性文件被废止或宣布失效；印发《党政机关厉行节约反对浪费条例》，将加强作风建设的要求上升到党内法规的高度。大量党内法规在党的十八之后对深入开展反腐败斗争产生了直接和巨大的影响。比如，党的十八大刚刚开过就出台的《中央政治局关于改进工作作风、密切联系群众的八项规定》、2015年8月中共中央印发修订后的《中国共产党巡视工作条例》、2016年1月新修订并正式实施的《中国共产党廉洁自律准则》《中国共产党纪律处分条例》、2016年7月中共中央印发的《中国共产党问责条例》，2016年10月通过的《关于新形势下党内政治生活的若干准则》《中国共产党党内监督条例》、2017年7月制定发布的《中国共产党巡视工作条例》《中国共产党纪律处分条例》《中国共产党支部工作条例》等等。这些党内法规的颁布与实施，体现出以习近平同志为核心的党中央依章管党、依规治党的决心，为全面从严治党提供了制度利器，为深入推进反腐败斗争走向规范化、制度化提供了根本保障。

第三，坚持用深化改革的办法推进反对腐败。无论是腐败的原因还是腐败的形式乃至于腐败的领域都是不断随着经济社会的发展而变化的，所以深入推进反腐败斗争也必须要有改革的思维、用好改革的办法。2013年11月，党的十八届三中全会吹响了全面深化改革的号角，要求把反腐倡廉工作与各项重要改革措施结合，以重点领域和关键环节为突破口，最大限度地减少体制障碍和制度漏洞，从源头上治腐。习近平总书记强调，要以深化改革推进党风廉政建设和反腐败斗争，改革党的纪律检查体制，完善反腐败体制机制，增强权力制约和监督效果，保证各级纪委监督权的相对独立性和权威性。要强化制约，科学配置权力，形成科学的权力结构和运行机制。要强化监督，着力改进对领导干部特别是“一把手”行使权力的监督，加强领导班子内部监督。要强化公开，依法公开权力运行流程，让广大干部群众在公开中监督，保证权力正确行使。要落实党委的主体责任和纪委的监督责任，强化责任追究，不能让制度成为“纸老虎”“稻草人”。党委、纪委或其他相关职能部门都要对承担的党风廉政建设责任做到守土有责。各项改革举措要体现惩治和预防腐败要求，同防范腐败同步考虑、同步部署、同步实施，堵塞一切可能出现的腐败漏洞，保障改革健康顺利推进。

这种改革体现在多个方面，比如对巡视制度的改革。党的十八大以来以习近平同志为核心的党中央把党内巡视作为党内监督的战略性制度安排，作为推进全面从严治党的重大举措，中央、省级党委建立巡视制度、市县建立巡察制度，强调党内巡视的政治性、常态化，用好巡视这把反腐“利剑”，突出重点，创新形式，要求巡视工作要当好中央的“侦察兵”和“千里眼”，找出“老虎”“苍蝇”，一查到底，分类处理，发挥巡视震慑作用和遏制作用，坚决遏制腐败现象蔓延势头，从而擦亮了巡视利剑，形成了强大震慑。比如，强调要把权力关进制度的笼子里。习近平总书记在十八届中央纪委三次全会上指出：“解决存在的问题，还得靠制度。”发挥制度的刚性作用，把权力关进制度的笼子里，形成不敢腐的惩戒机制、不能腐的防范机制、不易腐的保障机制，这已经成为反腐败斗争的时代特征。坚持用制度管权管事管人，把制度建设贯穿于反腐倡廉建设的各个环节，实现由风暴式反腐向常态化反腐、制度反腐的转变。

党的十八大以来在反腐败斗争方面最大的改革应该是纪检监察体制的改革，最大的成效就是形成了专门的国家反腐败机构——监察委员会，出台了专门的国家反腐败法律——《中华人民共和国监察法》。“党的纪律检查体制改革是全面深化改革的重要组成部分，是党要管党、从严治党的必然要求”。“国家监察体制改革有利于加强党对反腐败工作的集中统一领导，有利于实现对公权力监督的全覆盖，有利于坚持标本兼治、巩固扩大反腐败斗争成果”……党的十八大以来，习近平总书记围绕深化纪检监察体制改革发表了一系列重要论述，为推进改革注入了强大思想动力，照亮并指引着改革前行的道路。为了推进党的纪律体制改革，中国共产党中央党的纪律检查体制改革专项小组，随后即在北京、浙江、山西进行改革试点。在取得试点经验之后，2017年10月18日，习近平总书记在党的十九大上发出深化国家监察体制改革号令；同月底，中办印发通知部署在全国全面推开国家监察体制改革试点工作；时隔不到4个月，2018年2月25日，随着广西崇左市大新县监察委员会正式成立，全国省、市、县三级监察委员会全部完成组建；2018年3月，国家监委正式成立，与中央纪委合署办公……满打满算5个月不到，国家监察体制改革顺利“封顶”，在改革开放风云激荡40年之际再次彰显了“中国效率”、刷新了“中国速度”。[1]

[1] 王诗雨：《以深化改革推进全面从严治党——党的十八大以来纪检监察体制改革综述》，《中国纪检监察》2018年第24期。

三、深入推进反腐败斗争

腐败问题是一个世界性、历史性的难题，根治腐败的任务是长期的，中国共产党与腐败的斗争是长期的。为此，习近平总书记在党的十九大报告中指出：“人民群众最痛恨腐败现象，腐败是我们党面临的最大威胁。只有以反腐败永远在路上的坚韧和执着，深化标本兼治，保证干部清正、政府清廉、政治清明，才能跳出历史周期率，确保党和国家长治久安。当前，反腐败斗争形势依然严峻复杂，巩固压倒性态势、夺取压倒性胜利的决心必须坚如磐石。要坚持无禁区、全覆盖、零容忍，坚持重遏制、强高压、长震慑，坚持受贿行贿一起查，坚决防止党内形成利益集团。”这夺取反腐败压倒性胜利的号令，提醒中国共产党必须要清醒认识反腐败斗争的严峻性、复杂性、长期性，一刻不松、半步不让，着力建立不敢腐、不能腐、不想腐的机制，加快推进国家监察体制改革，以永远在路上的坚忍执着，把反腐败斗争进行到底。

（一）深入推进反腐败斗争是由于滋生腐败的土壤依然存在

一方面，我国仍然处于经济社会的转型期，为腐败的滋生蔓延提供了条件。改革开放以来，我国经历了并仍正在经历经济和社会的转型。在转型过程中，法律、制度和政策的滞后性对社会造成的负面影响不可回避，比如社会民主政治不够完善、法制不够完备，公民的政治参与意识比较薄弱，不善于用法律武器维护自己的权益，政府职能转变不到位和市场配置资源作用得不到有效发挥，这就为权力寻租提供了条件，容易产生权钱交易的腐败现象。另一方面，各种错误腐朽思想的侵蚀。社会转型与观念转变是同步的，社会转型没有完成，观念转变也在进行过程中。中国社会有长期的封建历史，封建糟粕的影响在不少人的思想观念中依然根深蒂固，这些残留的封建糟粕同西方资本主义国家对我国的价值渗透相结合，对民众和部分党员、干部产生了一定的冲击，动摇了他们的理想信念和价值取向，成为腐败产生的思想阻碍。

（二）深入推进反腐败斗争是由于反腐败斗争形势依然严峻复杂

“反腐败形势依然严峻复杂”的判断是基于当代中国滋生腐败的土壤依然存在，而且腐败问题具有顽固性、反复性的特点，事实上从宽松软走到严紧硬亦非一时之功，所有的这些都决定了反腐败永远在路上。近年来，我国的反腐败斗争虽然取得了一定的成效，但所面临的局势依然非常严峻、非常复杂。王岐山同志指出：“严峻加上‘复杂’是对形势的精准表述，一语中的。”“要始终保持一份冷静清醒，深刻认识依然严峻复杂的形势是长期形成的、不可能再短期内改变，惩治这一手任何时候都不能松，松一松就会出现‘回头浪’。”[1]2019年1月21日，习近平总书记在省部级主要领导干部坚持底线思维着力防范化解重大风险专题研讨班上的讲话再次重申党的十八大以来，我们取得了反腐败斗争的压倒性胜利，但反腐败斗争还没有取得彻底胜利，反腐败斗争形势依然严峻复杂。特别是当前“围猎”和甘于被“围猎”交织、政治问题和经济问题交织、区域性腐败和领域性腐败交织等问题依然突出，很多干部还不收手、不收敛，在存量仍在的情况下增量不少。

---

[1] 王岐山：《开启新时代 踏上新征程》，《人民日报》2017年11月7日。

（三）深入推进反腐败斗争，夺取反腐败斗争压倒性胜利

依然严峻复杂的判断不是否定党的十八大以来在反腐败斗争上取得的成效。党的十九大报告充分肯定了过去5年反腐败工作所取得的进展和成绩，指出："不敢腐的目标初步实现，不能腐的笼子越扎越牢，不想腐的堤坝正在构筑，反腐败斗争压倒性态势已经形成并巩固发展。""正风肃纪、反腐惩恶，消除了党和国家内部存在的严重隐患，……党内政治生态明显好转……"所谓压倒性态势，主要有三个表现：一是腐败增量得到了明显遏制，大量党员、干部的观念发生转变，政治生态得到修复；二是在反腐败力量和腐败势力的较量中实现了力量对比的逆转，正气上升、邪气下降，潜规则失效、显规则彰显；三是各级党委管党治党的氛围、意识正在加强，所以说形成了反腐败斗争压倒性态势。党的十九大报告提出的"夺取反腐败斗争压倒性胜利"的要求，表明了中国共产党反对腐败的政治决心和坚定态度，吹响了最终战胜腐败、解决腐败问题的战斗号角。

对于巩固反腐败斗争压倒性胜利，习近平总书记在党的十九大之后多次强调。在十九届中央纪委二次全会上，习近平总书记强调，要深化标本兼治，夺取反腐败斗争压倒性胜利。标本兼治，既要夯实治本的基础，又要敢于用治标的利器。要坚持无禁区、全覆盖、零容忍，坚持重遏制、强高压、长震慑，坚持受贿行贿一起查，坚决减存量、重点遏增量。"老虎"要露头就打，"苍蝇"乱飞也要拍。要推动全面从严治党向基层延伸，严厉整治发生在群众身边的腐败问题。要把扫黑除恶同反腐败结合起来，既抓涉黑组织，也抓后面的"保护伞"。要加强反腐

败综合执法国际协作，强化对腐败犯罪分子的震慑。要强化不敢腐的震慑，扎牢不能腐的笼子，增强不想腐的自觉。要通过改革和制度创新切断利益输送链条，加强对权力运行的制约和监督，形成有效管用的体制机制。

在十九届中央纪委三次全会上，习近平总书记再次强调，坚决惩治腐败，巩固发展压倒性胜利。要坚持靶向治疗、精确惩治，聚焦党的十八大以来着力查处的重点对象，紧盯事关发展全局和国家安全的重大工程、重点领域、关键岗位，加大金融领域反腐力度，对存在腐败问题的，发现一起坚决查处一起。要深化标本兼治，夯实治本基础，一体推进不敢腐、不能腐、不想腐。

总之，腐败是病必须要治，但反腐败斗争不可能一蹴而就，更不能奢求一劳永逸。深入推进反腐败斗争，必须坚决贯彻党的十八大、十九大精神，必须以习近平新时代中国特色社会主义思想为遵循，需要我们保持坚强政治定力，始终以人民高兴不高兴、满意不满意、答应不答应作为根本标准，力度不减、节奏不变、尺度不松，以顽强的毅力和韧劲不断推进；要坚持使命引领，始终以伟大梦想、伟大斗争、伟大事业为基点，立足当前、着眼未来、标本兼治，以科学的思维和方法形成长效机制。

“六有”皆无只因贪

——北京市文资办原党委书记、副主任张慧光严重违纪违法案剖析[1]

“被告人张慧光犯贪污罪、受贿罪，判处有期徒刑15年，并处罚金人民币350万元。”北京法院审判信息网日前公开了张慧光案裁判文书。

张慧光，原北京市文资办党委书记、副主任，曾任首都精神文明建设委员会办公室主任，北京市旅游局党组书记、局长。如果在网络上搜索“张慧光”这一关键词，会出现几十万个条目。作为一名正局级领导干部，她的工作照光彩照人。然而，今昔对比，已判若两人。

有声有色地工作、有滋有味地生活、有情有义地做人，这“六有”是张慧光信奉的人生信条，她对自己的这一总结很是得意。然而，背离了党纪国法，她的行为让“六有”变了质。

假公济私，工作岂能有声有色?

2015年7月的一天，张慧光正在批阅文件，脸上露出一丝不安的她，在一份文件上签署了“同意”。这份文件就是将要提交市委巡视组的《关于2012、2013年领导工作例会缺失会议记录有关情况的说明》。

会议记录为何无缘无故缺失?张慧光的这一做法，实际上是为了掩盖工作的失职——“三重一大”事项未按要求上会研究。

纸终究包不住火。2015年9月12日，张慧光被北京市纪委专案组的

[1]　来源于《中国纪检监察报》2018年12月18日。

工作人员带离办公室，就再也没有回来。

位于北京车公庄的“新华1949”文化创意园内，有多家文化创意企业。园区中心还有一个由新华印刷厂改建而成的展示中心，丰富的展品让参观者感受到文化创意产业的魅力。有人说，张慧光在文资办工作的几年确实搞出了一些“政绩”。但在“政绩”的光环中，却总有一些让人看不透的东西。

“她这个人欲望太高，既想当官又想发财。特别是到文资办以后，对职位、权力的期许更高。作为党委书记，不安守本职，却一心想在有限的几年时间里，再上一个台阶。”北京市纪委监委第八纪检监察室主任孙利清告诉记者，张慧光特别热衷于那些轰轰烈烈、“有声有响”的活动，有的项目甚至亲自参与操持。而这些，正是她捞取“政绩”的资本。

2013年，市文资办牵头在美国举办《我爱北京》国际编剧大赛。通过加拿大籍华人牛某的“穿针引线”，活动在美国几十所高校展开，最终优秀剧本被拍成微电影，并在北京举行了隆重的颁奖仪式。

然而，让人没想到的是，在这个看起来有声有色的工作背后，竟随意增加了400多万元项目支出。

当年12月，针对项目超支一事，北京市委宣传部在全市宣传系统下发通报批评，责成文资办作出深刻检查。然而，张慧光却把这事儿压下去了。“我从来没在工作中拿过‘通报批评’，觉得特别没有面子。”张慧光回忆，“当时就报了个情况说明，通报批评的事就没在单位党委会上传达，也没有贯彻。”

觉得没面子、有情绪，就不传达上级通报。有令不行，欺上瞒下，搞“上有政策，下有对策”，合意的执行，不合意的就不执行，这样的党委书记的确很任性。也正是这个严重超支的项目，成为她疯狂敛财的工具。

经查，2013年10月至2015年7月，张慧光利用职务便利，在市文资办同外语教学与研究出版社有限责任公司（以下简称外研社）签订《微电影市场发展分析及实例论证项目委托服务合同》过程中，套取财政资金151万余元。后又借用北京华荣兄弟文化传媒有限责任公司名义，与外研社签订虚假《“微电影市场分析及实例论证项目”微电影拍摄制作合同》，骗取上述财政资金中的75万余元，据为己有。

而对于别人送上门的，张慧光根本不拒绝。在接受牛某请托，为其承揽编剧大赛提供帮助后，2015年5月、6月，牛某给她送上了16万美金的“好处费”，折合人民币近百万元。

权力一旦与金钱勾连，必定导致腐败。张慧光忘记了法纪、突破了底线，最终走向违法犯罪的深渊。

心为物役，生活岂能有滋有味？

每个人都希望自己的生活有滋有味。但怎样才是有滋有味，不同的人有不同的理解。对于张慧光而言，她的“有滋有味”和贪慕虚荣、奢靡享乐画上了等号。

“成由勤俭败由奢。”张慧光回忆道，“提拔为局级干部后，受外界环境影响，不知不觉开始追求奢侈品和高消费。”

2011年7月，张慧光向其胞妹张某甲索要191万元，只是因为她看上了一对翡翠手镯，想要买下来。

“2011年，她在广州一个展销会上给我打电话，说看了一对手镯特别喜欢，还有一些玉器，问我能不能把钱给付了。”张某甲回忆道。考虑到张慧光帮她揽了不少项目，张某甲后来便通过银行转账，给张慧光转了191万元。

“党员领导干部要尚俭戒奢，杜绝享乐主义。张慧光过分贪图虚荣、追求奢侈，动辄几万、几十万元的高额消费，严重超出其个人支付能力，必然导致她走上权力寻租之路。”市纪委监委第十二纪检监察室副主任朱平说。

经查，张慧光于2009年11月至2012年6月，利用担任北京市旅游局党组书记、局长的职务便利，接受紫禁腾（北京）文化传媒有限公司法定代表人祝某的请托，为该公司承揽北京市旅游局大型旅游栏目《想说爱你》《请跟我来》拍摄制作工作提供帮助。其间，张慧光先后多次收受祝某为其支付的美容费用及其他财物，共计折合人民币49.9万元。

“现在想起来真的很羞愧。追求美没错，但用受贿的钱去美容，实际上是用丑陋行为追求美。”张慧光悔恨地说，“现在想想，粗茶淡饭又如何？打扮平淡一点，享受平淡中的安宁，不知道比现在这样强多少倍。”

追求美，本无可厚非。但如果这样的追求超越经济能力承受范围，能不出问题吗？

君子役物，小人役于物。“如果张慧光早些从所谓‘有滋有味的生活’中解脱出来，从物中解脱出来，主动廉洁修身，自觉提升境界，也不会走到今天这一步。”市纪委监委办案人员表示，作为领导干部，要切实过好生活关，真正做到“心不动于微利之诱，目不眩于五色之惑”，始终保持高尚的气节和情操。

败坏家风，做人岂能有情有义？

在做人这个问题上，张慧光信奉的“有情有义”，与“廉洁齐家，自觉带头树立良好家风”的要求背道而驰。在调查过程中，张慧光的两个妹妹及外甥都牵扯进来，一个大家庭、几个小家庭的幸福同时幻灭。

“一方面觉得妹妹实在需要帮助，另一方面也觉得给别人做也是做，给妹妹做一点儿，应该不为过。”张慧光坦言。

她说的“给妹妹做一点儿”，落在工作中就是赤裸裸地“权为己用”“以公谋私”。2009年，其妹妹张某甲以文浪公司的名义，和北京市旅游局签了《旅客乘车指南》的封底广告，合同金额500多万元。

帮妹妹办事，张慧光也不白忙活。2009年底，她表示女儿要买房，让妹妹“帮着弄点儿钱”。于是，张某甲以张慧光女儿名义在银行存了80万，然后把卡交给了张慧光。而这只是开始，张慧光在市旅游局和文资办工作的7年间，张某甲利用张慧光手中的权力，先后签了2000多万元的合同。作为回报，张某甲先后给予张慧光数百万元。

除妹妹张某甲外，张慧光的另一个妹妹张某乙以及外甥解某某因为“文惠卡”项目也被牵扯进来。

使用一张小小的“文惠卡”，在北京近两千家影院、书店、博物馆等文化商户消费都可享受折扣。这本是给百姓谋福利的好事，让人想不到的是，卡片背后却隐藏着不可告人的权钱交易。

时间倒推几年，张慧光的外甥解某某当时是北京一高校干部。当朋友王某某找到他，请其为自己设计的第三方支付文化消费卡出谋划策。解某某敏锐地察觉到其中的商机，于是找到了自己的大姨——时任市文资办党委书记的张慧光。

根据张慧光的建议，这张小卡片由支付卡改为优惠卡。在解某某和张慧光推动下，王某某借壳华盛建安科技有限公司，承揽了市文资办的北京文化惠民卡项目。

这个项目让王某某赚得了第一桶金。然而，困扰也随之而来。一直为项目穿针引线的解某某开始一而再、再而三地向他要钱。解某某的母亲，也就是张慧光的妹妹张某乙也向他伸出了手。

“2015年初，解某某的妈妈给我打电话，说在海南买房需要100万元。”王某某回忆道，两年时间，解某某和张某乙以购车、信用卡还款、支付购房款等理由，先后向其索要财物600多万元。2014年下半年，解某某和张某乙将其中的60万元现金，以王某某名义送到张慧光家中。

身为国家干部的解某某利用张慧光的影响，为自己谋取私利。而张慧光对于外甥的行为听之任之，不仅没有尽到教导训诫之责，自己还收受不义之财，助长其借权敛财之风，坏了作风，更坏了家风。

“我曾是父母的希望和骄傲，我对不起父母的养育之恩、教育之恩……”张慧光痛哭流涕地感慨道，“人这一辈子啊，得始终走在规矩里面，这样才能真正地保住平安！”

第十二章　深入把握全面从严治党的规律

全面从严治党的落脚点，是要确保党在世界形势深刻变化的历史进程中始终走在时代前列，在应对国内外各种风险和考验的历史进程中始终成为全国人民的主心骨，在坚持和发展中国特色社会主义的历史进程中始终成为坚强领导核心。然而形势在变化、时代在发展、事业在进步，所以全面从严治党也就只有进行时而没有完成时，必须始终咬住党内形势的发展变化、必须始终盯住具体时代的客观要求，不断创新方式方法持续不断加以推进，这一过程中总有一些规律性的东西值得总结、需要坚持。

一、必须始终坚持党的领导

全面从严治党是中国共产党的自我革命、自我纠错、自我净化、自我完善，所以必须在党的领导下进行。邓小平指出："我们党经历过多次失误，但是我们每一次都依靠党而不是离开党纠正了自己的错误。”[1]党的十九大报告指出，坚持党对一切工作的领导。党政军民学，东西南北中，党是领导一切的。中国特色社会主义进入新时代，我们党一定要有新气象新作为。打铁必须自身硬。党要团结带领人民进行伟大斗争、推进伟大事业、实现伟大梦想，必须毫不动摇坚持和完善党的领导，毫不动摇把党建设得更加坚强有力。因此，在推进全面从严治党的过程中，必须始终如一地坚持党的领导这一基本原则。

（一）勇于自我革命革命是党的鲜明品格

党的十八大以来，习近平总书记多次强调中国共产党的自我革命品格。当我们说勇于自我革命是中国共产党的鲜明品格时，并不是抽象空泛的议论。而是以十分确定的历史事实为依据的，也是有十分充分的理论依据的。

从历史事实来看，中国共产党100年的历史就是一个不断自我革命的历史，从中可以看出，中国共产党经历了各种生死攸关的艰难险阻，多次面临生死存亡的考验，无论是党的事业还是党的建设都不是一帆风顺，并不是没有犯过错误，但是总能在历史紧要关头，或以自我革命的精神实现在危急中的悬崖勒马，力挽狂澜；或以自我革命的精神攻坚克难，开辟新局，推动事业向前发展。比如，中国共产党在1927年的“八七会议”上纠正了陈独秀右倾投降主义错误；1935年的遵义会议纠正了王明军事上的“左”倾冒险主义错误；1942年开始的“延安整风”使全党从思想上结束了“左”倾的错误；1962年的“七千人大会”在很

---

[1] 《邓小平文选（第二卷）》，人民出版社，1994，第170页。

大程度上纠正了党的八大以来“左”的错误，并提出当时切实可行的“八字方针”；1978年十一届三中全会结束了“文化大革命”以来的混乱，开辟了以经济建设为中心和改革开放的新格局；党的十八大以来，发出了全面从严治党的动员令，纠正了党风政风、遏制了腐败；等等。正是在不断的自我革命中，中国共产党走出了“农村包围城市、武装夺取政权”的革命新路，走出了深度融入世界、建设社会主义市场经济的改革新路，走出了全面从严治党、推进党的建设新的伟大工程的党建新路。

从理论依据来看，我们党之所以有自我革命的勇气，是因为我们党除了国家、民族、人民的利益，没有任何自己的特殊利益。不谋私利才能谋根本、谋大利，才能从党的性质和根本宗旨出发，从人民根本利益出发，检视自己。中国共产党作为工人阶级政党，其本质就是要为绝大多数人谋利益。解放人民、服务人民，彻底地为人民的利益工作，是中国共产党的政治基因。中国共产党始终把人民放在最高位置，始终坚持以人民为中心的价值理想，始终把为人民服务作为最高宗旨，始终把人民群众高兴不高兴、满意不满意、答应不答应作为衡量一切工作的最高标准。除了最广大人民群众的根本利益之外，中国共产党没有任何自身的利益需要保护，没有任何的缺点需要隐藏，所以能够始终坚持真理、修正错误，为了人民的根本利益，坚持对的，发扬好的；为了人民的根本利益，有缺点克服缺点，有问题解决问题，有错误承认并纠正错误。中国共产党不仅勇于推进改造客观世界的社会革命，也勇于推进改造自身的自我革命，敢于同一切弱化先进性、损害纯洁性的问题作斗争，对自身进行最坚决、最彻底的革命。以上这些正是我们党能够在跟近现代中国各种政治力量的反复较量中脱颖而出取得执政地位，能够始终走在时代前列、成为中国人民和中华民族的主心骨的根本原因。

保持自我革命的精神，必须始终做到不忘初心、牢记使命。无论中国共产党和她领导的事业发展到什么程度，无论世情国情党情变换到什么境地，中国共产党必须始终坚守自己的初心和使命。只要坚守了初心和使命，中国共产党就能保持自我革命的品格，就能不断纠正前进中的错误，就能从容应对重大挑战、抵御重大风险、克服重大阻力、解决重大矛盾。如果忘记了初心、背弃了使命，中国共产党就失去了自身安身立命的根与魂，也是丧失了自我革命的精神品格。

（二）全面从严治党必须坚持党的领导

中国共产党是革命党，不仅要始终推动社会革命，而且要不断推动自我革命。中国特色的政治发展道路，就是要在中国共产党的组织、领导下逐步发展社会主义民主、健全社会主义法治、完善社会主义政治制度，从而把党的领导、依法治国和人民当家做主统一起来。1921年，中国共产党的诞生，为当时中国的政治格局中注入了新鲜血液，为未来中国的政治发展提供了新的方案。中国共产党团结带领人民经过28年浴血奋战，打败了日本帝国主义，推翻了压在中国人民头上的三座大山，完成了新民主主义革命，建立了中华人民共和国，彻底结束了旧中国半殖民地半封建社会的历史，实现了中国从几千年封建专制向人民民主专政制度的伟大飞跃。之后，我们党团结带领中国人民完成社会主义革命，确立社会主义基本制度，完成了中华民族有史以来最为广泛而深刻的社会变革，为当代中国一切发展进步奠定了根本政治前提和制度基础。改革开放以来，党团结带领中国人民积极探索，走出了中国特色社会主义政治发展道路，为我国经济实力、综合国力、人民生活水平不断跨上新台阶，为不断战胜前进道路上各种艰难险阻提供了政治制度保证。必须要看到，这一切的取得都是中国共产党自我推动的。

从反对腐败、建设廉洁政治的情况来看。一方面，腐败的状况并不与几个党执政有直接的关系。另一方面，从中国共产党自身的情况来看，坚守初心和使命的中国共产党人始终没有忘记反对腐败，一以贯之、旗帜鲜明地反对腐败，始终把腐败遏制在可控范围之内，党员、干部的主流始终是好的。特别是党的十八大之后，以习近平同志为核心的党中央更向全世界表明了中国共产党反对腐败的决心和能力。所以，中国共产党的全面从严治党不需要外力的推动，也不能依靠外力的推动，只能在党的领导下推进，也就是党要管党，才能管好党；从严治党，才能治好党。

（三）加强党的领导关键是坚持党中央集中统一领导

办好中国事情，关键在党。十八届六中全会公报强调，坚持党的领导，首先是坚持党中央的集中统一领导。一个国家、一个政党，领导核心至关重要。全党必须自觉在思想上政治上行动上同党中央保持高度一致。中国共产党是一个有着9500多万名党员、480多万个基层党组织的长期执政的大党。2013年1月22日习近平总书记指出："各级党组织和领导干部要牢固树立大局观念和全局意识，正确处理保证中央政令畅通和立足实际创造性开展工作的关系，任何具有地方特点的工作部署都必须以贯彻中央精神为前提。要防止和克服地方和部门保护主义、本位主义，决不允许'上有政策、下有对策'，决不允许有令不行、有禁不止，决不允许在贯彻执行中央决策部署上打折扣、做选择、搞变通。”[1]

2016年1月7日，习近平总书记在中央政治局会议上指出：“加强党的领导关键是坚持党中央集中统一领导。党中央集中统一领导要实现制度化、规范化。”全党向中央看齐，保持高度团结和集中统一，是我们党的光荣传统和独特优势。1945年，毛泽东同志在党的七大预备会议上说：“要知道，一个队伍经常是不大整齐的，所以就要常常喊看齐……看齐是原则，有偏差是实际生活，有了偏差，就喊看齐。”1988年9月，邓小平同志指出：“中央要有权威。改革要成功，就必须有领导有秩序地进行。没有这一条，就是乱哄哄，各行其是，怎么行呢？不能搞‘你有政策我有对策’，不能搞违背中央政策的‘对策’。”

中国共产党之所以能几经挫折而不断奋起，历经磨难而不断前进，能领导中国革命、建设、改革事业不断从胜利走向新的胜利，就在于中国共产党的组织纪律性，在于党内高度的团结统一、步调一致，全体党员和各级党组织自觉接受党中央的领导，自觉执行党中央的决定。长征途中，面对张国焘分裂党、分裂红军的不轨图谋，朱德同志的回应干脆果决：“我们要接受党中央的领导，不能同中央对立！”也正是在总结张国焘的教训中，毛泽东再次重申了作为党的组织原则的“四个服从”。习近平总书记对党中央权威高度重视，他强调：“只有全党思想和意志统一了，才能统一全国各族人民思想和意志，才能形成推进改革的强大合力。”“事在八方、要在中央”，中央委员会、中央政治局、

[1]《十八大以来重要文献选编（上）》，中央文献出版社，2014。

中央政治局常委会是党的领导决策核心，党中央作出的决策部署，党的组织、宣传、统战、政法等各部门及各方面、各层级党组织都必须贯彻落实。这就要求各级党组织和广大党员要增强政治意识、大局意识、核心意识、看齐意识，坚持把对党绝对忠诚作为根本政治要求和最重要的政治纪律，始终在思想上政治上行动上同党中央保持高度一致。要经常、主动向党中央看齐，向党的理论和路线方针政策看齐，向党中央改革发展稳定、内政外交国防、治党治国治军各项决策部署看齐。

（四）党中央的集中统一领导是全面从严治党的根本政治保证

坚持党的领导，确保党的领导核心地位，首先要坚持党中央的集中统一领导，以保证正确方向、形成强大合力。这是一条根本的政治规矩。党中央的集中统一领导是全面从严治党的根本政治保证。在十九届中央纪委二次全会上，习近平总书记强调指出，党的建设新的伟大工程是引领伟大斗争、伟大事业，最终实现伟大梦想的根本保证。全面从严治党，必须坚持和加强党的全面领导。坚持党的领导，最根本的是坚持党中央权威和集中统一领导。我们要乘势而上，牢牢把握加强党的长期执政能力建设、先进性和纯洁性建设这条主线，发挥标本兼治综合效应，确保党成为始终走在时代前列、人民衷心拥护、勇于自我革命、经得起各种风浪考验、朝气蓬勃的马克思主义执政党。

坚持党中央的集中统一领导就是要求各级党组织和所有党员按照党中央提出的要求、明确的标准去努力践行。全面从严治党的实质就是要保持党的先进性和纯洁性，就是要求各级党组织和所有党员都要自觉按照先进性和纯洁性的各项要求去做，努力完善自己、改造自己、提升自己。党的十八大以来，中国共产党出台了针对各级组织的相关党内法规，比如《中国共产党地方委员会工作条例》《中国共产党党组工作条例》《中国共产党支部工作条例》等，这就是对各级党组织的明确要求，各级党组织都要严格按照相关党内法规的要求去做。而且，党中央还对所有党员干部提出了“三严三实”的要求，提出了“四个坚持”（坚持公私分明，先公后私，克己奉公；坚持崇廉拒腐，清白做人，干净做事；坚持尚俭戒奢，艰苦朴素，勤俭节约；坚持吃苦在前，享受在后，甘于奉献）的要求，提出了践行社会主义核心价值观的要求，所有党员干部都要朝着这些标准不断努力、自觉看齐。

坚持党中央的集中统一领导就是要求各级党组织和所有党员按照党中央提出的步骤、明确的途径去努力执行。孙林教授指出：“全面从严治党是党新时期自我净化、自我完善、自我革新、自我提高，增强拒腐防变和抵御风险能力，提升领导水平和执政水平，永葆先进性和纯洁性的重大战略举措，不仅要对党的肌体除尘去垢，清除政治微生物，还要刮骨疗毒、壮士断腕，这必然带来党的建设制度的全面调整和变革，其复杂性、艰巨性、长期性可以预见。在这种情势下，党的各级组织、全体党员特别是高级干部都必须增强‘四个意识’，必须向党中央看齐，向党的理论和路线方针政策看齐，向党中央决策部署看齐，做到党中央提倡的坚决响应、党中央决定的坚决执行、党中央禁止的坚决不做，这样才能完成这次党的建设历史上的伟大变革。”[1]的确，全面从严治党是一项政治性强、

[1] 孙林：《全面从严治党必须坚持党中央的集中统一领导》，光明网，2016年11月9日。

系统性强、涉及面广的伟大工程，非常复杂、异常艰巨，必须形成合力、统一行动，不能政出多门、各自为政、自行其是。所以，全面从严治党必须加强顶层设计，由党中央提出具体的治党方略，各级党组织和所有党员自觉按照党中央的要求去坚定不移地执行。

总之，全面从严治党是要向影响党的先进性和纯净性的各种腐朽因素开战，是要与党内的种种政治上、经济上出了问题的党员、干部作斗争，而除了党中央之外任何级别的组织都不具备这样的斗争能力和号召能力。管好党、治好党并不容易，不是一件轻而易举、朝发夕至的事情，也不是一件可以依靠外力就能完成的工程。所以，我们必须始终在这一点上保持清醒和定力：全面从严治党不是把党的执政地位治掉，而是为了更好地巩固党的执政地位；全面从严治党不能离开党的领导，而是必须依靠党的领导；全面从严治党不能随心所欲、自行其是，必须在党中央坚强领导下进行。

二、必须压实管党治党责任

习近平总书记在十八届中央纪委六次全会讲话中指出，全面从严治党是各级党组织的职责所在，各级党组织及其负责人都是责任主体，必须担负起全面从严治党的主体责任。落实主体责任是对各级党委（党组）的政治要求，也是各级党委（党组）的法定职责。党委能否落实好主体责任直接关系全面从严治党成效，全面从严治党责任能不能担当起来，关键在主体责任这个“牛鼻子”抓没抓住。

（一）管党治党的责任是马克思主义政党管党治党的一贯要求

虽然没有明确的责任体系划分，但是马克思、恩格斯在创建无产阶级政党的过程中，在领导第一国际、第二国际的实践中就有了管党治党责任的思想萌芽，马克思在总结思考巴黎公社失败的经验教训后对廉政建设责任追究的重要性做过论述，他指出要“以真正的责任制代替虚伪的责任制”[1]。而且，马克思、恩格斯也在自己的革命活动中毫不迟疑地承担起了理论指导的责任、纯洁队伍的责任，与各种影响国际工人运动的消极因素进行了不调和的斗争。十月革命后，针对苏维埃内部存在的贪污、官僚主义、对贪污者姑息等问题，列宁强调指出：“对共产党员和革命者说来这是可耻的行为，这样的同志应受到舆论谴责，并且开除出党。”[2]列宁领导布尔什维克党积极开展自身建设的过程中，提出民主集中制的组织原则，明确了无产阶级政党铁的纪律，探索了党的监督机制，并一直强调党要保持自身的纯洁性。

中国共产党在发展壮大的过程中，虽没有明确的责任体系，但也一直强调各级党组织要担负起党的建设的责任。中华人民共和国成立以后，对一些地方党委将纪律建设和作风建设职责统统推给纪委的错误做法进行了纠正，党的建设的责任制度开始逐渐成形。1951年4月24日全国纪律检查工作干部会议在北京召开，朱德在做会议总结时指出：“某些上级党委对于纪律检查工作也还没有足够的重视，仅仅把这个工作委托给少数干部来做，而又不去过问。这就使得许多违反党的纪律的

[1]　《马克思恩格斯选集（第三卷）》，人民出版社，1995，第396页。
[2]　《列宁全集（第四三卷）》，人民出版社，1987，第53页。

党员逃避了党的应有的制裁。”[1]1956年党的八大对党风廉政建设主体责任进行了阐述。刘少奇在党的八大政治报告中指出：“除了党的各级委员会必须经常检查各级政府中党组织的工作以外，党委的各个工作部门应当负责建立起对于有关的政府工作部门中党组织和党员的经常的监督。”[2]

改革开放后党委主体责任问题再次重提并逐渐明确。1985年9月24日陈云在中纪委六次全会上的讲话中指出：“对危害社会主义建设，败坏党风、社会风气的歪风邪气，熟视无睹，听之任之，除了追究那些为非作歹的个人外，还要追究那个单位、那个地区的党委的责任，包括纪委的责任。”[3]十四届四中全会通过的《关于加强党的建设几个重大问题的决定》中，第一次明确提出各级党委都要健全抓好基层党组织建设的责任制。1998年《中国共产党党和国家机关基层组织工作工作条例》规定：“各级地方党委、机关工委和部门党组（党委）要建立机关党的工作责任制。”但是这个时期强调的党委责任，重点是党委对党风廉政建设的责任。责任制主要强调的是一种领导责任，对于党委的党内监督和权力约束问题，并未真正建立起严密的制度机制。对于如何发挥领导班子集体的积极性主动性去担当责任，是否需要追究领导集体的责任缺乏实际的探索，重业务轻党建的情况依然在一些部门和地方存在。2006年，中央出台了《关于建立健全地方党委、部门党组（党委）抓基层党

[1] 朱德：《为加强党的纪律性而斗争》，《党的文献》1955年第5期。
[2] 《刘少奇选集（下卷）》，人民出版社，1985，第248页。
[3] 《陈云文选（第三卷）》，人民出版社，1995，第356页。

建工作责任制的意见》。2013年十八届中央纪委三次全会公报指出各级党委（党组）要切实担负党风廉政建设主体责任，各级纪委（纪检组）要承担监督责任。2014年十八届三中全会强调落实党风廉政建设责任制，党委负主体责任，纪委负监督责任，对党风廉政建设责任制中各级党委和纪委的职责进行了细分，这是对反腐败体制机制建设的重要部署。2015年10月通过的《中国共产党纪律处分条例》第一次明确提出全面从严治党主体责任，党委主体责任从党风廉政建设上升到了全面从严治党主体责任的高度，落实主体责任已贯穿于全面从严治党的全过程。

（二）全面落实从严治党责任

习近平总书记强调："从严治党，必须增强管党治党意识、落实管党治党责任。""不明确责任，不落实责任，不追究责任，从严治党是做不到的。"

第一，落实党委主体责任。正如2013年习近平总书记在全国组织工作会议上的讲话中所指出："党要管党，才能管好党；从严治党，才能治好党。对我们这样一个拥有8500多万党员、在一个13亿人口大国长期执政的党，管党治党一刻不能松懈。如果管党不力、治党不严，人民群众反映强烈的突出问题得不到解决，那我们党迟早会失去执政资格，不可避免被历史淘汰。这决不是危言耸听。"治党是治国的基础和前提，治党不严、治党不力，党就缺乏战斗力领导力执政力，就担负不起、担负不好治国理政的历史使命。治国是治党的目的和标准，治党要有利于更好治国理政，治党成效如何，要通过治国理政的成效来检验和证明。

但是在相当长一段时间内，各级党组织不管党、不治党的问题却相当突出。习近平总书记曾在群众路线教育实践活动总结大会上的讲话中指出："是不是各级党委、各部门党委（党组）都做到了聚精会神抓党建？是不是各级党委书记、各部门党委（党组）书记都成了从严治党的书记？是不是各级各部门党委（党组）成员都履行了分管领域从严治党责任？一些地方和部门还难以给出令人满意的答案。"[1]管党治党必须有承担的主体。全面从严治党要靠全党、管全党、治全党。落实主体责任，将促使党建责任制的责任链条进一步健全。主体责任要求编制责任清单、厘清职责范围、细化责任分解、健全责任追究，使党委的集体责任、领导班子主要负责人的责任以及其他领导干部的责任明晰起来，真正实现权责对等，使党的监督机制朝着"有权必有责，用权受监督，失职要问责，违法要追究"的比较健全和完善的权力运行制约体系又极大地迈进了一步。[2]所以，各级党组织负责人一定要清醒认识到党建主体责任的重要性、首要性，切不可重走重业务、轻党建，重经济、轻政治，重当下、轻长远的老路。一定要深刻理解习近平总书记所讲的："各级各部门党委（党组）必须树立正确政绩观，坚持从巩固党的执政地位的大局看问题，把抓好党建作为最大的政绩。如果我们党弱了、散了、垮了，其他政绩又有什么意义呢？"[3]

---

[1]　习近平：《群众路线教育实践活动总结大会上的讲话》，《人民日报》2014年10月9日。

[2]　中央文献研究室：《习近平谈治国理政》，外文出版社，2014，第142页。

[3]　《十八大以来重要文献选编（中）》，中央文献出版社，2016，第94页。

第二，要落实纪检监察机关监督执纪问责的责任。各级纪检监察机构是党专门成立的为了维护党的纪律、纯洁党的队伍、反对消极腐败现象而成立的专责机关，其责任就是执纪监督问责。《中国共产党纪律检查机关监督执纪工作规则》明确规定："党的纪律检查机关和国家监察机关是党和国家自我监督的专责机关，中央纪委和地方各级纪委贯彻党中央关于国家监察工作的决策部署，审议决定监委依法履职中的重要事项，把执纪和执法贯通起来，实现党内监督和国家监察的有机统一。"习近平总书记在十八届中央纪委六次全会上指出，纪委是党内监督、管党治党的重要力量，党章规定了纪委的三项主要任务和五项经常性工作，概括起来，就是监督执纪问责。落实监督执纪问责的职责，就是要发现问题、及时纠正，对党员干部和管辖党组织范围内存在的问题做到早发现、早报告、早处置，要运用好监督执纪"四种形态"。执纪审查是责任的重要方面，要体现审查的政治性，坚持惩前毖后、治病救人方针，准确把握党中央全面从严治党的政策和重点，不断强化监督执纪问责的功能。

（三）以严肃问责促进责任落实

明确责任就要追究责任。履职不力就要严肃问责。唯有如此，全面从严治党的责任体系才能得到夯实。党的十八大以来，通过党内法规制度的系统和完善，全面从严治党的责任体系已经初步建立。

2015年8月3日，新修订的《中国共产党巡视工作条例》颁布实施，其中规定巡视组对巡视对象落实党风廉政建设"两个责任"进行监督；被巡视党组织主要负责人为落实整改工作的第一责任人；巡视结果作为干部考核选拔的重要依据。2015年12月25日修订出台的《中国共产党地方委员会工作条例》专门修订了党的地方委员会职责，规定党的地方委员会“对本地区党的建设全面负责”，包括必须认真履行全面从严治党主体责任，书记必须履行抓党建第一责任人的职责，以及党的地方委员会应当认真履行党风廉政建设主体责任，领导和支持纪律检查机关履行监督责任。2016年6月出台的《中国共产党问责条例》将落实党风廉政建设主体责任不力现象作为问责内容，再次强化主体责任的刚性要求，明确规定了问责的范围（坚持党的领导、加强党的建设、全面从严治党、维护党的纪律、推进党风廉政建设和反腐败工作），问责的对象（党员、党的干部和各级党组织以及党的组织、宣传、统战、政法等工作部门），问责的内容（对于失职失责造成严重后果、人民群众反映强烈、损害党执政的政治基础的都要严肃追究责任，既追究主体责任、监督责任，又追究领导责任）。与此同时，党的十八大以来，一些落实主体责任不力的情形受到处罚，也有效推动了党委主体责任落实的力度。下一步还要持续保持问责的高压态势，确保各级党组织和纪律检查机关不松劲、不懈怠，坚决防止出现“上面九级风浪、下面纹丝不动”。

全面从严治党直接关系到党和国家的生死存亡，关系到党的伟大使命能否顺利实现，而全面从严治党需要各级党委（党组）增强管党治党的自觉性、主动性，把管党治党主体责任放在心上、扛在肩上、抓在手上，把主体责任认真、持久地落实到位。而这必须要以问责作为保障。严肃问责必须厘清责任并追究责任，必须坚持有责必问、问责必严，上级党委要把监督检查、目标考核、责任追究有机结合起来，形成法规制度执行强大推动力，夯实履行责任的强大震慑力。要进一步深入研究、逐步完善新时代下全面从严治党问责的内容、对象、事项、主体、程序、方式，进一步推进问责的制度化、程序化、常态化，切实做到问责既要对事也要对人，增强问责的权威性。问责不能含糊不清，必须要问到具体工作上、具体机构上、具体人头上，唯有如此才能起到“问责一个、警醒一片”的效果。习近平总书记指出：“对每一个具体问题都要分清党委负什么责任、有关部门负什么责任、纪委负什么责任，健全责任分解、检查监督、倒查追究的完整链条，有错必究，有责必问。对那些领导不力、不抓不管而导致不正之风长期滋长蔓延，或者屡屡出现重大腐败问题而不制止、不查处、不报告的，无论是党委还是纪委，不管是谁，只要有责任，都要追究责任。”[1]

三、必须抓住“关键少数”

为政之要，莫先乎人；成事之要，关键在人。包括党政主要负责领导干部在内的“关键少数”能否发挥关键作用，事关党和国家事业的前途命运，关系到全面从严治党能否落地落实、能否长期坚持。党的十八大以来，以习近平同志为核心的党中央从抓“关键少数”破题，突出“关键少数”这个重点，以身作则、以上率下，严明纪律、严格要求，建章立制、着眼长远，推动了全面从严治党向纵深发展。

---

［1］ 中共中央纪律检查委员会、中共中央文献研究室编：《习近平关于严明党的纪律和规矩论述摘编》，中央文献出版社、中国方正出版社，2016，第116页。

（一）抓住“关键少数”意义重大

毛泽东同志曾明确指出：“中国共产党是在一个几万万人的大民族中领导伟大革命斗争的党，没有多数才德兼备的领导干部，是不能完成其历史任务的。”[1]由此可见，领导干部在党的建设和党的事业中的重要地位。历史和现实告诉我们，解决中国问题，关键在党；解决党自身的问题，关键在党的各级领导干部。全面从严从严治党要抓住“关键少数”的意义在于“关键少数”在党内是关键群体。

领导干部作为中国共产党的关键群体，地位高、作用大、影响力强，一直以来都受到党的历代领导人的高度重视。毛泽东指出：“指导伟大的革命，要有伟大的党，要有许多最好的干部。”[2]邓小平认为：“党要管党，一管党员，二管干部。对执政党来说，党要管党，最关键的是干部问题，因为许多党员都在当大大小小的干部。”[3]江泽民指出，治国必先治党，治党务必从严，并确立了从领导干部做起，应对党员干部要求更严些的原则。胡锦涛在《增强忧患意识，把党建设好》中指出：“历史经验反复告诉我们，马克思主义执政党不仅要有正确的政治路线，而且要有正确的组织路线，要有一大批高素质的善于治党治国治军的领导干部。”[4]习近平总书记指出：“邓小平同志说过：‘在中国来说，谁有资格犯大错误？就是中国共产党。’那么在党内，谁有

[1] 《毛泽东选集（第二卷）》，人民出版社，1991，第526页。
[2] 《毛泽东选集（第一卷）》，人民出版社，1991，第277页。
[3] 《邓小平文选（第一卷）》，人民出版社，1994，第328页。
[4] 《胡锦涛文选（第三卷）》，人民出版社，2016，第15页。

资格犯大错误？我看还是高级干部。高级干部一旦犯错误，造成的危害大，对党的形象和威信损害大。”[1]历代领导的重要论述表明，抓住“关键少数”不仅关系到党自身的生存和发展，更事关国家的长治久安。领导干部作为领导中国特色社会主义事业发展的“关键少数”，虽然人数不多，但责任重大，他们是国家公共权力的行使者，是国家治理方向的掌舵者，是社会主义现代化建设全面推进的方向盘，也是党内政治生态健康与否的重要风向标，他们直接影响着党的领导的上行和下效、影响着国家治理的水平和结果。领导干部特别是高级干部一旦出现问题，会严重破坏党内政治生态，严重损害党的形象、侵蚀党的肌体，对党和人民事业发展造成严重影响，甚至会将40年改革开放事业毁于一旦。所以说，“关键少数”既是全面从严治党的主体，也是全面从严治党的对象。

全面从严治党，“关键少数”是突破口。领导干部作为“关键少数”，是全面推进从严治党的重要组织者、推动者、实践者，也是示范者、引领者、维护者，他们处在政治生态链的最顶层。所以，抓好“关键少数”是全面从严治党的重要着力点和重大突破口。从党内的腐败和作风问题来看，“问题在下面、根子在上面”是较为普遍的现象。也就说，从人的因素上看，党内存在的腐败问题、作风问题的主要根源在于领导干部，在于“关键少数”在坏的方面的示范性、带动性。所以，党的

[1] 中共中央纪律检查委员会、中共中央文献研究室编：《习近平关于严明党的纪律和规矩论述摘编》，中央文献出版社、中国方正出版社，2016，第95页。

十八届六中全会指出，“新形势下加强和规范党内政治生活，重点是各级领导机关和领导干部，关键是高级干部特别是中央委员会、中央政治局、中央政治局常务委员会的组成人员”。古人说，“君子之德风，小人之德草”“正人必先正己，正己才能正人”。也正是基于这样的考虑，习近平总书记才强调指出：“从严管理的要求能不能落到实处，领导机关和领导干部带头非常重要。领导机关和领导干部做出样子，下面就会跟着来、照着做。各级领导机关和领导干部，尤其是中央机关和中央国家机关、高级领导干部要强化带头意识，时时处处严要求、作表率。”[1]也正是基于这样的认识，习近平总书记才在党的十八大之后特别要求中央政治局、中央委员会的领导同志要以上率下。习近平总书记语重心长地指出：“党要管党、从严治党怎么抓？就从中央政治局抓起，正所谓‘子帅以正，孰敢不正’？上面没有先做到，要求下边就没有说服力和号召力。在十八届中央政治局第一次会议上，我就说过，我们党作为马克思主义执政党，不但要有强大的真理力量，而且要有强大的人格力量；真理力量集中体现为我们党的正确理论，人格力量集中体现为我们党的优良作风；中央政治局的同志要带头把党的优良作风继承下来、发扬下去，敏于行、慎于言，降虚火、求实效，实一点，再实一点。全党看着中央政治局，要求全党做到的，中央政治局首先要做到。”[2]他还强调：“中

[1] 《十八大以来重要文献选编（上）》，中央文献出版社，2014，第351页。

[2] 中共中央纪律检查委员会、中共中央文献研究室编：《习近平关于严明党的纪律和规矩论述摘编》，中央文献出版社、中国方正出版社，2016，第98页。

央委员会的同志要在党言党、在党忧党、在党为党，带好头、做好表率。大家要清醒认识高级干部岗位对党和国家的特殊重要性，自觉按党提出的标准要求自己、磨炼自己、提高自己。职位越高，越要夙兴夜寐工作，越要毫无私心把自己的一切奉献给党和人民，越要按规则正确用权、谨慎用权、干净用权，越要像珍惜生命一样珍惜名节和操守，扎扎实实改造主观世界，诚心诚意接受监督帮助，努力使自己成为一名党和人民信赖的好干部。”[1]

（二）“关键少数”要自觉服从全面从严治党的要求

“打铁还需自身硬”。领导干部作为政治生态系统的顶层，既是全面从严治党的组织者，也是推进全面从严治党的践行者；既是“治”的具体组织者，也是“治”的主要对象，地位特殊、责任重大、作用关键。领导干部必须做好表率，要自觉服从全面从严治党的要求，带头从严要求自己。习近平总书记在2018年1月5日学习贯彻党的十九大精神研讨班开班式上发表的重要讲话强调，要把我们党建设好，必须抓住“关键少数”。

“关键少数”必须筑牢信仰之基、补足精神之钙、把稳思想之舵，带头做共产主义远大理想和中国特色社会主义共同理想的坚定信仰者和忠实实践者，坚定中国特色社会主义道路自信、理论自信、制度自信、文化自信，增强党的意识、党员意识、宗旨意识，坚守真理、坚守正

[1] 中共中央纪律检查委员会、中共中央文献研究室编：《习近平关于严明党的纪律和规矩论述摘编》，中央文献出版社、中国方正出版社，2016，第104页。

道、坚守原则、坚守规矩，始终做到信念过硬。

“关键少数”必须站稳政治立场、加强政治历练、积累政治经验、提高政治能力、强化政治担当，要牢固树立“四个意识”，坚决维护习近平总书记党中央的核心、全党的核心地位，坚决维护党中央权威和集中统一领导，把对党忠诚、为党分忧、为党尽责、为民造福作为根本政治担当，在思想政治上讲政治立场、政治方向、政治原则、政治道路，执行党的政治路线、严格遵守党的政治纪律和政治规矩，始终做到政治过硬。

“关键少数”必须增强责任意识，有权必有责，有责要担当，要把“人民群众对美好生活的向往”作为为官用权的目标，树立正确政绩观，发扬求真务实、真抓实干的作风，以钉钉子精神担当尽责，每一项工作都要做到对历史和人民负责，以“功成不必在我”的精神状态和“功成必定有我”的雄心壮志真正做到责任过硬。

“关键少数”必须具备过硬本领，要有“本领恐慌”的紧迫感，要有提高本领的自觉性，要有时不我待的紧迫感，要通过实践锻炼和理论学习不断掌握新知识、熟悉新领域、开拓新视野，特别是要深入学习马克思主义的立场观点和方法，努力掌握和善于运用辩证思维、战略思维、历史思维、创新思维、法治思维、系统思维和底线思维，全面提高领导能力和执政水平，始终做到能力过硬。

“关键少数”必须具备良好作风，要做到作风过硬，要坚持发扬党的理论联系实际、密切联系群众、批评和自我批评以及谦虚谨慎、不骄不躁、艰苦奋斗等优良作风。要把人民群众放在心中最高位置，带头转变作风，身体力行，以上率下，持之以恒克服形式主义、官僚主义，久久为功祛除享乐主义和奢靡之风，始终做到作风过硬。

“五个过硬”的基础是清正廉洁。“关键少数”位高权重，在经济社会各个领域都有比较大的影响，关注的人多、围猎的人多、扯虎皮做大旗的人多。这就要求领导干部要廉洁为基、洁身自好，切实提高拒腐防变的警惕性，切实增强拒腐防变的免疫力。腐败的根源是欲望多了、私心重了、自律少了、畏惧小了。作为“关键少数”应该知足感恩，组织上赋予其充分的信任和巨大的权力，使其得以全面施展才华、全面实现抱负，相比于金钱而言这是人生最大的财富、最大的机遇。作为“关键少数”应该敬畏规矩，组织是关心关爱党员、干部的，但规矩谁也不能破坏，规矩面前就没有“铁帽子王”，所以要敬畏规矩、尊崇规矩。

（三）强化对“关键少数”的监督管理

实事求是地讲，“关键少数”作用巨大，问题不少。习近平总书记客观指出：“从大量案件看，领导干部违纪违法问题大多发生在担任‘一把手’期间。有的践踏民主集中制，搞家长制、一言堂，居高临下、当‘太上皇’，手伸得老长，个人说了算，顺我者昌、逆我者亡，处心积虑树立所谓‘绝对权威’，大有独霸一方之势。有的人被查处后讲：‘我的一个批示可以让一个企业获得巨大利益，可以让亲朋好友获取好处，可以让一个人改变处境，可以办事顺利、一路绿灯。’有的人就反省说，省委领导对地市‘一把手’多是给政策，多是鼓励，而少有严格要求，少有监督；同级和下级根本不敢监督‘一把手’，这就造成‘一把手’权力失控。‘一把手’位高权重，一旦出问题，最容易带坏班子、搞乱风纪。‘一把手’权力集中，受到的监督很少，遵章守纪基本上靠自觉，这样能不犯错误、不出问题吗？我们必须用刚性制度把‘一把手’管住，保证‘一把手’正确用权、廉洁用权。这不是对干部要求苛刻，而是爱护和保护干部。领导干部要自觉接受组织和群众监督，这对自己有好处，可以警醒自己始终秉公用权，避免跌入腐败的陷阱。”[1]

信任不能代替监督，厚爱必须与严管结合。抓住“关键少数”必须加强对这一群体的监督管理，把全面从严的要求贯彻落实到组织管理的全过程。要完善选人用人体制机制。习近平总书记指出：“用一贤人则群贤毕至，见贤思齐就蔚然成风。选什么人就是风向标，就有什么样的干部作风，乃至就有什么样的党风。”[2]“我们要坚持德才兼备、以德为先，坚持五湖四海、任人唯贤，坚持事业为上、公道正派，坚决防止和纠正选人用人上的不正之风，把党和人民需要的好干部精心培养起来、及时发现出来、合理使用起来。”[3]必须认真执行《党政干部选拔任用条例》，建立科学规范的党政领导干部选拔任用制度，严把党员、干部选拔、任用、管理的各个环节，在具体环节上各个击破。

要强化对“关键少数”的制度约束机制建设。制度问题具有根本性、全局性、稳定性、长期性。抓好“关键少数”必须有严格的制度作

---

[1] 中共中央纪律检查委员会、中共中央文献研究室编：《习近平关于严明党的纪律和规矩论述摘编》，中央文献出版社、中国方正出版社，2016，第100页。

[2][3] 中共中央文献研究室编：《习近平关于全面从严治党论述摘编》，中央文献出版社，2016，第126页、141页。

保证，全方位扎紧制度笼子，更多地用制度治党、管权、治吏。要强化党内监督机制建设。党内监督是党的建设的重要内容，也是全面从严治党的重要保证，党的执政地位决定了党内监督在党和国家各种监督形式中是最基本的，也是第一位的。“党内监督没有禁区、没有例外”，“必须加强对领导干部的监督，党内不允许有不受制约的权力，也不允许有不受监督的特殊党员”。监督不能有盲区，必须切实解决“关键少数”上级监督太远、下级监督太险、同级监督太难的老问题。要以党的领导机关和领导干部特别是主要领导干部为重点对象，尽快建立健全党中央统一领导，党委（党组）全面监督，纪律检查机关专责监督，党的工作部门职能监督，党的基层组织日常监督，党员民主监督的党内监督体系，形成党内监督同有关国家机关监督、民主党派监督、群众监督、舆论监督等相结合的监督合力。

总之，随着改革进程中日益凸显的各类矛盾，党和国家面临的挑战越来越多，也越趋复杂，抓“关键少数”不仅是全面从严治党，加强党自身能力建设的客观需要，更是事关党的生死存亡、事关国家长治久安、事关社会主义现代化建设事业成败的关键一环。所以必须突出“关键少数”在全面从严治党中的关键性作用，既要强化“关键少数”的组织者、推动者作用，也要强化“关键少数”的引领者、带动者作用。

四、必须坚持正确的路径和方法

过河要有桥，上山应有路，做任何事情都有其路径和方法。如果路径和方法不对，即便目标明确也不可能取得预期的效果。全面从严治党是一项重大工程。对于这样一项重大工程，也应有正确的路径和方法。习近平总书记指出："从严治党有其自身规律，对我们这样一个老党大党来说，从严治党更有其自身规律。我们党在长期实践中，不断总结自己正反两方面经验，也积极借鉴国外执政党建设的经验教训，深刻认识到了一些从严治党规律，这些都要继续运用好。"[1]

（一）思想建党与制度治党相结合

思想建党和制度治党紧密结合是全面从严治党的一个鲜明特点，也是党的十八大以来在全面从严治党上取得的一条重要经验。党的十八届六中全会公报指出："党的十八大以来，以习近平同志为核心的党中央身体力行、率先垂范，坚定推进全面从严治党，坚持思想建党和制度治党紧密结合，集中整饬党风，严厉惩治腐败，净化党内政治生态，党内政治生活展现新气象，赢得了党心民心，为开创党和国家事业新局面提供了重要保证。"在全面从严治党的过程中，习近平总书记强调要坚持把思想建党和制度治党紧密结合、同向发力，使加强制度治党的过程成为加强思想建党的过程，也要使加强思想建党的过程成为加强制度治党的过程。思想建党，侧重以内促外；制度治党，侧重以外促内。只有内外兼修，使之同频共振、同向发力，才能使党员干部明红线知高线守底线，既明确什么不能为，又了解为什么不能为。这一新要求，坚持目标导向和问题导向相统一，是对党的建设历史经验的科学总结，也是对全面从严治党特点和规律认识的深化，为进一步推进全面从严治党提供了

[1] 习近平：《在党的群众路线教育实践活动总结大会上的讲话》，《人民日报》2014年10月9日。

科学方法和路径。

一是要始终坚持思想建党。思想建党是中国共产党党的建设历久弥新的成功经验。因为“对马克思主义的信仰，对社会主义和共产主义的信念，是共产党人的政治灵魂，是共产党人经受住任何考验的精神支柱”[1]。中国共产党首先是思想高度一致的组织。理想信念是共产党人的精神之钙和安身立命的根本。做合格的共产党员，必须坚定对马克思主义的信仰、对共产主义和社会主义的信念、对党和人民的忠诚，解决好世界观、人生观、价值观这个“总开关”问题。理想信念动摇了，拒腐防变的防线就崩溃了，党员干部的立身之本就丢失了。现实生活中，一些党员、干部之所以出这样那样的问题，说到底是信仰迷茫、精神迷失，最根本的是理想信念出了问题。

二是始终坚持制度治党。制度治党是党的建设中长远性、全局性、根本性的举措。习近平总书记指出：“制度问题更带有根本性、全局性、稳定性、长期性。……从前些年和最近揭露出来的一些涉及领导干部的大案要案看，其犯罪情节之恶劣、涉案金额之巨大，都是触目惊心的，搞权钱交易、权色交易简直到了利令智昏、胆大包天的地步！之所以会弄到这个地步，其中一个重要原因就是我们一些领域的体制机制还不健全。……如何靠制度更有效地防治腐败，仍然是我们面临的一个重

[1] 《习近平总书记系列讲话精神学习读本》，中共中央党校出版社，2013，第25页。

大课题。”[1]所以，他一再强调：“没有健全的制度，权力没有关进制度的笼子里，腐败现象就控制不住。……在这次教育实践活动中，建章立制非常重要，要把笼子扎紧一点，牛栏关猫是关不住的，空隙太大，猫可以来去自如。”[2]而且。习近平总书记认为，制度缺乏刚性运行也是影响党的建设的一个突出问题，必须提高制度执行力，加强制度执行监督检查。他指出：“我们的制度不少，可以说基本形成，但不要让它们形同虚设，成为‘稻草人’，形成‘破窗效应’。……很多情况没有监督，违反了也没有任何处理。……这样搞，谁会把制度当回事呢？我们党的制度是从党章开始的，学习党章学了半天，最后还是视而不见、听而不闻，这不行！我们的制度有些还不够健全，已经有的铁笼子门没关上，没上锁。……现有制度都没执行好，再搞新的制度，可以预言也会是白搭。……所以，我说一分部署还要九分落实。”[3]为此，制度治党既要强调党内法规制度的健全完善，也要强调狠抓制度执行、提高制度的权威性和约束力，并要加强对党的建设各项制度执行情况进行监督检查和责任追究，真正让铁规发力、让禁令生威，使制度成为硬约束，使纪律成为带电的高压线，并从而有力推动了管党治党从宽松软走向严紧硬。

三要促进二者同向发力。思想建党，重在立德，主要是要培养党员

[1][3]　中共中央纪律检查委员会、中共中央文献研究室编：《习近平关于党风廉政建设和反腐败斗争论述摘编》，中央文献出版社、中国方正出版社，2015，第124页、128页。

[2]　中央文献研究室、中央教育实践活动办公室编辑：《习近平关于党的群众路线教育实践活动论述摘编》，党建读物出版社、中央文献出版社，2014，第70页。

干部的理想追求和道德品行，目的在于确立党员干部言行举止的价值引领；制度治党，重在立规，主要是厘定党员干部的行为规范和边界，目的在于划定党员干部言行举止的规矩边界。无论是思想建党还是制度治党，都要坚持中国共产党自身的价值追求，所以可以把党内文化建设和严肃党内政治生活作为二者同向发力的重要载体和平台。推进思想建党和制度治党紧密结合，必须把党内文化建设摆在更加突出位置，在传承马克思主义理论基因、中华优秀文化基因、中国共产党红色基因和弘扬时代精神的基础上，加快建设党内政治文化，使之成为滋养共产党员理想思想的源泉，成为党内法规制度建设的价值引领。

党内政治生活既是党内政治文化也是党内纪律规矩，既具有思想建党的功能，也具有制度治党的功能。在党内政治生活里，思想建党和制度治党最能也最需要融合在一起。因此，推进思想建党和制度治党紧密结合，都需要以党内政治生活这个“熔炉”为载体。习近平总书记指出：“严肃党内政治生活是全面从严治党的基础。党要管党，首先要从党内政治生活管起；从严治党，首先要从党内政治生活严起。”[1]“严肃认真的党内政治生活是我们党坚持党的性质和宗旨、保持先进性和纯洁性的重要法宝，是解决党内矛盾和问题的‘金钥匙’，是广大党员、干部锤炼党性的‘大熔炉’，是纯洁党风的‘净化器’。”[2]每个党员都必须参加党内政治生活，必须在组织生活中接受严格的党性教育和锻炼，这是列宁主义的建党原则，也是由中国共产党的章程明确规定的。

[1][2] 中共中央文献研究室编：《习近平关于全面从严治党论述摘编》，中央文献出版社，2016，第47页、48页。

党内政治生活固然是培养和塑造党员党性的一所“伟大的学校”，但是要把这所学校办好并不容易。实践表明，党内政治生活这个“熔炉”要“热”起来，必须从严抓思想教育、从严抓制度建设，在党内政治生活中突出强化科学理论武装和纪律规矩执行，发挥先进思想的导航和严格制度的规范作用，共同塑造党员干部的思想和行为，使之不忘初心、永不变质。

（二）依规治党与依法治国相结合

中国共产党作为执政党，治党必须依规，治国必须依法。特别是进入新时代，无论是党员干部还是普通民众的民主意识、法治意识都普遍增强，更需要把依规治党和依法治国结合起来。这也是在党的十八大之后，习近平总书记把坚持全面从严治党、推进全面依法治国并列为“四个全面”战略布局之二的重要社会历史原因。

一方面，依法治国与依规治党辩证统一。依规治党与依法治国相结合，实现了把党的领导贯彻到依法治国全过程和各方面及各级党组织必须坚持在宪法和法律范围内活动的辩证统一。依规治党最终是为了使我们党始终不忘初心、牢记使命，始终不背离自身的政治本色，从而在执政活动中始终坚持人民主体地位、始终反映人民根本意志、始终满足人民利益需求。依法治国是为了依法保障人民享有广泛的权利，保障人民的人身权、财产权、基本政治权利等各项权利不受侵犯，二者从根本目的上都是为了实现好、维护好、发展好最广大人民的根本利益，都是为了保障人民群众对美好生活的向往和追求。依规治党是要着力增强党自我净化、自我完善、自我革新、自我提高能力，着力提高党的领导水平和执政水平、增强拒腐防变和抵御风险能力，是中国特色社会主义事业行稳致远的根本保障，是中华民族伟大复兴的根本保障。依法治国是中国现代化的必由之路，是促进社会公平正义、保障人民安居乐业、实现国家长治久安的基本遵循。二者统一于中国特色社会主义伟大事业，二者共同为中华民族的发展保驾护航。

再一方面，依法治国与依规治党互促互进。中国共产党是执政党，党员干部手中掌握着大大小小的权力，是国家政治生活中的主角。如果党员干部不守法，依法治国就不可能实行；如果全面从严治党不落实，党员干部就不可能守法。全面依法治国，就是依照体现人民意志和社会发展规律的宪法法律治理国家，而不是依照个人意志、主张治理国家；要求国家的政治、经济运作及社会各方面活动都依照宪法法律规定来进行，而不受任何个人意志的干预、阻碍或破坏。全面从严治党就是要求所有党员、干部都要严格遵守党的纪律规矩。“党必须在宪法和法律范围内活动”是党章的明确规定，所有全面从严治党也有助于全面依法治国的实现。就拿腐败问题来说，用法律手段严肃惩治公权力的腐败行为是世界上法治国家的共同做法。对于中国共产党的党员、干部而言，腐败问题既是纪律问题也是法律问题，如果单用纪律处分则腐败的成本太低，如果单靠国家法律则降低了党的先进性要求。把依法治国和依规治党结合起来，把党纪高线和法律底线结合起来，既充分运用了法治这一反对腐败和扼制权力滥用的基本手段和基本路径，有利于铲除不良作风和腐败现象滋生蔓延的土壤；又能及时防微杜渐，通过党内监督、违纪审查等手段减少腐败发生的机会。所以，把二者充分结合起来，才能筑起遏制腐败现象滋生蔓延的堤坝，才能推动形成不敢腐、不能腐、不想腐的有效机制。

第三方面，推动依法治国与依规治党无缝衔接。中国共产党的十八届四中全会把形成完善的党内法规体系纳入全面推进依法治国的范畴；十八届五中全会提出必须坚持依法执政，全面提高党依据宪法法律治国理政、依据党内法规管党治党的能力和水平。促进二者无缝衔接，首要要求党必须遵守国家宪法和法律，要善于把党的领导通过法律途径体现出来，善于把人民意志上升为国家法律，党的各级组织和领导干部必须在宪法法律范围内活动，决不能以言代法、以权压法、徇私枉法。其次要求国家法律与党内法规相互协调、相互补充，既要体现纪严于法、纪在法前的重大原则，又要使宪法法律的原则规则与党章党规的规定在精神内核上保持一致，使党规国法互联互通、相互协调、互相补充，努力消除二者之间的矛盾冲突。

总之，依规治党与依法治国相结合抓住了全面从严治党的关键问题，强化了全面从严治党的制度保障，明确了全面从严治党的规范准则，标志着我们党在正确认识与把握党与法、管党治党与治国理政、全面从严治党与全面依法治国关系上达到了新的高度、开辟了新的境界。

（三）全党发力与全民协力相结合

在当今中国，管党治党的主体只能是中国共产党，不是也不能是别的组织、群体、个人。我们党在任何时候、任何情况下都不能忽视、放弃全面从严治党的重大责任，必须把管党治党的主动权牢牢抓在自己手上。面对具有许多新的历史特点的伟大斗争，面对“四大考验”和“四种危险”，我们党必须通过主动管党治党，践履自身责任，更加积极作为来纯洁党的集体、巩固党的领导、强化党的力量。只有这样，才能使全面从严治党沿着正确方向发展，使我们的党真正担当起历史使命，使中国特色社会主义事业不断发展进步。同时，要牢记关于“历史周期率”的延安“窑洞对”，始终牢记人民群众是历史的创造者，充分发挥人民群众的民主监督作用，把全党发力与全民协力相结合，把自我管理与群众监督相结合。

首先，全面从严治党必须始终坚持党的领导。办好中国的事情，关键在党。中国特色社会主义最本质的特征是中国共产党领导，中国特色社会主义制度的最大优势是中国共产党领导。党要管党才能管好党，从严治党才能治好党，全面从严治党不能再走大民主、大运动、无序化的老路，要在党的领导下有步骤、有秩序、有立场、有方法地逐步推进。

其次，全面从严治党必须始终坚持党中央的集中统一领导。实践反复证明，没有了党的集中统一、破坏了党的集中统一，必然出现空谈清议、松散无纪、一盘散沙的现象，最终会导致组织涣散、没有凝聚力和战斗力，各种歪风邪气更会甚嚣尘上。全面从严治党，必须始终突出党中央的权威，坚决按照中央的统一部署积极开展工作，决不允许各行其是、政出多门。当前，坚持党中央集中统一领导，要求所有党员干部必须牢固树立政治意识、大局意识、核心意识、看齐意识，坚持以党的旗帜为旗帜、以党的方向为方向、以党的意志为意志，在思想上政治上行动上始终同以习近平同志为核心的党中央保持高度一致，抓好党中央重大决策部署落地生根，确保党中央令行禁止。

再次，全面从严治党必须依靠全党的力量。全面从严治党，基础在全面，重点也在全面。“全面”体现为管党治党对象的全覆盖、主体的全动员、责任的无死角，人人在内、没有例外。实现全面从严治党的目标离不开全体党员的共同努力，必须要全体党员基层党组织一起动手。因此，全面从严治党必须坚持党中央集中统一领导与全党共同参与、努力相结合，群策群力、集思广益、共同推进。在这其中，一是各级党组织要担负起主体责任，各级纪检监察机构要担负监督执纪问责责任，切实解决主体责任缺失、监督责任缺位、管党治党宽松软的问题。二是领导干部是“关键少数”，要以上率下、主动作为，担当起全面从严治党的责任，服从全面从严治党的要求，为全党作好表率、带好头。三是普通党员是“绝对多数”。党员是党的肌体和细胞，一个有着9500多万党员的执政党，要想推动全面从严治党稳健前行，必须让每一个细胞活起来、动起来，主体作用充分发挥出来。落实中央关于全面从严治党的重大决策部署，所有党员必须要服从党中央的集中统一领导，按照党内和党内法规的规定主动发挥作用。

第四，全面从严治党要充分发挥人民群众的作用。习近平总书记指出：“人民拥护和支持是党执政最牢固的根基。人民群众中蕴藏着治国理政、管党治党的智慧和力量，从严治党必须依靠人民。”[1]群众路线是我们的传家宝，党的作风怎么样、党的领导怎么样，人民群众最有发

[1]　习近平：《群众路线教育实践活动总结大会上的讲话》，《人民日报》2014年10月9日。

言权；如何解决党自身存在的问题，人民群众中蕴藏着智慧和力量。全面从严治党必须坚持党的群众路线，把自我管理与人民监督相结合，把人民作为党的建设水平和党的工作成效的最高裁决者和最终评判者。为此，在落实管党治党责任的同时，要注重发挥人民群众的监督作用，着力构建完善人民群众监督的制度体系，畅通人民群众建言献策和批评监督的渠道，探索发挥人民监督作用的新途径。只有坚持自律与他律有机统一，坚持落实自身责任与发挥民主监督作用相互促进，有助于及时发现和纠正管党治党中存在的盲区，更好地解决党自身的问题，从而形成中国特色的管党治党新模式。

（四）方法继承与手段创新相结合

在100年的发展历程中，中国共产党积累了非常丰富的管党治党理论和实践经验，这是管党治党的宝贵财富，必须始终坚持。特别是党的十八大以来，以习近平同志为核心的党中央在全面从严治党中创造出了深化改革开放条件下、市场经济环境中管党治党的新鲜经验。在十九届中纪委二次全会上，习近平总书记将其总结为“六个坚持”。

习近平总书记指出，党的十八大后，我们紧紧盯住全面从严治党不力这个症结，坚持发扬我们党历史上行之有效的好经验好做法，深化对管党治党规律的认识、创造新的经验，全面从严治党成效卓著。成绩来之不易，经验弥足珍贵，需要我们长期坚持、不断深化。一要坚持思想建党和制度治党相统一，既要解决思想问题，也要解决制度问题，把坚定理想信念作为根本任务，把制度建设贯穿到党的各项建设之中。二要坚持使命引领和问题导向相统一，既要立足当前、直面问题，在解决人民群众最不满意的问题上下功夫；又要着眼未来、登高望远，在加强统筹谋划、强化顶层设计上着力。三要坚持抓“关键少数”和管“绝大多数”相统一，既对广大党员提出普遍性要求，又对“关键少数”特别是高级干部提出更高更严的标准，进行更严的管理和监督。四要坚持行使权力和担当责任相统一，真正把落实管党治党政治责任作为最根本的政治担当，紧紧咬住“责任”二字，抓住“问责”这个要害。五要坚持严格管理和关心信任相统一，坚持真管真严、敢管敢严、长管长严，贯彻惩前毖后、治病救人的一贯方针，抓早抓小、防微杜渐，最大限度防止干部出问题，最大限度激发干部积极性。六要坚持党内监督和群众监督相统一，以党内监督带动其他监督，积极畅通人民群众建言献策和批评监督渠道，充分发挥群众监督、舆论监督作用。[1]

实践永无止境，创新未有穷期。党所处的客观历史环境在变化，党员队伍的具体状况在变化，党所面临的新情况和新问题会层出不穷，所以全面从严治党只有进行时、没有休止符。但是全面从严治党必须坚持问题导向、保持靶向精准、确保措施对路，这就要求全面从严治党必须紧密结合时代发展特点、党员队伍状况以及党内问题表现，在继承弘扬历史上行之有效的方式方法的同时，结合时代特点不断集成创新、不断与时俱进，从而确保“魔高一尺、道高一丈”！

[1]　《习近平在十九届中央纪委二次全会上发表重要讲话》，《人民日报》2018年1月12日。

“历史周期率”与“延安窑洞对话”[1]

1945年7月4日，毛泽东在延安杨家岭住处的窑洞里与黄炎培（时任国民党政府的国民参政员等职）进行了关于“历史周期率”的谈话，成为党史国史上著名的“延安窑洞对话”。

2012年12月24日和25日，习近平总书记在走访各民主党派中央和全国工商联时明确指出，这次对话至今对中国共产党都是很好的鞭策和警示，并强调“物必先腐，而后虫生”。

据《左传》记载：春秋时期，鲁庄公十一年（前683）秋天，宋国遭遇了洪水灾害。鲁庄公派遣使者去宋国表示慰问。宋湣公对鲁国使者说：“都是我不好，对上天不诚不敬，上天才降下了灾难。让贵国君王也受连累担忧了，真是感激不尽!”鲁国官员臧文仲听到宋湣公的这些话以后，感慨地说：“宋其兴乎!禹、汤罪己，其兴也勃焉；桀、纣罪人，其亡也忽焉。”

本来，夏、商两个王朝的兴亡不能单纯地归结于君王“罪己”或者“罪人”这一个原因；然而，君王“罪己”或者“罪人”无疑是朝代兴亡的重要因素。这就是“其兴也勃焉，其亡也忽焉”的“历史周期率”和“罪己者兴，罪人者亡”的“兴亡因果律”。

---

[1] 薛鑫良：《“历史周期率”与“延安窑洞对话”》，《领导文萃》2016年第24期。

深谋远虑的对话

1945年7月1日，一架飞机由重庆飞抵陕北延安，乘客中有黄炎培等6位国民参政员。毛泽东、朱德、周恩来等中共中央领导人到机场迎接。时年67岁的黄炎培读过美国记者埃德加·斯诺撰写的《西行漫记》《毛泽东自传》等。两人互相心仪已久，这次在延安可谓一见如故。

黄炎培等人在延安的“破冰之旅”持续了五天，与毛泽东等人进行了三次共十多个小时的会谈。双方形成了《延安会谈记录》，包括向国民党政府提出“从速召开政治会议”等内容。

7月4日下午，毛泽东与黄炎培彼此推心置腹，肝胆相照，畅所欲言，谈古论今。

黄炎培熟谙历史，又有丰富阅历。他在延安亲身感受到了一种与重庆截然不同的清新气象。同时，黄炎培在心中又有一团疑虑——中国的历史有一种可怕的周期率，一种使人堕落、使物变质、使时间逆转的无形的支配力。他坦诚地说：我生六十多年，耳闻的不说，所亲眼看到的，真所谓“其兴也勃焉，其亡也忽焉”。一人、一家、一团体、一政党、一地方乃至一国，不少都没有能够跳出这个周期率的支配力。大凡初起之时，都是艰难困苦，聚精会神，没有一事不用心，没有一人不卖力，力求从万死中求得一生，因而无不显得生气勃勃、气象一新。及至环境渐渐好转了，精神也就渐渐放下了。有的因为历时长久，自然地惰性发作，由少数演变为多数，到风气养成，虽有大力也无法扭转，并且无法补救。一部历史，或政怠宦成，或人亡政息，或求荣取辱，总之没有跳出这个历史周期率。……国民党初起时，不也是一个万众瞩目的革命政党嘛!共产党会不会重蹈前人的覆辙?希望贵党能够找出一条新路，跳出这个历史周期率的支配。

黄炎培的一番话，使毛泽东颇有“心潮逐浪高”的感受。他坦然回答说：正所谓“君子之泽，五世而斩”“富贵不佐三代”，也包含了先生你讲的这些道理。我们共产党已经找到了新路，能够跳出这个历史周期率。这条新路，就是民主。只有让人民来监督政府，政府才不敢松懈；只有人人起来负责，才不会人亡政息。

黄炎培听罢，点头表示赞同。当时，国民党统治者把共产党宣传为“一群青面獠牙、十恶不赦的人”。黄炎培等6位国民参政员，这次到延安看到的却是“只见公仆不见官”的景象：“一没有贪官污吏，二没有土豪劣绅，三没有赌博，四没有娼妓，五没有叫花子，六没有小老婆，七没有结党营私之徒，八没有萎靡不振之气，九没有人吃摩擦饭，十没有人发国难财。”这“十个没有”的清正气象，与他们在重庆等地看到的国民党统治者“一句真话不讲，两面做人不羞，三民主义不顾，四处开会不绝，五院兼职不少，六法全书不问，七情感应不灵，八圈麻将不够，九流三教不拒，十目所视不怕”的腐败现象，形成了鲜明的对比和巨大的反差。

1945年8月10日，黄炎培在重庆出版了自己著述的《延安归来》。他在书中写道：“延安五日中间所看到的，当然是距离我理想相当近的。”“我认为中共朋友最可贵的精神，倒是不断地要好，不断地追求进步。这种精神充分发挥出来，前途希望是无限的。”有人劝阻他不要著书为共产党作宣传，以免遭受人身危险。他说：“我只是用朴素的写真笔法写出所见所闻所谈，决不加以渲染。共产党确实一心一意为人民服务，事实胜于雄辩，我黄炎培不作违心之论。”

民主政治的硕果

毛泽东为什么说“共产党已经找到了新路”呢?这就要从延安时期（1935年10月至1948年3月）毛泽东闻骂“罪己”、党中央知错即改、共产党“其兴也勃焉”的史实说起。1941年夏天，毛泽东先后两次受到了农民“恶毒的咒骂”。当时，天空响雷，地上触电，两次劈死了两个人。第一次，一个农民骂“老天爷不开眼，为什么不劈死毛泽东”；第二次，农妇伍兰花骂“世道不好，共产党黑暗，毛泽东领导官僚横行”。保卫部门要逮捕这两个“反革命”，并把伍兰花从清涧县拘押到延安城，建议判处死刑，报陕甘宁边区高等法院公审以后就枪毙，以此来稳定社会局势。

毛泽东闻讯以后，两次阻止了保卫部门的行动，并严厉批评了他们的错误观念。他说：群众发牢骚、讲怪话，说明我们的政策和工作有毛病。不要一听到群众有议论，讲了几句尖锐一点的难听话，就去追查，就进行打击压制。这种做法实际上是软弱的表现，是神经衰弱的表现。我们是共产党人，无论如何不要造成同群众对立的局面，这是一个必须坚持的根本原则。党群关系就像鱼水关系。

毛泽东还把伍兰花请到自己的住处，面对面地了解到“咒骂”的原因：一是农民负担太重；二是干部作风败坏；三是伍兰花丈夫触电身亡，家里还有70岁的瘫痪婆婆和三个未成年的孩子。因此，又悲又愤有怨气。毛泽东嘱咐保卫部门负责人马上派专人把伍兰花护送回家，还要带上公文，向当地政府讲清楚，她没有什么罪过，而是敢提意见的好人，并按困难户给予照顾。

伍兰花回村以后，“先抓后放”的消息不翼而飞，传遍各地。乡亲们说古人讲，宰相肚里撑大船，毛主席、共产党太厉害啦!得民心者得天下啊!

毛泽东从群众的民怨骂声中深刻自省，举一反三，并与中央领导同志深入调查，发现“确实公粮（农业税）太多，加重了农民的负担”。陕甘宁边区政府向农民征收的公粮，由1937年1万石（1石约300斤）增加至1941年20万石。其重要原因，就是机构膨胀，出现了“食之者众，生之者寡”的严重矛盾，1941年的脱产人员总数，竟相当于1937年9月的5倍。

在调查研究的基础上，毛泽东和党中央果断地采取了一系列措施和行动，在根据地和解放区推行民主、汲取民意，保障民权、改善民生，节制民劳、争取民心。例如，实行精兵简政、开展整风运动和大生产运动、创建“三三制”民主政权、切实减轻人民负担、坚决防治干部腐败、制定和实施《陕甘宁边区惩治贪污暂行条例》等法规。清涧县张家畔税务分局局长肖玉璧是1933年参加革命的红军战斗英雄，全身负伤90多处，但蜕化变质，贪污3050元。陕甘宁边区高等法院坚持“功不抵罪、罪不否功”的原则，于1941年12月底依法对肖执行死刑……在党的七大期间，毛泽东又先后4次作自我批评，检讨加重农民负担的问题，并在大会的政治报告中强调指出：“有无认真的自我批评，也是我们和其他政党互相区别的显著的标志之一。”

“水可载舟，水可覆舟。”到1948年3月23日，毛泽东、周恩来、任弼时率领中共中央机关离开陕北、进入华北的时候，党员队伍已经发展壮大至约290万人，人民军队约240万人，根据地民兵约300万人。

居安思危的拷问

星移斗转，人间沧桑。七十多年过去了，两位政治家的“延安窑洞对话”言犹在耳、振聋发聩。“共产党会不会重蹈前人的覆辙”的拷问，留给我们这一代共产党人诸多的思考和警示。昭示我们必须大力恢复和发扬党的优良作风，大力建设和发展社会主义民主政治。

党的十八大以来，习近平总书记反复强调：“党的根本宗旨是全心全意为人民服务，接受组织和人民监督天经地义。”“没有监督的权力必然导致腐败，这是一条铁律。”全面深化改革，“自己改自己，刀子很难切下去。”“要继续加强民主监督。对中国共产党而言，要容得下尖锐批评，做到有则改之、无则加勉。”必须增强忧患意识和责任意识，常怀忧党之心、恪尽兴党之责，既要防止“棒杀”，更要防止“捧杀”，构建良好政治新生态。全心全意为人民服务，不折不扣地向人民负责，不“唯上、唯书”；真心实意地让人民做主，不搞“衙门作风”；自觉自愿地受人民监督，不搞特殊化。只有这样，才能跳出“历史周期率”，不忘初心，继续前进。

写在后面的话

毫无疑问，全面从严治党的行动成为党的十八大以来中国政治生活中最为引人注目的重大政治行动，也成为最能彰显中国共产党执政能力、自我革命精神的重大政治行为，更是深刻改变中国社会、改变中国政治的重大政治实践。这并不是说经济、政治、文化、社会、生态文明、国防外交等方面的成效不显著、行动不宏大、影响不深远，而是说相比这些方面，全面从严治党更牵动全国乃至全世界的关注，更能在深层次上影响中国的政治走向、政治风气乃至社会文明。所以，对于全面从严治党重大战略的历史价值、历史影响如何往高处评价都不算过分！

但是对于全面从严治党，在干部群众当中依然有这样那样的一些疑虑，依然有这样那样的一些“活心思”。比如，有些干部群众怀疑，全面从严治党到底能持续多久？有些干部群众嘀咕，从严治党5年了怎么还有那么多的腐败分子？有些干部群众觉得，熬过这几年、过了这阵儿风就好了！对于这些认识，我想从以下三个方面再作一阐述，作为这本小书最后的余论。

第一，对于全面从严治党的延续，我们要坚定信心。这种信心来源于中国共产党近百年历史中的不断纠错，这种信心来源于党的十八大以来以习近平同志为核心的党中央的鲜明态度，这种信心来源于当代中国民主政治进步的伟大潮流。对于中国共产党而言，全面从严治党能否持续下去，关系到党的执政地位的巩固与否；对于中国人民而言，全面从严治党能否持续下去，关系到每一个人的幸福指数。中国共产党人有强烈的忧患意识和自我革命精神以及自我革命的能力，中国人民有强烈的追求美好生活的愿望，所以全面从严治党必须持续，也必定能够持续，改变的可能是全面从严治党的方式与方法。因此，我们要坚定信心。

第二，对于全面从严治党的成效，我们要具备耐心。自毛泽东提出“党的建设伟大工程”这一命题以来，我们就把党的建设称为伟大工程。江泽民把改革开放之后的党的建设称为“新的伟大工程”。相比于资产阶级政党而言，中国共产党作为工人阶级的政党，对党员本身就具有先进性、高标准的要求，更不用说旧中国长期的封建思想的影响和经济社会转型过程中人心人性的无所适从，所以，无论是党的建设的哪一方面的问题解决起来都不容易，全面从严治党自然不可能一蹴而就。但是只要持之以恒、坚定不移，积小胜必将大胜，积跬步必至千里，全面从严治党必将最终改变党风、政风。因此，我们要具备耐心。

第三，对于全面从严治党的态势，我们要下定决心。无论作为党员干部还是作为公职人员乃至于普通民众，我们都处于全面从严治党的态势之中，也都要分享到全面从严治党为中国民众带来的长久福祉。所以，要自觉顺应这一态势，下定转变的决心，转变过去错误的为官从政用权思维，转变过去错误的拉关系走后门习惯。只要全党全民或者说绝大多数能下定决心与过去的错误思想、错误行动决裂，全面从严治党也就能顺利推进直至成功了！

本书由中共山西省委党校党史与党的建设教研部主任崔建周教授与山西人民出版社总体设计策划，山西省委党校的崔建周教授、桑艳军副教授、刘巧梅讲师和山西省国资委的杨静等同志共同撰写。在本书的写作过程中，我们参考了众多国内同行的先进研究成果，基本上按照学术规范进行了注释，但是必定也有很多因为写作者的疏漏而没有注明的。在此，我们向所有在党的建设领域辛勤耕耘的学界同人致以衷心的敬意和深深的歉意。

最后，录革命先烈邓恩铭的《决心》一诗共勉：读书济世闻鸡舞，革命决心放胆尝。为国牺牲殇是福，在山樗栎寿嫌长。

崔建周

2022年6月